내가 되고 싶은 사람은
바로 나

마가렛 조 지음 | 노진선 옮김

문학세계사

옮긴이 · 노진선

숙명여자대학교 영문과 졸업.
현재 번역가로 활동하고 있다.
번역서로는 『세월과 추억』 『만 가지 슬픔』 『천국에서 온 케이크』
『자꾸만 똑똑해지는 여자, 자꾸만 바보가 되는 여자』
『자녀들의 영웅이 되는 아버지 전략』 『자기 보살핌』 등이 있다.

내가 되고 싶은 사람은 바로 나
마가렛 조

초판 1쇄 발행일 2002년 7월 25일

옮긴이 · 노진선
펴낸이 · 김종해
펴낸곳 · 문학세계사

주소 · 서울시 마포구 신수동 345-5(121-110)
전화 · 702-1800, 702-7031~3
팩시밀리 · 702-0084
이메일 · mail@msp21.co.kr www.msp21.co.kr
www.ozclub.co.kr(오즈의 마법사)
출판등록 · 제21-108호(1979.5.16)

값 8,200원

ISBN 89-7075-258-7 03840
ⓒ문학세계사, 2002

I'M THE
ONE
THAT
I WANT

MARGARET CHO

I'M THE ONE THAT I WANT

by

Margaret Cho

Copyright © 2001 by Margaret Cho
This Translation published by arrangement
with The Ballantine Publishing Group,
a division of Random House, Inc. and Shin Won Agency Co. Seoul.
Translation copyright © 2002 by Munhak Segyesa

이 책의 한국어판 저작권은 신원 에이젼시를 통해
The Ballantine Publishing Group과의 독점계약으로 문학세계사에 있습니다.
신저작권법에 의해 한국내에서 보호를 받는 저작물이므로
무단 전재 및 복제를 금합니다.

이 글을 나의 사랑하는 부모님께 바칩니다.
— 마가렛

■ 차 례

I'M THE
ONE
THAT
I WANT

제1장 외로움, 도둑질, 그리고 손 흔들기 ──── 9
제2장 친구 마르코와 패티의 엄마 ──── 18
제3장 용기 ──── 23
제4장 폴크 스트리트 ──── 47
제5장 패그해그 ──── 58
제6장 니키와 새 학교 ──── 66
제7장 던칸과 밥 ──── 80
제8장 스탠드업 코미디와 SM ──── 94
제9장 아 예, 전 마가렛이에요 ──── 119
제10장 순회 공연 ──── 132

■ 차 례

I'M THE
ONE
THAT
I WANT

제11장 기적? —— 144
제12장 난 영원한 스타가 될거야! —— 174
제13장 짝사랑 —— 187
제14장 재건에 돌입하다 —— 198
제15장 창고에서 생긴 일 —— 215
제16장 음주치료 —— 234
제17장 룸서비스와 랄프 —— 249
제18장 마르셀 —— 262
제19장 상승일로 —— 282
제20장 인생의 의미 —— 290

제1장 외로움, 도둑질, 그리고 손흔들기

1968년 12월 5일, 나는 샌프란시스코의 한 어린이 병원에서 태어났다.

"넌 정말 작았어. 요만했다니까!"

엄마는 주먹을 쥐어보이며 흔들어대셨다.

"그런데 이렇게 자라다니! 네가 그렇게 작은 아기였다는 게 상상이 되니?"

물론 나로서도 상상이 가질 않는다. 그때가 아마 내 인생에서 체중 걱정을 할 필요가 없었던 유일한 시기였을 것이다. 2.45kg이라니, 새로운 케이트 모스(*마른 몸매가 트레이드마크인 유명 모델)의 탄생이로군.

내 어린 시절의 기억은 대개 불쾌한 것들뿐이다. 제일 먼저 기억나는 것은 꼬질꼬질한 잠옷을 입고 세면대 앞에 서서 할아버지, 할머니에게 호된 꾸지람을 듣던 일이다. 그분들은 내게 세수도 못하는 바보라고 놀려대셨다.

"저 더러운 얼굴 좀 봐! 아휴, 지저분해!"

두 분 모두 어찌나 웃어대셨는지 나중에는 기침까지 하셨다.

엄마는 나를 그분들께 맡기고 떠나려던 참이었고, 분명 내가 세수조차 못하는 아이라는 것을 핑계삼아 당신의 죄책감을 숨기려 하셨을 것이다. 나는 키가 너무 작아 세면대에 닿기 위해서는 의자 위에 올라서야만 했다. 막상 세수를 하려 하자 얼굴에 물을 적셨다가는 두 번 다시 이 세상으로 돌아오지 못할 것 같은, 그대로 익사하거나, 코에 물이 들어가거나 아니면 아예 물 속으로 빨려들어갈 것 같은 끔찍한 두려움에 사로잡혔다.

혹은 엄마에게서 눈을 뗐다가는 엄마가 떠날 것 같아 두려웠다. 그리고 실제로도 그랬다. 내가 아주 어렸을 때, 우리 부모님은 나를 여기저기 맡기는 데 탁월한 능력을 발휘하셨다. 그것은 이민 생활의 어려움, 히피가 아닌 사람으로서 1968년의 샌프란시스코에서 산다는 것, 촌뜨기 신세, 인류 최초의 달 착륙, 그리고 현실에 대해서 아무런 대책도 세워놓지 않은 채 첫아이를 낳아버린 상황…… 이 모든 것들과 연관되어 있었다. 아빠는 내가 태어난 지 사흘밖에 되지 않은 상황에서 자신이 강제로 미국을 떠나야만 하게 되었다는 사실을 엄마에게 어떻게 알려야 할지 난감해했다. 그래서 편리하게도 그 이야기를 하지 않았다. 거짓말을 한 것이 아니라 그저 사실을 미뤄두었다가 막판에 가서 엄마에게 짐을 떠넘긴 것이다. 그 짐이 나였을지도 모를 일이다.

색색깔로 알록달록 짜여진 우리 부모님의 전설에서 한 귀퉁이의 그 부분만큼은 조심스레 감춰져 있다. 내가 그 일을 기억하지 못할 거라 생각하시고 그 일을 비밀에 부치는 것이다. 하지만 나는 기억한다. 실제 어떤 일이 있었는지는 기억하지 못하지만 색깔과 형체, 느낌은 기억한다. 비행기 안의 객석, 비행기의 연료 냄새, 낯선 이의 품 그리고 울고 또 울었던 일…… 나는 엄마 곁에 있고 싶었지만 아직 말을 할 줄 몰랐다. 내가 원하는 게 무엇인지조차 알 수 없었다.

지금의 내가 그 일에 대해 물어볼 때면 엄마는 분통을 터뜨리며 한탄하신다.

"내 심정이 어땠는지 넌 모를 거다. 세상에! 정말 악몽이었어. 나 혼자서 널 돌봐야만 했고, 네 아빠는 한국으로 가버렸어. 나중에는 너까지 한국으로 보내야만 했지. 그것도 사흘 안에 말이야! 상상이 되니? 어이구! 정말이지 네 아빠가 미워죽겠다니까!"

이에 대해 아빠는 신중을 기하신 거라는 둥, 상황을 지켜보신 거라는 둥 알아들을 수 없는 소리만 하신다.

이 모든 것이 불행한 사건의 연속이었지만, 샌프란시스코 출신답게 나는 사랑하는 사람과 함께 살 수 없다면 함께 사는 사람을 사랑하기로 했다.

나는 그 많은 스튜어디스와 또 많은 친척 어른들을 사랑했다. 내가 부모님과 함께 살게 되었을 때, 엄마는 하얀 한복을 차려 입은 깡마른 할머니의 사진을 한 장 보여주셨다.

"이분은 친척 할머니인데 네가 갓난아이였을 때 널 돌봐주신 분이란다. 너를 너무너무 예뻐하셨지! 최근에 돌아가셨으니까 지금은 하늘 나라에 계실 거야. 널 친손녀처럼 돌보셨단다. 너라면 죽고 못사셨어!"

사진 속의 그 할머니는 해골처럼 앙상한 모습이었기에 돌아가셨다는 말이 이해가 되었다. 비록 얼굴 가득한 미소가 그나마 그분을 상냥하고 인간다워 보이게는 했지만. 젖먹이 시절의 기억 속에서 나는 어렴풋이 그 얼굴을 기억할 수 있었고, 아이다운 슬픔에 사로잡혀 울고 싶어졌다.

외할아버지도 그 비슷한 무렵에 돌아가셨다. 무슨 이유에서인지 외갓집 식구들은 장례식이 끝나고 한참이 지날 때까지 엄마에게 할아버지의 부고 소식을 알리지 않았다. 엄마는 항공 우편 특유의 그 푸른색 편지지와 봉투를 손에 쥔 채 침대에 앉아 울고 계셨다. 눈물 방울이 푸른색 편지지 위로, 편지지를 빼곡이 채운 젓가락처럼 생긴 이상한 모양의 글자들 위로 떨어지며 잉크가 번져나갔다. 나는 엄마가 슬퍼하는 모습을 보고 깜짝 놀랐다. 엄마의 그런 모습을 그때까지 한번도 본 적이 없었다. 나는 침대 위로 올라가 작은 팔로 엄마를 꼭 껴안으며 말했다.

"걱정하지 마, 엄마. 이제부터는 내가 엄마가 되어줄게."

나는 내가 얼마나 예쁜 짓을 하고 있는지 잘 알고 있었다. 아무래도 연예인의 팔자를 타고난 모양이다.

그 시절에도 나는 TV를 좋아했다. 내가 가장 좋아하는 프로는 워터게이트 사건을 다룬 프로들이었다. 나는 주먹을 입에 넣었다 뺀 다음 TV 화면에 문지르고는 닉슨 대통령의 얼굴 위로 침자국의 무지개가 생긴 것을 좋아라 바라보곤 했다.

우리는 워싱턴 가의 조그만 아파트에서 삼촌 부부와 함께 살았다. 부모 없이 살던 내게 갑자기 부모가 네 명이나 생긴 것은 신나는 일이었다. 엄마는 나를 위해 특별 외출복을 만들어주셨는데 빨간색의 모직 재킷에 재키(*케네디 대통령의 부인 재클린 케네디를 가리킴)가 썼던 것과 똑같은 필박스 모자였다. 우리는 다 함께 공원으로 산책을 갔고, 나는 개를 볼 때마다 울음을 터뜨렸다.

삼촌 부부는 놉힐에서 편의점을 운영하셨는데, 볼일이 있을 때면 엄마는 유치원에서 돌아오는 나를 가끔씩 그곳에 맡기곤 하셨다. 나는 그 가게에서 파는 '비나카 블라스트'라는 구취 제거제에 온통 마음을 빼앗겼다. 그것은 사탕과 비슷한 맛이었지만 동시에 약과 같은 맛이 나기도 했다. 나는 혀가 톡 쏘는 느낌을 즐기며 그 차갑고 상쾌한 액체를 실컷 마셔보고 싶다는 생각에 점점 사로잡혔다. 그러던 어느 날, 나는 현금 계산기 옆에 놓여 있던 외숙모의 비나카 블라스트를 한 입에 꿀꺽 마셔버렸다. 그리고는 진열장으로 손을 뻗어 금속 막대 너머에서 새 병 하나를 끄집어냈다. 나는 포장 용기를 쓰레기통에 던져버리고 엄마가 데리러 올 때까지 박하맛을 마음껏 탐닉했다.

다음날, 그 편의점에 다시 갔을 때 그곳에 어찌나 팽팽한 긴장감이 흐르던지 내 얼굴이 다 당길 정도였다. 외숙모는 잠시 할 '얘기'가 있다며 위층으로 오라고 하셨다.

방에 들어가자 불빛이 희미한 전구가 내 머리 위에서 흔들리고 있었다. 나는 겨우 세 살배기였지만 고문당한다는 것이 무엇인지 알 것 같았다.

"네가 구취 제거제를 가져갔다는 거 알아. 그건 '도둑질'이라는 걸 알아야 해. 만약 네가 달라고 부탁했다면 외숙모는 뭐든지 주었을 거야. 하지만 먼저 부탁해야 해. 훔치지 말고, 알았니?"

"하지만 난 훔치지 않았어요."

외숙모는 나를 빤히 바라보셨다.

"그래, 알았다. 외숙모는 화나지 않았어. 하지만 다시는 그런 짓을 하면 안 된다."

외숙모는 나를 껴안아준 다음 아래층으로 내려보냈다. 나는 테이블 위에 그것이 있는 것을 보았다. 비나카 블라스트의 구겨진 포장 용기. 그것이 내 유죄를 증명하고 있었다.

그날 내가 얻은 교훈은 자고로 범죄의 증거는 모두 철저히 없애

제1장 외로움, 도둑질, 그리고 손흔들기

버려야 한다는 것이다. 내게는 너무 작아 침대 발판 위로 발을 비스듬히 빼내야만 머리를 겨우 누일 수 있는 어린이용 침대에 누워 나는 마음 속으로 이번 사건을 생각하고, 또 생각했다. 나는 진열대 위의 비나카 블라스트를 몰래 집는 내 모습을 그려보았다. 그리고는 포장 용기를 벗기고 상자곽이며 플라스틱 용기를 신중하게 모아 밖으로 가져간다. 주위를 둘러보며 목격자가 없는지 확인한 다음, 거리 아래에 있는 쓰레기통에 버리고 성공적으로 물건을 빼낸 것으로 인해 아드레날린이 용솟음치는 것을 마음껏 즐기며 유유히 상점으로 되돌아온다. 단 한 가지 끔찍한 일은 그럴 경우 아침에 내 입에서 지독한 박하향이 나리라는 것이다.

내가 다녔던 노틀담 유치원은 수녀들이 운영하던 곳이었다. 악동으로 명성이 자자했던 나는 수녀들에게 그다지 귀여움을 받지 못했다. 손가락에 물감을 묻혀 옆에 앉은 아이의 옷에 그림을 그린다든지, 낮잠 자는 시간에 나보다 나이 많은 다섯 살짜리 남자애와 방바닥을 몰래 기어다니는 등의 장난을 쳤기 때문에 나는 걸핏하면 원장 수녀님의 사무실로 불려갔다.

원장 수녀님의 방은 어둡고 서늘했다. 수녀님들은 내게 말을 안 들으면 그 방에 불려가게 될 거라고 하루 종일 겁을 주셨지만, 막상 그 방에 들어가면 아무 일도 일어나지 않았다. 원장 수녀님은 그저 고개만 끄덕인 채 마치 벤자민 프랭클린처럼 안경을 통해 나를 바라보시며 미소지으셨다.

유치원에서는 크리스마스 학예회를 열기로 했는데 맨 마지막에 학생들이 모두 무대에 올라가 성모 마리아를 찬양하는 노래를 부르는 것으로 대단원의 막이 내려지게 되어 있었다. 예행 연습을 하는 동안 수녀님들은 계속 말씀하셨다.

"객석에서 부모님을 보더라도 절대 손을 흔들면 안된다, 알았지? 손을 흔들어서는 안돼. 손을 흔들었다가는 노래를 망쳤다고 예수님이 화내실 거야. 그러니 절대 손을 흔들지 마라. 손을 흔들면 지옥에 간다. 절대, 절대로 손을 흔들면 안 된다."

드디어 학예회날, 무대에 올라가자 객석에 앉아 계신 엄마와 외숙모가 보였다. 그런데 두 분이 나를 향해 미친 듯이 손을 흔들어 대는 것이 아닌가? 어떡하면 좋지? 나는 도덕적 딜레마에 빠졌다. 절대 손을 흔들지 말라던 수녀님의 얼굴이 눈앞에 어른거렸다. 하지만 엄마와 외숙모는 손을 흔들고 있지 않은가! 저분들만 벌을 받게 놔둘 순 없다! 서서히, 내 팔이 올라갔다. 마치 내 몸에 붙어 있지 않은 것처럼 통제 불능이었다. 손은 좌우로 움직이기 시작했고, 어느 틈엔가 나는 손을 흔들고 있었다. 바로 그때 항상 나와 함께 말썽을 부리는 내 단짝 파트너인 다섯 살짜리 소년이 내 행동을 보았다. 그리고는 나 혼자서만 말썽을 부리도록 내버려두지 않았다. 그애는 맨 앞줄에 앉아 있던 자신의 부모님을 향해 손을 흔들기 시작했고, 당연히 그분들도 답례로 손을 흔들었다. 그러자 또 다른 아이가 손을 흔들었고, 또 다른 아이에서 또 다른 아이로 이어졌다. 이내 무대에 올라와 있던 아이들 모두와 객석에 있던 사람들 모두가 서로를 향해 손을 흔들어댔다. 마치 우리가 시가 행진이라도 하고 있는 것처럼! 그러나 불행히도 이것은 시가행진이 아니었다. 크리스마스 학예회는 완전 엉망진창이 되어버렸고, 학생들은 무슨 노래를 불러야 할지도 잊고 우왕좌왕했다. 수녀님들은 서둘러 우리를 무대에서 내려오게 했다.

나는 이 사건으로 크게 혼이 날 각오를 했다. 하지만 학예회 다음날부터 겨울 방학이었다. 개학하여 유치원에 돌아갔을 때는 다들 그 사건은 물론 누가 먼저 손을 흔들었는지에 대해서도 완전히 잊고 있었다. 나는 그 사건이 그토록 쉽게 잊혀진 것에 대해 약간 실망했다. 하지만 사건이 일어나던 날, 나는 아주 중요한 사실을 한 가지 배웠다. 무대에 올라가서 손을 흔들면 관객들도 반드시 손을 흔들어준다는 것. 이것은 훗날 내게 매우 중요한 의미를 갖게 된다.

어렸을 때는 아빠가 곁에 안 계시는 날이 더 많았다. 아빠는 한국에서 비자니 뭐 그런 등등의 문제들을 해결하고 계셨다. 아빠가 돌아오면 나는 아빠 품에 안기거나 등에 올라타는 것으로 환영인사를 했다.

그 시절, 우리 집에는 차가 없었기 때문에 엄마와 나는 어디를 가든 버스를 타고 다녔다. 엄마는 내가 사람들에게 무척 싹싹하게 굴었다고 한다. 늘 먼저 인사하고, 미소짓고, 붙임성 있게 구는 등 겨우 네 살밖에 안 된 아이가 온갖 애교를 다 부렸다고 한다.

"가끔씩은 말이야, 버스에 탄 사람들이 네게 아무런 반응도 보이지 않을 때가 있었어. 가끔은 깔보는 사람들도 있었지! 어떻게 그럴 수가 있담? 정말 속이 좁아 터진 인간들이지. 넌 언제나 상냥하게 먼저 인사하고, 방실방실 웃고, 그렇게 귀엽게 굴었는데 말이야. 나쁜 사람들 같으니."

하지만 사람들이 내 사교적인 태도에 반응을 보이지 않는다고 해도 나는 별로 풀이 죽지 않았다. 나의 그런 행동은 다분히 계산된 것이었기 때문이다. 어린 나이에도 나는 사람들에게 미소를 지으면 사탕을 받게 될 확률이 높다는 것을 알았다. 당시는 낯선 사람이 뭔가를 줘도 기꺼이 받을 수 있는 시대였다. 내 미소에 아무런 반응이 없으면 사탕이 없다는 뜻이었으므로 나는 다음 사람으로 넘어갔다.

내가 다섯 살 때 남동생이 태어나면서 모든 것이 바뀌었다. 동생은 세상에서 가장 예쁜 아기였으며 우리가 어찌나 뽀뽀를 해댔던지 동생에게서는 시큼한 침냄새가 날 정도였다. 우리는 선셋 지구(地區)로 이사갔고, 우리를 돌보기 위해 한국에서 할아버지, 할머니가 오셨다. 나는 더들리 스톤 초등학교에 다니기 시작했고, 오후에 버스를 타고 집에 돌아오면 할머니를 도와 동생을 돌봤다.

부모님은 재팬타운의 볼링 앨리에서 스낵바를 경영하셨다. 덕택에 동생과 나는 매일 커다란 햄버거를 먹을 수 있었다.

제2장 친구 마르코와 패티의 엄마

나는 초등학교 시절을 헤이트에 있는 더들리 스톤 학교에서 보냈다. 헤이트 가(街)는 60년대에 만들어진 거리인데 70년대를 거치는 동안 화재로 인해 새카맣게 타 더러운 거리가 되어버렸다.

이 시절에 내가 일으켰던 말썽의 하이라이트는 다음과 같다. 스펀지에 씨앗 심기, 이쑤시개로 아보카도 찌르기, 마분지로 만든 집에 들어가 방귀뀌기.

나는 마르코 피콜리라는 남자애와 친하게 지냈는데 나는 토요일마다 그애 집으로 놀러갔다. 한번은 마르코네 집으로 가던 길에 모퉁이의 한 상점에 들렀다. 마르코는 지금껏 내가 만난 남자 중에서 동성애자가 아닌 사람치고 쇼핑을 좋아했던 유일한 남자였다. 사실 당시로서는 마르코가 동성애자인지 아닌지 확인할 길이 없었으므로 이것도 확실하지는 않다. 내게는 그날 아침 부모님에게서 받은 1달러가 있었다. 처음에는 뭘 고를까 하는 문제로, 나중에는 우리가 고른 사탕이 마음에 들지 않아 어떻게 하면 다른 걸로 바꿀 수 있을까 하는 문제로 고민했다. 하지만 상점 직원은 끝내 사탕을 풍선껌으로 바꿔주지 않았다. 영수증까지 있었건만!

　마르코에게는 백인 인형이 하나 있었는데 그 인형은 마구 흔들면 흑인으로 변했다. 뭐가 그리 재미있었는지 우리는 그걸 볼 때마다 미친 듯이 웃어댔다. 1학년을 마친 후 마르코는 뉴욕으로 전학을 가버렸고, 그 뒤로는 두 번 다시 그애를 보지 못했다. 세월이 흐른 후에야 나는 그것이 내 인생 최고의 인간 관계였다는 것을 깨달았다.

　우리의 바로 옆집에는 한 소녀가 살고 있었다. 우리는 집에 있을 때만 친구였고 학교에서는 남남이었다. 일종의 정교(政敎)분리인 셈이었다. 그애의 이름은 패티였고, 패티에게는 어디를 가든 그애를 졸졸 따라 다니는 주주라는 이름의 커다란 독일산 셰퍼드가 있었다. 우리 나이 겨우 여덟, 아홉 살밖에 되지 않던 때였는데도 패티는 성적으로 무척이나 조숙하여 우리 블록 맨 끝에 있는 주차장에서 지저분한 이웃 소년과 일을 벌이곤 했다. 패티는 길이가 짧은 원피스를 입고 다녔으며 70년대 그루피(*록 그룹을 쫓아다니는 광적인 소녀 팬들로 그들과 성관계를 갖는 것이 목적이다)처럼 앞니가 튀어나와 있었다. 한번은 패티네 집 뒷마당에서 놀고 있는데 패티가 화단에 똥을 싸자 주주가 냉큼 와서 먹는 것이 아닌가. 패티와 주주 모두 너무나 태연한 표정이었고, 손발이 척척 맞았기에 나는 그것이 지극히 일반적인 일인 줄 알았다. 나중에 엄마에게 그 얘기를 하자 엄마는 두 번 다시 패티네 집에 못 가게 하셨다.

　패티의 엄마는 알코올 중독자였다. 아줌마는 하루 종일 하얀 슬립에 오렌지색 가운 차림으로 거실에 앉아 모어 담배를 피우고 비피터 진을 마셨다. 패티네 집은 우리 집과 구조도 똑같고, 방이 배열된 순서도 같았지만 분위기는 딴판이었다.

우리 부모님은 커티삭 한 병을 거의 십년째 그대로 가지고 계신다. 우리 식구는 술을 마시지 않는다. 다들 꽉 막힌 한국적 사고방식의 소유자라는 점에서 제정신이 아니기는 하지만 적어도 술 탓은 아니다.

내게 패티의 엄마는 신비스런 존재였다. 우리 집과 똑같은 구조의 거실에서 한낮의 햇살을 피하기 위해 커튼을 치고 구부정한 채로 앉아 아줌마는 천천히 술을 마시고 담배를 피우며 눈앞의 허공을 멍하니 응시한다. 그녀는 뭘 보고 있었을까? 그녀의 눈에 비친 것은 무엇이었을까?

그 집에는 패티의 삼촌 윌도 함께 살고 있었다. 윌은 깐깐하지만 상냥한 노총각으로 멍청해 보이는 검은색 뿔테 안경에 반팔의 빳빳한 버튼다운 옥스퍼드를 입고서 장차 유령의 집이 될 그곳으로 끊임없이 식료품 봉지를 날랐다.

화단 사건이 있은 지 얼마 후, 나는 윌 아저씨가 현관에 서 있는 것을 보았다. 아저씨는 안경을 손에 든 채 울고 있었다. 윌은 자신의 안경 벗은 모습을 절대 보여주지 않는 사람이었다. 엄마는 어젯밤 패티의 엄마가 돌아가셔서 패티와 윌이 이사를 가게 될 거라고 말해주셨다.

그 주에는 토리노에서 발견된 예수님의 수의가 내셔널 지오그래픽 커버를 장식했다. 나는 밤새 뜬눈으로 패티의 엄마를 생각했다. 아줌마가 예수님의 수의를 걸치고 내 방에 들어와 나를 데려가는 상상을 했다. 내 어깨를 감싸는 아줌마의 길고 파리한 손가락과 슬픔, 후회가 서려 있는 그 흉측한 얼굴을. 아줌마는 언제나 잠옷 차림이었고 언제나 피곤해 보였다. 나는 아줌마가 길쭉한 술병의 금속 뚜껑을 돌려 따며 다갈색의 말라비틀어진 담배꽁초로 가득찬 커다랗고 깊은 재떨이 안에 담뱃재가 길게 늘어진 담배를 비벼 끄던 모습을 기억한다. 아줌마는 우리 집과 똑같은 거실에서 돌아가셨다. 그녀는 그 침침함과 담배 연기, 술, 제정신이 아닌 딸, 이상한 월, 똥을 먹는 개, 오렌지색 가운, 이 모든 것에 질렸을 것이다. 그래서 그냥 죽어버린 것이다.

아는 사람이 죽은 것은 그때가 처음이었기 때문에 나는 이 모든 과정이 끔찍하게 두려웠다. 어떻게 바로 자기 집에서 죽을 수 있을까? 그렇게 되면 그 집은 영원히 저주받지 않을까? 나는 새로 이사오는 사람들에게 그 사실을 알려주고 싶었지만 그들은 내가 자진해서 그런 사실을 알려줄 만큼 친절한 사람들이 아니었다. 그들은 매우 쌀쌀맞은 중국인들이었다. 그 집에는 십대의 아들 둘과 커다란 중국산 개 한 마리가 있었는데 개건 사람이건 모두 우리 남매를 싫어했다.

이삼 년 후, 나는 담배를 피우기 시작했고 주로 목욕탕 창가에서 밖을 내다보며 담배를 피웠다. 담배를 피운 다음에는 냄새를 없애기 위해 곧장 샤워를 했다.(이렇게 하면 오히려 담배 연기가 복도로 퍼진다는 사실을 모르던 시절이었다.) 그때 옆집 창문에서 노크 소리가 들렸다. 밖을 내다보니 옆집 창문의 커튼이 젖혀져 있고, 그 뒤로 옆집 남자아이가 윗통을 벗은 채 서 있는 것이 보였다. 녀석은 한 손으로는 커다래진 자신의 물건을 손에 쥐고, 다른쪽 손으로는 커튼을 젖히고 있었다. 그러더니 그것도 모자란다는 듯이 팔꿈치로 커튼을 고정시키고는 자유로워진 손으로 내게 손짓을 했다. 그건 정말이지 서커스에 가까운 몸동작인 동시에 엄청나게 화나는 일이었다. 나는 아직 불이 꺼지지 않은 담배꽁초를 그 집 마당으로 던지며 그 집이 홀랑 타버리기를 바랐다.

분명 뭐가 씌인 집이라니까.

나는 옆집의 두 아들들이 오후마다 자신의 스포츠카에 매달려 수리하는 모습을 종종 보았지만 두 사람은 나를 보지 못했다.

훗날 내가 어른이 되고, 집을 떠나 유명세를 얻고, 거의 죽도록 술을 마셔댔을 때, 한동안 나는 패티 엄마와 똑같은 모습이었다. 다만 우리 집에는 커튼이 없어 내 머리에 구멍이 뚫릴 정도의 따가운 오후 햇살이 거실 가득 넘쳐흘렀다. 나는 할리우드 힐의 햇볕이 잘 드는 우리 집에서 느껴지는, 도저히 참을 수 없는 이른 아침의 활기를 피하기 위해 될 수 있는 한 늦잠을 자려고 했다. 나는 늘 파자마를 입고, 패티 엄마와 똑같이 구부정하게 앉아, 똑같이 지친 표정으로, 똑같이 멍하니 바라보았다. 그때 죽었어야 했는데 나는 죽지 않았다. 무슨 이유에서인지 누군가가 우리 집을 막고 있던 바위 덩어리를 치워 주었고, 나는 거기서 빠져나올 수 있었다. 내 발 아래에는 토리노의 수의가 떨어져 있었다. 죽음에서 새롭게 부활한 나는 멜로즈(*비버리힐스의 인근 거리로 세련된 부티크와 레스토랑, 카페 등이 몰려 있다)로 가서 수의를 대신할 만한 끝내주게 멋진 옷들을 샀다.

제3장 용기

나는 언제나 내가 용감하다고 생각했다. 또한 사람들, 특히 남자아이들이 그런 나를 숭배하고 돌아보며 내 비위를 맞출 거라 생각했다. 그리고 실제로도 그랬다. 내가 8살이 되던 초등학교 3학년 때, 절대 용서받지 못할 두 가지 끔찍한 사건을 저지르기 전까지는. 그 사건은 2주에 걸쳐 일어났다.

첫번째 사건은 크리스마스 학예회 예행 연습 중에 일어났다. 우리 모두는 값비싸고 섬세하며 진귀한 놋쇠 종을 하나씩 받아 그걸로 '푸른 옷소매'를 연주하기로 되어 있었다. 우리는 그 종의 진가에 대해 반복해서 들어야 했으며 때로는 협박에 가까운 말까지 들었다. 그 더럽게 잘난 종에 지문이 찍히지 않도록 하기 위해 의무적으로 면 장갑까지 껴야 했다. 나는 겨드랑이와 옆구리 사이에 종을 끼고 장갑을 끼던 중에 그만 종을 떨어뜨리고 말았다. 종은 바닥에 떨어져 산산조각났다. 무엇으로도 대체할 수 없는 그 종소리. 합창단은 "이 가엾은 아이는······" 부분을 부르고 있었는데 '아이'라는 단어에서 음악소리가 뚝 그치며 그 단어가 큰 소리로 두드러졌다. 그것은 내가 이 중대한 실수로 인해 내가 3학년 내내 얼마나 가혹한 시절을 보낼 것인지 적나라하게 암시해 주었다.

얼마 후, 더 끔찍한 두번째 사건이 일어났다. 그때도 종으로 예행 연습을 하는 중이었는데 나는 종이 없었기 때문에 안절부절못하며 교실 뒤쪽에 앉아 있었다. 아까부터 너무도 오줌이 마렵던 차라 나는 교실 앞으로 나가 선생님께 화장실에 가겠다고 말씀드렸다. 선생님은 기다리라고 하셨다. 나는 교실 뒤로 돌아가 다시 빈둥거렸는데 또다시 오줌이 마렵다는 강력하고도 다급한 신호가 왔다. 이번에는 도저히 기다릴 수 없었다. 나는 오줌을 싸야만 했다. 연습이 끝나자 짜리몽땅한 키에 만년 노처녀인 빙어맨 선생님이 이제 화장실에 다녀와도 좋다고 말씀하셨다. 나는 꽤나 익살맞은 투로 대답했다.

"벌써 쌌어요."

나는 공포라는 감정에 너무나 익숙해져 있었고, 어린 나이에 이미 지독한 일들을 여러 차례 겪은 후라 '사고'를 치고도 전혀 동요하지 않았던 것 같다. 그리하여 발 아래가 오줌 바다가 되고, 오줌에 완전히 절은 찝찝한 바지를 입고서도 '왔노라, 저질렀노라' 하는 태도로 가만히 앉아 있었던 것이다. 선생님들은 내 이런 태도를 상당히 거슬려 하셨다. 선생님들이 내게 집에 가서 옷을 갈아입고 올 것인지, 엄마가 데리러 오기를 바라는지, 집에 전화드릴 어른이 있는지 물었을 때 나는 오줌 방울이 튄 내 버스터 브라운 신발을 내려다보며 "아뇨, 왜 그래야 하는데요?"라고 묻고는 발야구를 하러 나갔다. 그때 아무도 나를 자기 팀에 넣어주려고 하지 않았던 것 같다.

아이들이 놀리기 시작한 건 나중 일이었다. 이 시기에는 다들 나를 너무나 두려워해 감히 놀릴 엄두조차 내지 못했다. 그들은 나를 〈오멘〉(*악마가 씌인 아이를 주인공으로 한 영화. 주인공 소년은 초능력으로 사람의 마음을 움직인다)에 나오는 소년 취급했다. 마치 내가 사악한 눈길로 그들을 쓱 한번 바라보기만 하면 자신들도 오줌을 지리게 된다는 듯이. 하지만 그 마법은 금세 풀리고 말았다. 나는 운동장의 외톨이였고, 아이들은 내가 수염을 바닥까지 늘어뜨리고, 끝이 돌돌 말린 긴 손톱을 기르고 다니는 인도의 지저분한 파라이아(*카스트 제도상의 최하층민)라도 되는 것처럼 날 피해다녔다. 나를 덜렁이로 부를지 오줌싸개로 부를지 하는 문제로 패싸움을 벌이던 남자아이들 사이에 서 있던 시절, 내게 '쉬는 시간'은 곧 '싸움'과 같은 말이었다. 나는 늘 무표정했으며 말이 없었고, 그 시절에도 비폭력주의자였다. 또한 다른 아이들에게 관심을 기울이지 않았다. 그럼에도 그 학교를 5년간이나 더 다녔고, 어린아이에게 그것은 영원과도 같은 세월이었다. 그 시절이 나를 시들게 했다는 사실을 인정하지 않을 수 없다. 그 학교를 다니는 동안 나는 뭔가를 잃었다. 내면의 빛이라고나 할까. 내 안에 있던 광채와 희망, 눈깔사탕, 용기는 깊이 가라앉아 버리고, 이제는 굽은 허리에 심각한 신경성 안면 경련이 있는 뒤틀리고, 왜곡된 기형의 모습이 떠오른 것이다.

우리 식구는 일요일마다 교회에 나갔다. 처음에는 스톤타운 근처에 있는 교회에 갔는데 우리 할아버지가 거기서 설교를 하셨다. 나중에는 차이나타운 한가운데 있는 파월 가의 재미교포 감리교회를 다녔다. 그곳에서는 가끔씩 대규모의 중국인 장례식 행렬이 천천히 거리를 따라 내려가곤 했다. 마치 군인처럼 차려입은 남자들로 이루어진 브라스 밴드도 있었는데 그들은 함께 행진하며 장엄한 곡을 연주했다. 그 뒤로는 앞 유리창에 고인(故人)의 거대한 흑백 사진이 걸린 검은색 컨버터블(*지붕을 접을 수 있는 자동차)이 따라왔다. 사진의 테두리에는 내세에서의 삶을 상징하는 검정 끈이 둘러져 있었다. 그 다음은 하얀 커튼이 쳐진 창문마다 꽃이 빽빽하게 들어찬 영구차였는데 그 안에는 신비한 빛을 내뿜는 관이 숨어 있었다. 나는 영구차가 지나갈 때마다 숨을 죽였다. 가까이 다가가 안을 들여다봤다가는 관에서 앙상한 손이 튀어나와 나를 끌고 갈 것만 같았다. 그 뒤로는 차에 탄 조문객들의 행렬이 이어졌는데 다들 어찌나 천천히 움직이는지 영영 목적지에 도착하지 못할 것 같았다. 하긴 그런 것은 중요치 않았다. 죽은 자에게는 시간이 많은 법이니까. 이런 행렬은 날 두렵게 하면서도 동시에 일요일을 손꼽아 기다리게 했다.

   교회 예배는 한국어로 진행되었기 때문에 영어밖에 할 줄 모르는 교포 아이들을 위해 다양한 주일 학교 프로그램이 있었다. 이것은 두 그룹으로 나뉘어졌는데 예수님 그림책을 가지고 공부하는 유아반과 청소년을 대상으로 한 MYF반이었다. 하지만 청소년들은 대개 수업을 땡땡이치고 차이나타운에 몰려가 담배를 피우며 토요일 저녁에 뭘 하고 놀았는지에 대해 이야기했다. 그들이 수업에 들어올 때는 '랩' 시간 같은 재미있는 수업뿐으로 그 시간에는 젊은 목사들이 기타를 가지고 와서 노래를 하고 혼전관계의 '해악'에 대해 이야기한다.

   교회 사람들은 나를 미워했다. 모두 다. 어린아이에서부터 청소년들에 이르기까지. 아마 선생님과 젊은 목사들은 예외였을 것이다. 그들은 나를 보호하고, 다른 아이들이 어떻게 하면 나를 따돌릴 수 있을까 궁리하는 단체 활동에 나를 참가시키려고 애쓰느라 여념이 없었으니까. 아마 나만큼 미움을 받아본 사람도 없을 것이다. 학교 생활도 충분히 끔찍했지만 이제는 온 세상이 내게 적대적인 것 같았다.

당시는 80년대였고, 나는 열두 살 소녀로 도로시 해밀(*1976년에 금메달을 딴 미국의 피겨스케이트 선수. 짧은 커트머리가 그녀의 트레이드마크였다)의 헤어스타일에 교정기를 끼고 다녔다. 여기서도 미움받고, 저기서도 미움받고, 어딜 가나 미움을 받는 처지였다. 나는 환상적인 도시, 글렌데일에 사는 사촌들 집에서 여름을 보내며 그런 현실을 잊으려 했다. 거기 가서는 주로 수영장 옆에 앉아 물에 젖은 《세븐틴》 잡지를 읽으며 빈둥거렸다. 당시는 로리 래플린이 미의 기준이었고, 그녀의 사진을 바라보고 있노라면 모든 근심 걱정이 다 사라졌다. "언젠가는 나도 열일곱 살이 될 거야……" 나 자신은 도저히 인정할 수 없었지만 사실 내가 진정으로 바라던 것은 "언젠가는……나도 백인이 될 거야."였다.

그런 하이틴 잡지를 읽으며 그 잡지가 파는 사춘기 소녀의 환상에 빠져들 때마다 그 속에서 내 모습은 찾아볼 수 없었다. 나는 잡지에 실린 사진들과 TV 드라마, 〈리틀 달링〉(*테이텀 오닐을 위시한 당대의 청춘 스타들이 총출동한 1980년의 영화) 같은 영화를 보고 또 봤다. 그러다 거울을 보고 내가 그들과 다르게 생겼다는 무서운 현실에 직면하게 되었다. 내게는 너무도 견디기 힘든 현실이었다.

내가 한국 사람이라는 사실, 내가 다른 사람들과 '다르다'는 사실은 나를 당황하게 했다. 풀을 사용해 만들어 가야 할 공작 숙제가 있으면 엄마는 풀 대신 남은 밥풀을 이용하셨다. 우리 식구에게

풀이란 굳이 돈주고 살 필요가 없는, 쓸모없는 물건이었다. 나는 새빨개진 얼굴로 몸을 부르르 떨며 말까지 더듬거렸다.
"왜 우리 집에는 다른 집처럼 풀이 없는 거야! 난 정말 엄마가 미워!"

그리고는 요란한 발소리를 내며 계단을 올라가 뜨겁게 달아오른 얼굴을 내 침대 위로 던졌다.

당시 내 친구들이란 모두 나와 인척 관계가 있는 아이들이었고, 내게 가장 가혹하게 구는 아이들도 한국인이었기에 내게 세상이란 온통 따돌림받는 곳이었다. 따라서 백인이 되는 것만이 유일한 해결책 같았다. 상상 속에서 나는 로리 래플린이 된다. 목욕을 마치고 하얀색 타월만 두른 채 댄스 파티에 나갈 준비를 한다. 달콤한 향기의 베이비 소프트를 전신에 뿌리고, 솜에 10-0-6 로션을 듬뿍 묻혀 번들거리는 T-존 부위를 닦아내고, 커다란 눈에는 또렷한 아이라인을 그린다. 그런 다음 풍성한 주름 장식이 달린 긴 데님 스커트를 패티코트 위에 받쳐입고, 풍만하지만 결코 천박해 보이지 않는 내 가슴 위에 V자 모양의 주름 장식이 붙은, 소매가 봉긋한 블라우스를 입는다. 마지막으로 선천적인 밤색 곱슬머리를 좁은 어깨 위에 떨어뜨렸다가 머리 위로 끌어올려 빨간 타월형 핀으로 고정시킨다. 이 상상이 바뀌는 때는 내가 로리 래플린 대신 샬린느 틸턴이 될 때뿐이다. 하지만 《틴 비트》 잡지에서 샬린느가 머리 드라이를 하는데 45분이나 걸린다는 기사를 읽은 후로는 그녀를 상상의 주인공으로 삼는 일은 줄어들었다. 그 당시에도 드라이를 45분씩이나 한다는 건 터무니없는 일로 생각되었다.

나는 댄스 파티에 한 번도 가지 않았다. 상상 속의 나는 온통 지금의 내가 아닌 다른 모습으로 파티에 가는 준비를 하고 있었기 때문이다. 그토록 풍부하고 훌륭한 상상력을 자신이 아름다워지는, 그것도 자기 자신이 아닌 다른 사람의 모습으로 아름다워지는 일에 사용한 것은 너무도 서글픈 일이었다.

가끔씩 내가 정말로 파티에 가는 상상에 빠져든 적도 있었지만 실제로 한번도 가본 적이 없었기에 그 상상은 곧 흐릿해졌다. 상상 속에서 나는 에어서플라이의 곡에 맞춰 우리 학년에서 가장 귀여운 스티브 골드버그라는 소년과 블루스를 춘다. 유태인인 스티브는 금발 머리에 엉덩이가 큼직한 아주 잘생긴 아이였다. 그애는 나를 무지막지하게 함부로 대했는데 내가 자기를 짝사랑하고 있다는 사실을 알고 그랬던 것 같다. 하지만 그애 역시 자신의 큰 엉덩이 때문에 고민하고 있었다. 한번은 학교에서 소풍을 갔을 때 스티브가 반 아이들을 선동해 지나가던 커다란 사냥개에게 "안녕, 마가렛"하고 인사하게 만든 사건이 있었다. 그애는 개를 보며 말했다.

"얘들아, 마가렛한테 인사해. 마가렛은 개야! 알았니?"

나는 평소에도 늘 개가 아름다운 동물이라고 생각했기 때문에 별로 화나지 않았다. 다만 그애가 날 화나게 하려고 그런 짓을 했다는 사실이 가슴 아팠다. 하지만 교회에서 당한 일에 비하면 그 정도는 아무것도 아니었다.

내 이름이 사건의 발단이었다. 내 본명은 조 모란이다. 모란은 한국식 이름으로 아주 화창한 봄날에 꽃을 피운다는 작약과의 식물에서 딴 이름이다. 아빠는 훗날 내 또래 친구들이 이 이름을 놀리게 되리라고는 꿈에도 모른 채, 좋은 의미로 이 특별한 이름을 지어주셨다. 사건은 내가 열두 살 무렵, 학교가 아닌 교회에서 시작되었다.

"야, 모론(*moron 저능아라는 뜻)! 넌 모론이야!"

아이들은 틈만 나면 내 이름을 놀려댔다.

"선생님, 모론이 양동이를 이쪽으로 넘기지 않았어요."

"야! 내가 손들었잖아. 내가 모론의 큰바위 얼굴 옆으로 지나가는 걸 못 봤군."

"다른 자리로 바꿔주세요. 모론 옆에 앉기 싫어요!"

"예수님은 모든 인간을 사랑하신다. 모론까지도."

유치한 장난이었지만 내가 입은 마음의 상처는 엄청났다. 특히 나와 가장 친했던 친구들이 그런 장난의 주동자 역할을 하게 되면서부터 더욱 그랬다.

로테와 코니 자매는 우리 부모님과 가장 친한 한국인 부부의 딸들이었다. 작년 여름방학에 나는 종종 산 브루노에 있는 그애들의 집에 놀러가 함께 지냈다. 우리는 마이클 잭슨의 '오프 더 월(Off the Wall)'을 듣고 언덕 아래 있는 K마트를 구경했다. 거기서 나는 처음으로 디자이너 브랜드의 청바지를 샀다. 셋이서 '크리쳐 피쳐(Creature Features)'를 보다가 너무 무서워지면 어쩔 수 없이 '토요일 밤의 쇼(Saturday Night Live)'로 돌려 스티브 마틴이 연기하는 '킹 터트'에 배꼽이 빠져라 웃어댔다.

그들은 부모님이 밤새 싸우셨지만 자기들이 제발 멈추게 해달라고 하느님께 기도드리자 정말로 싸움이 멎었다고 말했다. 둘 다 부모님이 이혼하실까 겁난다고 했다. 나 역시도 그렇게 될까 두려웠다. 우리는 80년대의 아이들이었고, 당시에는 이혼과 핵전쟁이 심각한 사회 문제로 부상되던 때였다. 우리는 부모님에게 버림받을까 두려우면서도 그렇게 되면 가정에 평화가 찾아오고, 함께 사는 동안은 얼굴 보기도 힘든 아빠와 주말을 함께 보낼 수 있으리라는 가능성에 마음이 설레기도 했다. 또한 방사능이 유출되는 악몽에 시달리면서도 귀여운 남자아이와 대피소에 갇히는 상상을 했다.

코니는 다래끼가 자주 나는 바람에 눈이 늘상 금붕어처럼 툭 튀어나와 보였다. 하지만 날씬하고 자신감 있는 태도가 야릇한 매력을 풍기는 아이였다. 로테는 한국판 지니 프란시스 같은 얼굴이었기에 더욱 사람들의 눈길을 끌었다. 당시에는 드라마 '종합 병원(General Hospital)'이 최고 인기를 누리던 때였다. 그 드라마의 줄거리와 비도덕적인 등장인물들을 패러디하는 노래까지 있을 정도였으니까. 우리는 한인 라디오 방송국에 그 노래를 틀어달라고 여러 번 전화했었다.

또 우리는 늙고 이상한 우리의 백인 피아노 선생님을 가엾어했다. 그분은 우리들 집을 방문하셔서 우리가 '당신 곁으로'를 쿵쾅거리며 치는 동안 옆에 앉아 계셨다. 그 피아노 레슨은 우리 가족이 누릴 수 있는 단 하나의 사치로 내 동생과 나는 몇 년 동안이나 그 일로 고생을 했다. 로테와 코니는 그들의 담임 선생님에 대한 얘기로 나를 눈물이 나도록 웃게 만들었다. 그 선생님은 한번 화장실에서 일 보는 데 30분씩 걸리고, 부엌에서 늘 상카 커피(*무카페인 커피)를 만들어 마신다고 했다.

그때는 그 이야기가 왜 그리 우스웠는지 모르겠다. 아마도 태어나서 처음으로 나를 이해해 주는 누군가를 만나서 그랬던 것 같다. 두 소녀는 내 외로움을 덜어주었고, 그랬기에 그들의 배신은 더욱 가슴 아팠다.

로테와 코니에게는 내성적이고 특이한 성격의 로니라는 사촌이 있었는데 그애가 우리 교회에 나오기 시작했다. 로니에게는 두 명의 오빠가 있었다. 둘 다 칠흑처럼 새카만 머리칼에 구릿빛의 탄탄

한 몸매를 가진 굉장한 미남들이었다. 로니는 이 오빠들 덕택에 인기가 좋았다. 나는 로니가 곧 내 자리를 뺏게 되리라는 것도 모르고 처음에는 그애에게 친절히 대했다.

하루는 로니와 내가 교회 주차장에서 수다를 떨고 있는데 로테가 다가왔다. 그애는 다 안다는 듯한 시선으로 로니를 바라보며 말했다.

"아, 너 '모론'을 만났구나!"

둘은 큰 소리로 미친 듯이 웃어댔다. 나는 이것을 그저 친구들간의 악의없는 농담으로 받아들이며 웃어넘기려고 노력했다. 하지만 얼굴은 뻘겋게 달아올랐고, 목이 메어왔다. 둘은 저쪽으로 걸어가더니 눈에 골프공만한 다래끼를 달고 있는 코니와 합세했다. 그들은 오후 내내 내게 말을 걸지 않았다. 나는 그 일이 이상하게 여겨졌지만 애써 내색하지 않았다.

그날 집에 돌아온 나는 내게 무슨 문제라도 있나 싶어 거울을 들여다보았다. 내 머리는 너무 짧았다. 엄마가 '쉬나 이스턴'(*1980년대에 인기를 누린 여가수) 스타일로 자른 머리였는데 한낮의 열기 때문에 머리칼이 축 늘어져 있었다. 어쩌면 내가 너무 과민한 건지도 모른다. 나는 교회에서 여름 캠프를 가기 전까지 상황이 해결되기를 바랐다. 그것은 MYF에 소속된 모든 아이들이 레드우즈로 떠나는 3일간의 캠프 여행이었다. 부모님에게서 벗어나 담배를 피우고 서로 친해질 수 있는 기회였다. 이거야말로 '리틀 달링'이었다. 비록 순결을 잃는다는 것은 당시 12살의 내게는 다소 거리가 먼 이야기로 느껴졌지만 그래도 부모님과 떨어져 캠프에서 지내는만큼 그 가능성이 높아진다고 생각하니 아찔했다.

캠프 전날 밤, 나는 걱정과 흥분으로 잠을 이루지 못했다. 밤새 뒤척이다가 별안간 얼굴에 쏟아지는 햇볕을 느끼며 잠에서 깼다. 나도 모르게 잠이 든 것이다.

엄마는 나를 교회까지 태워다주셨는데 갑자기 영문을 알 수 없는 울음을 터뜨리며 내게 가지 말라고 하셨다. 나는 어리둥절했다. 최근 들어 우리 모녀는 사이가 좋지 않았다. 우리 식구들 모두 마찬가지였다. 엄마와 나는 내가 피아노 연습을 하지 않는다는 일로 싸웠고, 동생과 나는 TV 보는 일로 싸웠고, 아빠, 엄마는 밤새 부부싸움을 하셨다. 엄마가 어느 정도 진정되자, 나는 몸을 돌렸다. 내가 노란색의 커다란 스테이션 왜건에서 내릴 때쯤에는 엄마도 냉정을 되찾으셨다. 당분간은 엄마와 싸우지 않아도 된다는 사실에 마음이 놓였다.

나는 로테, 코니와 함께 차를 타고 싶었지만 그들은 이미 로니와 사라진 후였다. 칼이나 재클린, 유진 남매에게는 말을 거는 것조차 두려웠다. 칼은 원숭이같이 생긴 귀여운 얼굴로 인기 만점이었는데 나를 비참하게 만드는 것이 그애 인생의 목표였다. 역시 원숭이처럼 생긴 재클린과 유진 남매는 자신들이 맨 처음으로 나를 미워하기 시작했다는 점에서 스스로를 유행의 선두주자라고 자부하고 있었다.

아이들은 함께 차를 타고 갈 친구들끼리 이미 그룹으로 나뉘어져 있었다. 나는 늦게 온 데다 미움받는 처지였으므로 침낭을 들고 서서 가능한 태연한 척하려고 했다. 나는 나쁜 일이 일어날까 걱정하면 할수록 그 일이 일어날 가능성은 줄어든다는 내 나름대로의 이론으로 합리화를 시켰다. 지금까지 이 여행에 대한 걱정으로 충분히 괴로워했으니 이 법칙대로라면 이제부터는 모든 것이 좋아질 것이다.

나는 청소년 반을 담당하고 있는 젊은 목사님의 차에 타고 가기로 했다. 한번도 성직자용 칼라를 달지 않으셨던 그분은 통 나이를 짐작할 수가 없었다. 젊은 축에 속했고, 미혼이었으며 대부분의 한국 남자들처럼 동안(童顔)이었다. 목사님의 노란색 핀토가 느릿느릿 고속도로를 달리자 나는 잠이 들었고, 캠프에 거의 다 도착할 무렵에야 온몸이 땀에 젖어 깨어났다.

"자는 모습이 아주 귀엽더구나."

수 목사님은 내게 늘 친절하셨다. 상대에게 거부감을 주지 않는, 편안함이 느껴지는 친절이었다. 우리는 한낮이 다 되어 야영지에 도착했다. 그곳은 무더웠고, 한국인 아이들로 바글거렸다. 엉덩이가 예쁜 로니의 오빠는 자신의 스포츠카 문을 활짝 열어놓았고, 차 안의 오디오에서는 시카고의 노래가 쩌렁쩌렁 울려나왔다.

"Everybody needs a little time away, just for the day⋯⋯ From each other⋯⋯"

나보다 한두 학년 위인 졸리가 우리를 바라보며 미소지었다. 무릎께에서 자른 청바지에 골이 패인 자주색 민소매 티셔츠, 빨간색 스카프를 마치 가터인 양 가느다란 허벅지에 두른 졸리는 완벽한 모습이었다. 나는 가슴이 두근거렸다. 졸리는 한번도 내게 못되게 군 적이 없었다. 그렇다고 해서 내게 말을 건 적도 없었다. 그 점에 있어서 그녀는 지나치게 약삭빨랐다. 나는 그녀를 숭배하고 있었지만 내 스스로 그런 사실을 인정할 엄두조차 나지 않았다. 칼이나 유진이 내게 무슨 짓을 하든 졸리가 보지 않으면 상관없었다. 만약 졸리가 지켜보는 상황에서 그런 일이 벌어진다면 내 굴욕감의 상처는 한층 오래 갈 것이다. 지금 생각해보면 나는 그녀를 좋아했다기보다 그녀처럼 되고 싶은 마음이 더 컸던 것 같다. 다갈색으로 그을린 탱탱한 몸매에 어려 보이는 얼굴을 한 그녀는 내게 80년대의 영광을 상징했다. 아름다움이란 강력한 파워이며 아름답기만 하다면 무엇이든 손에 넣을 수 있다는 80년대식 사고 방식을.

1985년 무렵, 상류층의 한 사립고등학교에 입학하면서 졸리는 완전히 변했고 그 아름다움과 광채, 싱그러운 관능미는 사라져버렸다. 하지만 졸리가 자신의 전성기를 구가하던 이 시절에는 교회의 모든 남자아이들이 자줏빛 손톱이 반짝거리는 졸리의 손아귀 안에 있었다.

졸리는 로니의 오빠에게로 몸을 기울이며 뭔가를 속삭였다. 그러자 그가 졸리의 얼굴을 살짝 꼬집으며 둘이 함께 웃음을 터뜨렸다. 아, 저렇게 웃을 수 있다니. 남자가 저런 식으로 얼굴을 꼬집고, 내 아름다움에 넋을 잃게 할 수만 있다면. 윤기 흐르는 머리를 어깨 너머로 찰랑이는 모습에 남자들이 마음을 빼앗기도록 할 수만 있다면. 남자들이 나를 원하고, 또 나 스스로 원하는 남자를 고를 수 있는 그런 사람이 될 수 있다면. 나도 그렇게 되고 싶었다. 그런 몽상에 빠져 있는 내게 누군가 얼굴 위로 솔방울을 던졌다.

"이런 젠장, 모론이 왔잖아!"

아이들 무리 속에서 범인을 찾아 두리번거리며 나는 울지 않으려고 했다. 졸리는 남자의 마음을 애태우는 그 반짝이는 입술을 꼭 깨물고 터져나오려는 웃음을 참으며 고개를 돌렸다. 나를 바라보기가 민망했는지 그녀는 황금색으로 그을린 로니 오빠의 목덜미에 얼굴을 묻었다.

아까 맞은 솔방울의 파편 때문에 눈이 충혈되었다. 그렇게 반쯤 장님이 된 채로 나는 여학생 숙소까지 무사히 걸어갔다.

숙소는 통나무로 지어진 오두막집이었다. 안에는 2단 침대 열

개가 놓여 있었는데 한번도 그런 침대에서 자본 적이 없는 내게 그것은 무척 이국적이고 흥미롭게 보였다. 나는 비어 있는 위층 침대를 찾아보았지만 모두 주인이 있었다. 할 수 없이 뒷문 옆에 있는 아래층 침대 위에 침낭을 펼쳤다. 지퍼가 끝까지 올라가지 않는 낡고 얼룩진 침낭이었다.

욕실에서 재클린이 아이들에게 투덜거리는 소리가 들렸다.

"여기 음식은 진짜 형편없어! 목구멍에 손가락을 집어넣어 전부 토해내려고 했는데 안 되잖아. 그래서 차라리 몽땅 싸버리려고 화장실에 온 거야. 난 집에 가고 싶어!"

나 역시 집에 가고 싶었다. 아무래도 조짐이 불길했다.

로테가 비어 있는 숙소에 들어왔다가 나를 보았다. 나는 반가운 마음에 로테 곁으로 다가갔다.

"안녕. 난 방금 왔어. 네 침대는 어디야? 너희들 옆에서 자고 싶은데."

내가 말했다.

로테는 비열한 미소를 지으며 내 시선을 피했다. 마치 아이들에게 어서 이 얘기를 해주고 싶어서 도저히 참을 수 없다는 표정이었다.

"우린 저쪽이야. 하지만 거긴 벌써 다 찼어. 나는 카누 타러 갈 거야."

"잠깐, 나랑 같이 가. 나도 옷 갈아입고 가려던 참이야."

나는 수영복을 가지러 침대에 갔지만 로테는 이미 가버렸다.

나는 오렌지색 원피스 수영복으로 갈아입고 그 위에 헐렁한 하얀색 T 셔츠를 덧입은 다음 호수 쪽으로 내려갔다.

나를 제일 먼저 발견한 사람은 칼이었다.

"제기랄, 모론이다. 저애를 물에 빠뜨리자. 이봐, 모론. 넌 여기 왜 왔냐? 다 널 싫어해. 네 인생 최악의 사흘이 될 거라구."

"닥쳐!"

내가 소리쳤다.

칼의 형 마이크가 끼어들었다.

"내 동생에게 닥치라고 하지 마! 너나 닥쳐, 모론! 모론 주제에!"

나는 애써 그들을 무시하고 혼자 보트에 올라탔다. 노를 전혀 저을 줄 몰랐던 나는 보트를 선창에서 밀어내고는 곧 공포심에 사로잡혔다. 분명 5피트 정도밖에 되지 않는 거리였지만 보트를 전혀 움직일 수 없었던 내게는 수십 마일로 느껴졌다. 보트는 서서히 호수 한가운데로 떠내려가고 있었다. 나는 아이들의 비아냥거림이나 내게 날아드는 솔방울로부터 벗어나 멀리 떨어진 무인도 해변가로 떠내려가는 상상을 했다. 우리들만의 블루 라군(*당대의 최고 청춘 스타인 브룩 쉴즈와 크리스토퍼 애트킨스가 주연한 영화로 두 명의 소년 소녀가 무인도에 도착해 사랑을 키워나가는 내용)에서 크리스토퍼 애트킨스를 만나 바나나를 먹으며, 옷 대신 허리에 천조각만 두른 채 살고, 첫 섹스를 한다…….

칼과 마이크는 내가 그리워지기라도 했는지 나를 큰 소리로 부르기 시작했다.

"모론! 모론! 뒤로 노를 저어. 너만 보트 탈래, 이 돼지야! 욕심꾸러기! 모론!"

로테와 코니, 로니도 선창가로 내려와 합세했다. 그들도 소리를 질러댔다.

"모론! 세상에! 넌 할 줄 아는 게 하나도 없니? 노를 뒤로 저어. 우리도 타고 싶단 말이야. 모론! 멍청이. 어서, 빨리 좀 해봐!"

나는 물 속에서 노를 움직여보려고 했지만 너무 무거웠다. 보트는 다시 후진하며 선창 쪽으로 다가갔다. 하지만 너무나 느린 속도였기에 다들 전보다 더 큰 소리를 질러댔다.

"모론! 넌 아무 것도 못하지! 그냥 집에 가라. 다른 사람들한테 피해나 주고, 모론! 우린 네가 싫어! 모론! 집에 가! 집에 가, 집에 가, 집에 가!"

졸리와 같은 반인 캠프의 지도 교사 언니가 선창으로 내려왔다.

"그냥 노를 저어. 노를 꼭 쥐어. 아니! 그러니까…… 어서! 다른 사람들도 보트를 타고 싶어하잖니. 어서. 네 생각만 하면 안 돼. 여기까지 노를 저어오렴. 어서!"

"그래, 모론. 누나 말대로 해. 빨랑. 모론! 모론, 모론, 모론, 모론, 모론!"

나는 울지 않았다. 아이처럼 울 나이는 훨씬 지났다. 다른 아이들을 기쁘게 하고 싶은 마음도 없었다. 얼굴은 달아오르고, 눈은 아까 맞은 솔방울 때문에 아직도 충혈되어 있었다. 노를 젓느라 양팔은 끊어질 것 같았다. 마침내 젖먹던 힘까지 다 내어 노를 한번 힘껏 밀자 보트가 선창에 부딪쳤다.

칼이 보트에 뛰어들어 나를 물에 빠뜨리려 했지만 나는 재빨리 몸을 피해 여학생 숙소로 도망쳤다.

숙소 안은 조용했다. 다들 즐겁게 놀고 있었다. 집에서 벗어나 친구들끼리만 있다는 사실을 만끽하며 선탠도 하고, 공작품도 만들고, 배구도 하고, 숲속을 돌아다니기도 했다. 그것이 내 주위의 침묵을 더욱 견디기 힘들게 만들었다.

나는 시간이 더 빨리 가도록 하기 위해 잠시 잠을 자기로 했다. 집에 가고 싶었다. 대체 내가 여기를 왜 왔을까? 무슨 생각을 한 거지? 집에서 벗어나면 갑자기 다들 내 친구라도 되어 줄 거라고 생각한 걸까? 그러자 로테와 코니의 집에서 교회 캠프에 갈 계획을 세우던 것이 불과 몇 주 전의 일이라는 것을 깨달았다. 우리는 맘에 드는 남자아이들에게 접근하기로 하고 그 전까지 코니의 다래끼가 낫기를 바랐다. 내가 미친 걸까? 대체 무슨 잘못을 한 걸까? 칼과 마이크, 재클린과 유진은 예전부터 나를 미워했었다. 하지만 어쩌면 그렇게 순식간에 다른 아이들에게까지 그 감정을 전염시킬 수 있지?

미움은 전염성이 강한 모양이었다. 이제는 나 역시 거기에 전염되어 내 자신이 미워지기 시작했다. 나는 내 침낭 위에 앉았다. 그러자 뭔가가 바스락거리는 소리가 났다. 나는 침낭 안을 들여다보았다. 그 안에는 마른 나뭇잎과 솔방울, 나뭇가지, 흙이 가득 들어 있었다. 심지어는 개똥까지!

오두막 밖에서 여자아이들의 웃음소리가 들렸다. 누구의 목소리인지 알 수 있었다. 바로 로테와 코니였다. 나는 더 이상 참지 못하고 울음을 터뜨렸다. 집에서 몇 백만 마일이나 떨어진 이곳에 이제 막 도착했는데 다들 내가 떠나기를 바라고 있었다. 낡고 얼룩진 내 침낭을 이런 오물로 채우는 것은 너무도 비열한 짓이었고, 이것은 분명 시작에 불과했다. 앞으로 사흘 동안 또 어떤 수모를 당해야 한단 말인가?

나는 오두막 밖으로 나가 침낭을 털었다. 여자아이들은 사라지고 없었다. 가능한 힘껏 털었지만 침낭 안에서는 여전히 유칼립터스 나뭇잎과 개똥 냄새가 났다. 침낭이 축축해질 테니 씻을 수도 없는 노릇이었다. 나는 침낭을 가지고 안으로 들어가 고개를 떨군 채 아래층 침대에 앉았다.

두 아이가 막사 안으로 들어왔다. 부랑자처럼 볼품없게 생긴 여자아이는 메이라는 애였고, 그 옆에 서 있는 사내아이는 메이의 동생인 조노였다. 조노는 뚱뚱한 데다가 알레르기가 있어 코 아래에서 윗입술 사이가 늘 빨간 데다 하얀 버짐까지 피어 있었다. 또 머리에는 비듬이 수북해 움직일 때마다 눈송이가 흩날리는 것 같았다.

메이가 먼저 입을 열었다.

"모론, 우리는 네가 우리 숙소에서 나가줬으면 좋겠어. 투표를 했는데 다들 네가 나가는 쪽에 찬성했어. 넌 나가야 해."

"나더러 어디로 가라는 거야?"

"그거야 모르지. 큰 나무를 찾아 그 아래에서 자렴. 그건 네가 알아서 해. 아무튼 넌 여기서 잘 수 없어."

"네가 내 침낭 안에 나뭇잎을 넣었지?"

"아니, 난 하지 않았어. 다만 막사에서 너를 쫓아내는 문제로 투표를 실시했을 뿐이야. 난 그런 짓은 하지 않아."

나는 가능한 심한 말을 생각해내려고 애썼다. 침낭 사건이 메이의 짓이 아니라는 건 알고 있었지만 저애도 나쁘기는 마찬가지다. 나는 순진한 머리로 열심히 적당한 말들을 찾았다. '가다가 확 넘어져라!' 아냐, 이건 너무 약해. '똥이나 밟아라.' 이건 너무 유치해. 음, 음. 아, 그래! 생각났다.

"너네 엄마!"

"뭐라구?"

"너네 엄마!"

그때까지 침묵을 지키던 조노가 갑자기 폭발했다.

"그 말 취소해, 이 나쁜 계집애야. 우리 엄마가 뭐 어쨌다구?!"

비탄에 잠긴 나머지 나는 이 둘이 남매 사이라는 것을 깜박한 것이다. 메이의 엄마를 욕함으로써 이제 조노까지 끌어들이게 됐다.

조노의 분노는 정말 무시무시했다. 마치 눈사태가 일어난 것처럼 내 몸 위로 그애의 하얀 가루들이 우수수 떨어져내렸다. 조노의 두꺼운 안경에는 순식간에 김이 서려 필경 그애의 눈에는 내가 보이지도 않았을 것이다. 전에도 누군가가 조노에게 "너네 엄마"라는 말을 한 것 같았다. 그래서 이번에는 더 이상 참지 못하고 폭발한 것이다.

조노는 내게 큰 소리를 지르며 내 팔을 움켜잡았다. 나 역시 지지 않고 그애의 팔을 움켜쥐었고, 우리는 서로를 밀어대며 오두막의 한쪽 벽에서 다른쪽 벽으로 밀려다녔다. 조노는 원래 힘이 센 아이가 아니었지만 엄마들이 위기에 빠진 자식들을 구하기 위해 차를 들어올릴 때와 같은 아드레날린이 충천한 상태였다. 나는 내가 제대로 발길질도 할 수 없을 만큼 강한 상대와 대적하고 있다는 사실에 깜짝 놀랐다. 조노는 아직도 나뭇잎이 버스럭거리는 내 침낭 위로 나를 쓰러뜨렸고, 나는 그애의 팔에 손톱을 박아 다시 오두막 벽으로 그애를 밀쳐냈다. 분명 우리는 춤이라도 추는 듯이 보였을 것이다.

조노의 코에서는 콧물이 흘렀고, 울고 있었기 때문에 두꺼운 안경 옆으로 분노에 찬 뜨거운 눈물이 흘러내렸다. 그 눈물이 윗입술에 피어 있던 하얀 버짐들을 적시자 마치 조노가 녹아내리는 것처럼 보였다. 우리는 서로를 앞뒤로 밀어내는 일에 지치기 시작했다.

마침내 그애가 내 팔을 놓았고, 나도 그애의 팔을 놓았다.

"여기서 나가란 말이야, 모론!"

"그래, 나가! 나가, 모론!"

"넌 모론이야! 네가 우리 막사를 더럽힐 순 없어. 나가, 나가, 나가, 나가!"

그러더니 둘 다 그냥 나가버렸다.

나는 침낭을 가지고 나가 다시 한번 털었다. 나뭇잎이며 작은 나뭇가지, 마른 개똥과 도토리가 침낭 안쪽의 천에 달라붙어 있어서 어쩔 수 없이 손으로 떼어내야만 했다. 그후로 며칠간 내 피부 여기저기에는 가시가 박혀 있었다.

침낭을 털던 내게 저 멀리서 여름의 소리가 들려왔다. 아까 들었던 시카고의 노래, 소녀들의 비명소리, 물 튀기는 소리, 게임을 하면서 간간이 들리는 웃음소리. 이 모두가 내게는 소외의 음악이요, 추방자의 애처로운 사운드트랙이었으며 나로서는 결코 누릴 수 없고, 허락되지 않으며, 동참할 수 없는 모든 일들을 떠올리게 했다.

그 후의 며칠은 비교적 무사히 지나갔다. 나에 대한 무슨 말이 있었던 것 같았다. 내 신변을 위해 캠프의 지도 교사나 목사님들이 조치를 취한 듯했다. 내게 욕하거나 소리치거나 솔방울을 던지는 일은 더 이상 없었다. 남은 것이라고는 아이들과 나 사이를 멀찌감치 갈라놓는 일종의 침묵뿐이었다. 그 사흘 동안 어디를 가든 내 주위는 텅 비어 있었다. 마치 내가 전염병 환자라도 된 것 같았다. 아무도 나와 한 테이블이나 벤치에 앉으려 하지 않았다. 식사 시간이든, 캠프파이어 시간이든, 내게는 참가가 금지된 장기자랑 시간이든 마찬가지였다. 후미진 구석은 물론 마룻바닥의 갈라진 틈까지 아이들로 꼭꼭 들어차고, 심지어 서까래에 걸터앉는 아이들이 있을 정도로 붐비던 집회실에서도 내가 앉은 벤치에는 아무도 앉지 않았다. 나는 여학생 숙소에서 생활했지만 내 침대 주위의 다섯 침대에 자리잡았던 아이들은 자기 물건을 챙겨 모두 옮겨가 버렸다. 그애들은 체조용 매트나 의자를 한데 붙여 그 위에서 잠을 잤다. 나는 위층 침대를 차지하게 되어 기뻤지만 사흘 내내 한쪽 눈만 감은 채로 잠이 들었다. 언제, 누가 공격할지 몰라 언제라도 싸울 태세를 취하고 있었던 것이다.

사실 전염병 환자와 같은 이러한 격리는 대놓고 싸움을 거는 것보다 훨씬 고통스러웠다. 주위의 모든 아이들이 집에서 벗어났다는 사실에 환호하며 다른 아이들과 어울리고 밧줄 타기를 하는 등 평생 지속될 우정을 가꿔나가고 있는 동안 나는 어두침침한 숙소 안에 혼자 앉아 실과 젓가락으로 신의 눈(*잔가지로 만든 십자가에 색실로 기하학적 무늬를 만든 것. 행운의 부적으로 쓰인다)을 만들고 있었다.

집에 돌아오니 엄마는 쌀쌀맞게 굴었고, 아빠는 어디론가 가버리셨다. 엄마는 아빠의 행방에 대해 한 마디도 하지 않으셨다. 그저 문을 꼭 닫은 채 침실에서 나오지 않으셨다.

나는 두 번 다시 교회에 돌아가지 않으리라 맹세했다. 그리하여 일요일 아침마다 엄마와 나는 거의 전투에 가까운 난리를 치렀다. 엄마는 애원하고, 호소하고, 협박하고, 내 말을 무시하고, 나와 흥정을 하려 했지만 마침내 내가 절대 교회에 나가지 않으리라는 사실을 받아들이셨다. 세상 누구도 나로 하여금 그 끔찍한 아이들을 다시 마주하도록 할 수는 없었다. 그만하면 충분했다. 그렇게 미움을 받았으니 이제는 내가 미워할 차례였다.

엄마는 매주 나에 대해 거짓말을 하셨다. 급기야는 내가 기숙사에 들어갔다는 거짓말까지 하신 것 같았다.("저한테 매일 편지를 보낸답니다!") 내가 교회에 나가기를 한사코 거부하는 것에 대한 엄마의 수치스런 공포심은 아빠의 부재와 더불어 엄마를 미치기 직전까지 몰고 갔다. 엄마는 무자비한 다이어트를 감행한 결과

51.7kg나 감량하였고, 그걸 축하하기 위해 멋지게 파마까지 하셨다.

그리고 언제나 그랬듯이 마침내 아빠가 집에 돌아오셨다. 하지만 아빠는 전과 달라지셨다. 비열하고, 차갑고, 종잡을 수 없는 사람으로 변해 있었다. 아빠는 양말과 속옷이 꾸려진 여행가방을 늘 층계 아래참에 준비해 두셨다.

메이는 엄마편에 지난번 캠프에서 자신들이 한 행동을 정말로 미안하게 생각한다는 말을 전했다. 언젠가는 내가 다시 교회에 돌아오기를 바라며 나를 직접 만나 사과하고 싶다는 말까지 했다고 한다. 왠지는 모르겠지만 그 말이 나를 지독히 당황하게 했고, 한층 더 아이들을 미워하게 만들었다.

내가 열일곱 살 무렵이었을 때, 나는 다시 교회에 나가겠노라고 했다. 나는 엄마의 꽃무늬 원피스를 입고, 촌스런 오렌지 핑크색이었던 머리를 다시 검은색으로 염색했다. 엄마는 너무나 행복한 나머지 거의 눈물을 흘릴 지경이었고, 예배 시간 내내 내 팔짱을 끼고 계셨다. 너무 좋아서 그런 탓도 있겠지만 내가 도망치지 못하도록 하기 위해서이기도 했다. 로테와 코니도 교회에 왔는데 나를 발견하자 기뻐하며 얼굴이 상기되었다. 나는 그들의 활짝 웃는 얼굴에 주먹이라도 날리고 싶었다.

로테가 말했다.

"어머, 세상에. 모론이 왔어!"

부모님 옆에 앉아 있던 나는 속이 부글부글 끓었고 집에 와서도 분이 가라앉지 않았다.

세월이 흘러 고등학교 시절에는 좋은 친구들도 사귀었으며 어느 누구도 두 번 다시 그런 식으로 배신하지 않는다는 사실은 끊임없이 나를 놀라게 했다. 그러나 나는 아직도 내가 원하는 만큼 상대에게 다가가지 못한다.

로테, 코니 자매와의 일은 내게 늘 사람과 거리를 두며 그들이 나를 어떻게 생각하든 신경쓰지 말라고 가르쳤다. 어떤 의미에서 그 사건은 내가 세상 속으로 뛰어들어 꿈을 쫓을 수 있는 자극제 역할을 하기도 했다. 마치 액땜을 한 기분이었다. 이제부터는 가능한 충실하게 살며 인생을 즐기는 일에 착수할 수 있었다. 통나무집에 혼자 앉아 내게도 무릎께에서 잘린 반바지와 친구가 있었으면 좋겠다고 생각하던 여름 캠프의 시절은 끝났기 때문에 어딜 가든 나는 행복했다. 외로움은 내게 익숙하고 편안한 감정이었다. 혼자서 '젓가락' 행진곡을 치며 피아노의 건반 하나하나가 얼마나 아름다운 음을 내는지 알게 되었다.

얼마 전에 로니가 샌프란시스코의 펀치 라인(Punch line 코미디 클럽)으로 내 공연을 보러 왔었다. 공연이 끝난 후, 그녀는 자기 친구들을 이끌고 무대 뒤쪽으로 나를 찾아왔다. 나를 보자 좋아서 어쩔 줄을 모르며 우리가 함께 지냈던 어린 시절을 이야기하고 싶어했다.

"안녕, 나 기억나니?"

나는 로니를 힐끗 바라보았다.

"아뇨. 당신이 누군지 전혀 모르겠는데요."

그리고는 횡하니 지나쳐 버렸다.

내 동생은 그 후로도 오랫동안 로테, 코니 자매와 사이좋게 지냈다. 동생이 그들과 가깝다는 사실에 나는 배신감을 느꼈지만 덕택에 그애들이 뭘 하고 사는지 알 수 있었다. 어떤 의미에서는 나도 그들을 그리워하고 있는 것 같다. 그들과의 추억을 쉽사리 떨쳐내지 못하고 있으니 말이다. 우리의 우정이 성장하고, 변화하여 성인이 된 후까지 계속되었더라면 좋았을 텐데. 그들은 내게 몹쓸 짓을 했지만 아이들은 가끔씩 그러기도 하는 법이다. 나는 그들을 용서하고 사랑을 베풀며 그들의 입장에서 생각해보려고 노력하고 싶다. 내 동생은 그들이 지금도 늘상 내가 어떻게 지내는지 묻고 동생이 "잘 지내요……"라고 대답하면 진심으로 기뻐한다고 한다.

내 한국식 이름인 모란에 얽힌 이야기는 내 코미디의 소재 중에서 가장 오래되고 기억에 남는 일화가 되었다. 나는 엄마가 프랑스식 창문 너머로 내 이름을 부르는 모습을 그려본다. "모란!" 왜 딸에게 그런 이름을 지으셨어요? 그건 마치 첫아이를 '똥멍청이'라고 부르는 거나 마찬가지잖아요. 이제 내 쇼를 보러 온 사람들은 나를 향해 큰 소리로 외친다. "모란, 모란, 모란!" 그리고 그것은 사랑의 속삭임처럼 느껴진다.

그때의 그 침낭은 지금도 우리 부모님 댁의 벽장 속에 들어 있다. 20년이 지나 더 이상 못쓰게 되었는데도 거기서는 아직 희미한 나무 수액과 개똥 냄새가 난다.

제4장 폴크 스트리트

내가 로테와 코니의 배신에서 회복될 무렵, 우리 부모님은 그때까지 운영하던 스낵바를 삼촌에게 넘기고 서점을 인수하셨다. 그 서점은 폴크 스트리트 한가운데 있었는데 70년대 말의 그 거리는 전세계 남성 동성연애자들에게 약속의 땅과도 같았다. 처음에는 동성연애란 것을 이해할 수 없었다. 남자는 여자랑 사귀는 것이고 그걸로 끝이라고 생각했다.

내가 남동생에게 패그(*남자 동성연애자)라고 욕했을 때도, 사실은 그 말이 무슨 뜻인지 몰랐다. 엄마는 기겁을 하시며 소리쳤다.
"그거야 네가 레즈비언이니까 그렇지! 이제 둘 다 똑같구나!"
남자들끼리 사랑한다는 것은 뭔가 대단히 잘못된 것 같았다. 대체 월그린 상점에서 남자들이 사는 화장품이 자기 여자친구에게 선물하기 위한 것이 아니라면 도대체 뭐란 말인가.

한번은 길을 걷다가 가죽 바지 차림의 터프해 보이는 두 남자가 주차장 근처를 서성이는 것을 보았다. 두 사람은 꼭 위험한 범죄자처럼 보였기에 나는 그들 근처로 걸어가기가 무서웠다. 하지만 막상 그 곁을 지나가자 그들은 내게 미소지었다. 그 중 한 명이 "핸드백이 예쁘구나."라고 말하며 내 헬로우 키티 백을 가리켰다. 나 역시 미소로 답하며 '네, 정말 예쁘죠?'라고 말하듯 백을 흔들어 보였다. 그리고는 그 중 한 사람의 젖꼭지에 달려 있던 장신구를 보고 말았다! 나는 큰 충격을 받아 그 후로도 며칠 동안 계속 그 생각만 했다. 학교에서도 멍하니 앉아 어떻게 젖꼭지에 그런 짓을 할 생각을 했는지 의아해했다. 아마 그 사람은 심한 사고를 당해 원래부터 젖꼭지에 구멍이 뚫려 있었는데 재미삼아 거기에 고리를 달게 된 것이라고 생각했다. 그러자 이번에는 거기에 뭐가 걸리기라도 하면 어떡하나 또 걱정이 되었다.

우리 부모님은 하루 종일 나 혼자 쏘다니도록 내버려두셨다. 그래서 나는 거리 여기저기를 쑤시고 다니며 뒷문이나 뒷골목에 숨어 있는 그런 가죽 바지 차림의 남자들을 보게 되었다. 그들은 종종 한 사람은 벽에 기대고, 다른 사람은 그 앞에 무릎을 꿇은 자세를 취하고 있었다. '참 사이가 좋기도 하군. 친구의 바지 지퍼를 고쳐주고 있다니.' 나는 그렇게 생각했었.

동성연애에 대한 엄마의 설명은 명확하면서도 동시에 모호했다. "세상에는 남자와 여자가 있고 그들은 서로 키스하는 걸 좋아하지. 하지만 게이는 남자에게 키스하고 싶어하는 남자를 말해."

나는 여전히 이해가 가지 않았다. 아직 사귀고 싶은 적당한 여자를 찾지 못해서 그러는 것이 아닐까? 결혼하기 전까지 그냥 연습하는 게 아닐까? 그럼 여자들은 대체 뭐란 말이야?

우리 서점에서 팔던 『미트맨』이라는 포르노 소설을 보게 되면서 마침내 나는 이해하게 되었다. 페이지마다 실려 있던, 남자들끼리 서로 물고 빨아대는 사진들을 보며 나는 이제야 이해할 수 있었다.

이들에게는 남자가 바로 여자였던 것이다.

　내가 남자 동성연애자들에게 둘러싸여 살고 있다는 사실을 비로소 깨달았을 때의 첫 느낌은 안전하다는 것이었다. 나는 마음이 차분해지며 보호받는 느낌이 들었고, 동시에 그들에 대한 내 관음증을 만족시킬 수도 있겠다는 생각에 짜릿하기까지 했다. 이제는 괜찮으리라. 내 몸은 또래 아이들에 비해 발육 속도가 빨랐기에 나는 아빠 친구분들이나 남자 친척들의 예리한 관심의 대상이 되었고, 이미 무례하고 도가 지나친 손길을 여러 차례 받아왔다. 나는 남자, 특히 어른 남자들을 경계했으며 그들의 능글맞은 눈초리와 탐욕스런 손길, 무례한 질문으로부터 가능한 열심히 달아났.

　그러던 차에 동성연애는 나를 다시 남자들에게 다가가게 했으며 그들을 믿을 수 있고, 심지어 사랑도 받을 수 있는 존재로 보게 만들었다. 이런 내 생각은 지금까지 변함이 없다.

　우리 서점에서 일하던 남자들은 하나같이 그 동안 내가 알고 있던 남자들과는 전혀 달랐다. 우선 젓가락처럼 깡마른 단테가 있었다. 그는 엄격한 채식주의자였는데, 그 또한 내가 이해할 수 없는 것 중의 하나였다. 단테는 삭발한 머리에 커다란 귀걸이를 달았지만 옷차림만은 늘 티셔츠에 청바지여서 동성연애자인지 아닌지, 여자인지 남자인지 구분이 안 갔다. 목소리가 생쥐처럼 부드럽고 늘 수줍은 미소를 지었음에도, 나는 처음에는 그를 무서워했다. 그리고 포브스가 있었다. 포브스는 키가 크고 마른 영국인이었는데 몸 전체가 극도로 세밀하게 묘사된 일본식 문신으로 뒤덮여 있었다. 그는 재밌고 심술궂었으며 보수적인 동시에 상냥한, 이 모든 성격을 다 지니고 있었다.

　단테와 포브스 그리고 나, 우리 세 사람은 서로를 어떻게 대해야 할지 몰랐다. 그들은 어린 소녀에 대해서 아는 바가 없었고, 나 역시 문신한 팔뚝이나 남자의 귀걸이를 이해할 수 없었다.

희한하게도 우리들 사이에 다리를 놔준 것은 아버지였다.

"저 애들과 얘기해보거라. 모르는 게 없는 애들이야. 아주 흥미로운 사실들을 알게 될 거야. 똑똑한 아이들이지. 특히 포브스는 재미있어. 너도 알게 될 거다. 책에 관해 이것저것 물어봐라."

나는 그럴 마음이 없었다. 내가 읽고 싶은 책은 그저 『'애비에게' 모음집』(*신문 상담 코너인 '애비에게'의 사연을 모은 책)뿐이었다. 포브스의 호기심 어린 눈길을 받으며 그 책을 겨드랑이에 끼고 서점을 나오기란 당황스런 일이었다. 내게도 문학 세계로의 변혁이 필요했다. 단테는 내게 하인라인의 『낯선 땅의 이방인』을 주었다. 포브스는 해부에 관한 프랑스 책을 주었는데 거기에는 내가 지금껏 본 것 중에 가장 구역질나는 사진들이 실려 있었다. 나는 그냥 내가 읽고 싶은 책들을 읽었다.

그 다음에 읽은 책은 존 워터스의 『쇼크 벨류』였다. 나는 디바인의 포로가 되었는데 그녀가 꽤 예쁘다고 생각했다. 비록 책표지에 실린 짧은 커트에 폴로셔츠를 입은 그녀의 사진은 그다지 여성스러워 보이지 않았지만 그녀가 남자일 줄은 꿈에도 몰랐다. 머리가 짧은 것은 그저 우리 친척 아줌마들과 같은 이유("그래야 언제든 감고 바로 나갈 수 있잖니.")일 거라고 생각했다. 나는 책을 바라보며 포브스에게 디바인에 대해 물었다.

"음, 우선 이 사람은 남자야."

그건 마치 새와 벌이 실은 나비라고 말하는 것과 같았다.

내가 물었다.

"그런데 왜 여자처럼 하고 다녀?"

"그야, 그러고 싶으니까."
"하지만 왜?"
포브스는 한숨을 쉬었다.
"재미로 하는 사람도 있어. 자신이 별로 귀엽지 않다거나 뭐 그런 등등의 이유로 뭔가 부족하다고 느끼니까 그런 식으로 사람들의 관심을 끄는 거지. 그냥 그런 모습이 좋아 보여서 하는 사람도 있고. 여자가 너무 좋다거나, 아니면 너무 싫은 나머지 그렇게 하는 사람도 있고. 이유는 다 제각각이야. 얼마나 성가실까. 이것저것 꿰어 입고, 화장하고, 또 야한 장신구까지 친친 감고 말이야. 그런 애들이 쇼하는 걸 너도 가끔씩 봤을 거야. 아주 재미있지. 걔들 중에는 똑똑한 애도 있고, 예쁜 애들도 있어. 너무 예뻐서 남자라는 걸 도저히 알아챌 수 없는 애들도 있는가 하면, 너무 못생겨서 여자가 아닌 게 다행스러운 애들도 있지. 여자가 그렇게 생기면 재앙이야."

이제 모든 것이 분명해졌다. 월그린에서 화장품을 사는 남자아이들과 밤에 서점 문을 닫을 때쯤 술집에서 폴크 스트리트 거리로 쏟아져 나오던 그 화장 진한 '여자들'. 부모님의 스테이션 왜건을 타고 있던 나는 차가 빨간 신호등에 걸리면 차창 밖으로 목을 길게 빼고 파인에서 가장 잘 나가는 나이트클럽인 키모스로 들어가는 무리들을 조금이나마 잘 보려고 했었다.

키모스는 '샌프란시스코의 여왕' 같은 드래그 쇼(*여장 남자들이 등장하는 쇼)로 유명했는데 그것은 깃털과 가짜 속눈썹으로 한껏 멋을 낸 늙은 여왕이 제국의 왕관이라는 보다 숭고한 영광을 위해 남장을 한다는 내용이었다.

청소년 시절의 내게 드래그 퀸(*여장차림을 좋아하는 남자 동성애자)이란 고등학교에서 가장 인기있는 여학생만큼이나 멀고 동떨어진 존재였다. 나로서는 숭배하지만 결코 될 수 없는 존재. 이러한 여성성의 양대 횃불은 내게 불가능한 소원도 있다는 것을 가르쳤다.

몇 년 뒤에 우리 서점에서 두 명의 드래그 퀸이 일하게 되었다. 귀신 같은 피부빛에 비쩍 마른 심리학도 알랜과 금발에 몸집이 조그마한 제레미였는데 훗날 제레미는 오로지 화장품만 사용한 정교한 그림을 그려 화가로서 명성을 날리게 된다. 이 두 사람은 엔드업이라는 술집에서 열리는 드래그 레슬링 매치의 주연급 선수들이었다.

술집 한가운데는 실제로 링이 있고, 챔피언은 군중을 헤치며 등장한다. 챔피언이 되는 쪽은 주로 알랜인데 그는 속이 하늘하늘 비치는 새까만 나이트가운에 스틸리토힐을 신는다. 번지르르한 그녀의 검은색 가발은 칠흑처럼 새까맸고, 눈에는 살기가 돌았다. 그녀에게로 곧장 떨어지는 스포트라이트가 여드름투성이인 알랜의 얼굴을 부각시킨다. 경기가 시작되기도 전에 우리는 알랜이 이길 것임을 알 수 있다.

제레미는 보통 반대편에서 나타난다. 표범 무늬의 파자마 상하의에 굽이 높은 검은색 마리보 뮬(*슬리퍼처럼 뒤가 터진 구두)을 신고 비틀거리며 등장한다. 가발이 아닌 자신의 진짜 금발 머리는 굵은 웨이브가 말려 있다. 가발로는 절대 나올 수 없는 아름다운 머리색이었다. 머리 꼭대기에 핑크색 리본까지 단 제레미의 모습은 앞으로 벌어질 험한 꼴을 당하기에는 너무 아름다웠다.

싸움하기 전에 두 선수가 악수를 하는 일은 없다. 심판도 없다. 그저 불시에 시작된다. 제레미가 군중들을 향해 손을 흔드는 동안 알랜은 그 뾰족한 스틸리토힐을 벗어 그것으로 상대편 선수를 때려눕힌다. 파자마는 찢기고, 머리의 리본은 떨어지고, 비쩍 마른 팔다리는 허공에서 허우적대고, 가냘픈 몸은 링의 로프에 튕겨나간다.

싸움은 안타깝게도 알랜의 승리로 끝난다. 잠옷과 망사 스타킹이 찢긴 제레미가 바닥에 누워 패배의 쓴잔을 마시는 동안, 알랜은 제레미의 매혹적인 긴 머리채를 움켜쥐며 승리에 들떠 의기양양한 포즈를 짓는다.

이 쇼는 몹시 흉악하여 서로 죽기를 각오한 고양이들처럼 물고, 할퀴고, 조심스럽게 감춰져 있는 급소를 발로 차대며 싸우다가 맨 마지막에 이긴 사람이 진 사람의 가발을 벗기는 치욕적인 행위로 막을 내린다. 제레미는 가발을 쓰지 않았기 때문에 진짜 머리채를 잡히는 수밖에 없었다. 흉악한 걸로 따지면 드래그 퀸들은 어느 누구 못지 않다. 그들도 WWF(*프로 레슬링 타이틀 매치)에 출전시켜야 한다. 루폴(*컬처클럽의 멤버로 보이 조지와 함께 여장 남자)이라면 가짜 속눈썹을 한번 깜빡이는 사이에 냉혈한 스티브 오스틴(*과격한 것으로 유명한 정상급 프로 레슬러)을 단숨에 던져버릴 수 있을 것이다. 드래그 퀸은 강한 사람들이다. 왜냐하면 그들은 동성애 혐오주의자나 성차별주의, 사람들의 따가운 시선 등 많은 것에 대항해 싸워야 하기 때문이다.

화장품을 재료로 한 제레미의 예술 작품은 환상적이었다. 아름다운 그림은 물론 매니큐어 액으로 섬세한 디오라마(*투시화)를 그리기도 하고, 아이섀도만 가지고 꿈결 같은 수채화를 완성했다. 드래그 레슬링 상대와 행위 예술을 하기도 했다.

내가 제레미와 알랜의 쇼를 마지막으로 본 것은 카스트로 가의 하겐다즈 가게에서였다. 그들은 아이스크림 카운터를 즉석 무대로 삼아 게릴라 쇼를 벌였다. 제레미는 그 깡마른 몸을 날려 유리가 깔린 카운터 위에 올라가 시식용 스푼과 전시용 콘을 몽땅 쓸어내 버렸다. 그리고는 초콜릿이 박힌 바닐라 아이스크림의 유리문을 엉덩이로 밀어 통을 꺼내고 아이스크림을 먹는 것으로 웅장한 피 날레를 장식했다.

  식사 후 디저트를 대접하기 위해 이곳으로 두 사람을 데려온 팬들은 이 뜻하지 않은 쇼에 당황하지 않을 수 없었다. 이 광경은 그 야말로 장관이었다. 긴 말이 필요 없었다. 그리고 경찰은 신고를 받았다. 경찰이 그곳에 들이닥쳤을 때는 이미 다들 사라진 후였다. 경찰에 전화한 사람은 대체 뭐라고 말했을까? "어떤 남자가 엉덩이로 아이스크림 문을 열고 있어요! 빨리 와주세요!"라고?

  제레미는 이삼년 후 AIDS로 죽었지만 알랜은 아직도 잘 살고 있다. 그는 멜라니 클라인(*대상 관계 이론을 발전시킨 심리학자)에 대해 공부하며 도미나트릭스(*변태적인 손님을 상대하는 창녀 혹은 창부)로서의 기술을 구사하거나 집에서 마리화나 파는 일을 교대로 하고 있다. 도시 환락가의 낡은 건물에 자리잡은 그의 집은 벽이 온통 핏빛으로 칠해져 있고 집 전체에 베이비 파우더 냄새가 배어 있다. 한때 알랜이 즐겨 열었던 목욕 파티 때 쓰고 남은 것들이었다. 그의 목욕 파티는 무척이나 향락적이었는데 손님들은 모두 알랜의 네 발 달린 목욕통에 교대로 들어가 서로 씻겨주며 밤새 흥청망청 놀았다. 우리는 피우고 나면 골치가 지끈거리는 알랜의 싸구려 마리화나를 피우며 약기운에 취해 다들 제레미가 얼마나 그리운지 떠들어댔다.

  포브스와 단테는 폴크 스트리트에 오래 머무르지 않았다. 두 사람 모두 남자친구가 있었으며 비교적 점잖은 생활을 했다. 가끔씩은 정말 지루할 정도로. 하루는 현금 계산기 뒤에서 재키 스타일의 지저분한 갈색 가발이 나왔다. 그날 서점에서 일했던 사람들은 모두 돌아가며 그 가발을 써보았다. 그걸 쓰자 단테는 60년대 히피 레즈비언처럼 보였고, 포브스는 우울한 여비서처럼 보였다. 그리고 나는 꼬마 드래그처럼 보였다.

포브스는 흑인과 동양인 남자를 좋아했다. 그래서 남자친구도 둘이었다. 흑인 게리와 중국인 게리. 또한 우리 아빠에게도 꽤나 수작을 부렸는데 나는 그것이 너무나 우스웠다. 포브스는 아빠를 '조'라고 불렀다. 아빠의 영어식 이름이었다. 포브스는 종종 긴 한숨을 내쉬며 "오! 조."라고 말하곤 했다.

"오! 조, 그 바지 너무 멋지다!"

아빠가 지나치게 튀는 색상의 체크무늬 바지를 입을 때면 그는 아빠 등뒤에 대고 그렇게 외쳤다. 아빠는 나를 무시하듯 늘 포브스도 무시했다. 그리고 포브스 역시 나와 마찬가지로 아빠의 그런 점을 좋아했다.

포브스 또한 재능이 뛰어난 예술가였다. 한번은 그가 유화로 그린 아빠의 초상화를 선물한 적이 있었다. 수수한 금빛 나무 액자 속의 그 초상화는 아빠와 꼭 같았다. 반쯤 미소짓는 눈동자, 지적으로 보이는 이마, 쉽게 화를 내지만 또한 금세 풀어지기도 하는 입매. 아빠는 그러한 자신의 모습에 껄끄러워하는 눈치였지만 어쨌거나 그 초상화를 집 거실에 걸어두셨다.

나는 초상화를 바라보며 한 사람의 얼굴을 포착해 화폭 위에 저토록 정확히 옮기고, 단순히 얼굴이 아닌 그 이상을 그려냈다는 사실에 감탄하곤 했다. 그 그림은 우리 아빠가 어떤 사람인지, 두꺼운 털 조끼로 꽁꽁 감싼 그 분노와 다정함을 똑똑히 보여주고 있었다. 아빠가 미울 때는 그 그림도 싫었고, 아빠가 좋을 때는 그 그림도 좋았다. 아빠는 그림에 대해 한 번도 언급하지 않으셨다. 그림은 그저 그 자리에 걸려 있었다.

놀랍게도 아빠에게는 동성연애자를 혐오하게 된 사연이 있었다. 엄마가 그 이야기를 들려주셨다.

"옛날에 네 아빠에게 친구가 한 명 있었지. 너무나 가까워서 뭐랄까…… 거의 그런 사이였어. 어릴 때는 친구가 너무 좋아지면 어떻게 해야 할지를 모르잖니. 아빠와 그 친구도 마찬가지였어. 아빠도 그런 상황이었지. 그러던 어느 날, 아빠와 그 친한 친구는 차를 몰고 시골로 놀러갔어. 차를 세웠을 때 그 친구가 아빠에게 사랑한다나 뭐 그런 식으로 말을 했다지. 그러면서 자기 손을 아빠의 다리 위에 올려놓았다든가 뭐 그랬대. 아빠는 너무 큰 충격을 받은 나머지 친구를 한방 먹이고는 차 밖으로 쫓아냈어. 그리고는 혼자서 차를 몰고 돌아왔지. 그 후로는 그 친구와 말도 하지 않고, 두 번 다시 만나지 않았어. 그 친구가 그리웠기 때문에 아빠도 너무나 괴로웠지. 하지만 그런 상황을 절대 용서할 수 없었어. 아직 어리고, 완전한 게이도 아닌데 우리 동네 애들처럼 그런 가죽 바지를 입고 다니는 일을 상상이나 할 수 있겠니. 그런 게이가 될 수는 없었어. 뭐 그애들도 처음부터 그러지는 않았겠지만. 어릴 때는 누군가를 사랑하게 되면 어떻게 해야 할지 모르는 법이야. 친구를 너무 사랑해도 마찬가지지."

세월이 흘러 서점도 문을 닫고 우리 가게에서 일했던 사람들은 모두 다른 직장을 찾아 떠났다. 그동안 죽은 사람도 있고, 다들 서로 소식이 끊겨버렸을 때 나는 할아버지의 장례식에 참석하기 위해 집으로 돌아왔다. 가족들과 나는 장례식으로 인한 우울증에 빠져 서로 충돌하게 되었다. 아빠와 나는 평상시처럼 아무 말 없이 거실에 앉아 있었다. 우리는 포브스가 그려준 초상화를 바라보고 있었다. 거기에는 보다 젊은 시절의 아버지가 있었다. 우리는 조용히 그 그림을 응시하며 서로의 존재를 잊고 있었다. 느닷없이 아빠가 입을 열었다.

"난 정말로 그 친구를 사랑했었다."

나는 느낄 수 있었다. 아빠는 그 제멋대로이면서도 이상하게 보수적인 동성연애자를 정말로 사랑했었다. 문신한 팔과 영국식 억양을 가진, 아빠와는 너무도 달라 둘 사이에 우정이 싹튼다는 생각 자체가 너무나 우습게 느껴지는 그 남자를. 그 순간, 나는 그 어느 때보다도 아버지를 사랑하게 되었다. 아버지의 그 짧은 말 한마디가 나를 울렸고, 나는 아버지가 보든 말든 상관하지 않았다.

제5장 패그해그

　내 인생의 대부분을 패그해그로 살아왔다는 점에서 나는 내 자신이 행운아라고 생각한다. 패그해그란 게이 남자와 어울리기 좋아하는 여자를 말한다. *패그*와 *해그*라는 두 욕설의 결합은 세상에서 가장 심한 경멸의 대상인 *남자 동성연애자*와 *여자*의 결합을 상징하며, 그렇게 불리우는 사람의 대다수가 별로 불쾌해하지 않는 새로운 명칭을 창조해냈다. 아마도 그 말에서 느껴지는 일체감 때문인 것 같다.
　어떤 여자들은 내게 와서 새로운 명칭을 만들어내야 한다고 절박하게 말하기도 했다. 무수한 일반인은 물론 거물급 인사, 심지어는 예쁘장한 게이 한두 명까지 이토록 중요한 존재에 대한 명칭을 재고해보라고 간곡히 부탁했다. 자신을 '해그'(*주로 흉측한 노파를 가리킴)라고 생각하고 싶은 여자는 아무도 없겠지만, 당신 인생에서 만나게 될 게이 남자들은 당신의 젊음이나 아름다움에는 신경쓰지 않는다는 사실을 인정해야만 한다. 그는 당신의 영혼을 알고 싶어한다. 당신의 용기와 지성을 사랑한다. 당신이 예쁘든 못생겼든 간에 당신의 바로 그런 자질들, 그리고 그 외의 다른 많은 자질들로 인해 당신은 그들에게 아름답게 비춰지는 것이다.

　이와 마찬가지로 내가 아는 대부분의 동성연애자들은 '패그' 라는 말을 들으면 신경을 곤두세운다. 그 말은 여자같이 생긴 괴짜 사춘기 소년을 연상시킨다. 또한 자신의 성 정체성에 불안해하는 깡패 녀석들이 자신의 그러한 두려움을 감추기 위해 즐겨 사용하는 욕이나 야유로 들리기도 한다.

　그러나 이 두 단어가 결합되면 서로에게서 나쁜 뜻을 몰아내는 것 같다. 여러분도 알다시피 침이 없는 벌에게서는 오로지 순수한 꿀만을 얻을 수 있듯, 고통은 사라진다.

　십대 시절, 나는 내 자신이 연극반의 마르고 섬세한 남학생들에게 끌린다는 사실을 알았다. 아마도 그들이 희미하게나마 내가 좋아했던 포브스와 단테를 연상시켰기 때문인 것 같다. 고등학교는 위험한 곳이었고, 나는 은신처를 찾아 다시 한번 게이 남자들에게 다가갔다. 비록 그들이 자신의 성 정체성을 아직 확실히 깨닫지 못했다 해도. 어쩌면 알고 있는데 모른 척한 건지도 모른다. 중요한 것은 우리가 서로를 찾아냈다는 사실이다. 당신이 만약 게이라면 졸업생 파티에 처음으로 데려간 여학생이 누구였는지 생각해보라. 그녀가 바로 당신의 첫번째 패그해그다.

　나는 목청이 크고 뚱뚱한 소녀였다. 그래서 내성적이고 가냘픈 남자아이들과 궁합이 잘 맞았다. 우린 둘 다 겁에 질려 있었다. 우리가 만나게 된 것이 얼마나 다행인지.

　자라고, 어른이 되고, 젖살이 빠지며 내 몸에 여성스런 굴곡이 생겨나기 시작했을 때 내 패그였던 베리는 살찐 누에고치 같았던 내가 새롭게 피어나는 것을 지켜봐 주었다. 베리가 늘 말해왔던 대로 세상은 갑자기 나를 나비로 보기 시작한 것이다.

나는 그의 목소리가 굵어지고 긴 팔다리에 날씬한 근육이 붙는 것을 보았다. 한때 수줍음 많고 머뭇거리던 그의 입술은 달콤하게 피어나며 자신감에 넘쳤고 언제든 말할 준비가 되어 있었다. 우리 둘이 카스트로 가를 함께 걸어가면 뜨거운 눈길이 그에게로 향했고, 나는 그가 그 눈길에 답하기 시작하는 것을 보았다.

사춘기 시절, 우리는 늘 함께 지냈다. 노상 붙어 다니며 밤늦게까지 존 워터스의 영화를 보기도 하고, 록시의 아바론을 들으며 몽상에 빠지기도 하고, 서로의 앞머리를 잘라주었다. 마돈나에 대해, 그리고 학교를 졸업하고 이 지긋지긋한 모든 것들과 작별하고 나면 무엇을 할지에 대해서도 이야기했다.

가족들에게 자신이 게이라는 사실을 밝히고 난 후 베리는 내 품에 안겨 울었고, 내 남자친구가 자신의 친구들이 내가 너무 뚱뚱하다고 했다는 이유로 날 차버렸을 때 베리는 내가 그의 물건들을 몽땅 내던져 부숴버리도록 했다.

우리는 폴크 스트리트의 게이 바에 슬쩍 들어가 다른 사람들이 서로를 낚아보려고 시시덕거리며 우리를 무시하는 동안에도 우리끼리 키득거리고 놀았다. 서로에게 정장을 입히고 사진을 찍기도 했다. 상대에게 연인이 생겼을 때는 질투하지 않았다. 어른이 되어도 우리의 우정은 지속되었다.

베리가 동성연애자라는 이유로 마켓 가에서 폭행을 당했을 때, 그는 멍든 눈을 하고서 미소 띤 얼굴로 나를 맞이했다. 그는 이 모든 사건을 '가만 생각해보면 정말 웃기는 일이야' 하는 식으로 털어버리며 최대한 상황을 받아들이려고 애썼다. 하지만 나는 말못할 그의 마음의 상처가 훨씬 심하다는 것을 알고 있다.

부모님이 내가 아무짝에도 쓸모없는 존재라며 나를 미워했을 때도 베리는 나를 위해 케이크를 구워주고, 음악을 골라 테이프에 녹음해 주었으며 내게 아낌없는 사랑을 베풀었다.

베리와 나는 나이를 먹을수록 점점 비슷한 옷차림을 하고 다녔다. 우리는 사람들에게 남매라고 말하며 다녔는데 사실 친남매보다 훨씬 가까운 사이였다.

우리 둘 다 자상하지 않는 남자친구를 고르는 경향이 있었는데 그럴 때마다 서로에게 이런 친구가 있다는 사실이 너무 기뻤다.

우리는 여전히 친구이고 이 우정은 평생 지속될 것 같다. 우리는 함께 자라고, 한동안 헤어졌다가, 다시 만났다. 여전히 함께 저녁을 만들어 먹으며 옛 시절을 회상하기를 좋아한다. 모든 것이 새롭고, 막 시작된 인생이 짜릿하기만 하던 그 시절을.

만약 우리의 관계가 당신에게도 익숙하게 들린다면 아마 당신 역시 패그해그일 것이다. 패그해그는 신분과 계층, 나이, 인종을 초월한다. 이성애자건 동성애자건 혹은 그 중간이건 상관없다. 패그해그는 그 숫자만큼이나 다 제각각이다. 하지만 게이 남자와 동맹 관계에 있다는 공통점을 가지고 있다. 그러한 관계는 우리를 성장시키는 동시에 지배하며 달콤한 동시에 시큼했다.

패그해그로서 겪게 되는 일은 사람마다 천차만별이겠지만 몇 가지 일반적인 사항들이 있다. 보통 패그해그들은 자신이 모든 계획을 세우며 패그와 해그 모두 똑같이 즐기는 방향으로 일을 추진한다. 그것은 대부분의 패그해그들이 일을 계획하고 추진하는 데 탁월한 재주가 있기 때문이다. 우리는 리더로서 늘 우리의 군대를 정렬시킨다.

패그해그들은 자신에게 관심이 집중되는 것을 좋아한다. 아이러니하게도 오직 새로운 짝을 만나려는 목표로 파티에 왔던 패그들은 저녁 시간의 대부분을 오직 패그해그의 말을 조금이라도 더 많이 듣는 데 보낸다.

그러나 불행히도 이런 상황은 오래 가지 않는다. 파티가 끝날 무렵이면 패그해그들은 종종 넘쳐나는 재떨이와 반쯤 먹다 만 술병에 둘러싸인 채 자기 혼자 방에 남겨져 있는 것을 발견하게 된다. 그녀의 숭배자들은 다들 짝을 지어 이제는 서로를 숭배하기 위해 떠나버린다. 그래서 다음과 같은 패그해그 법칙 비슷한 것이 생겼다. 즉 우리는 언제나 이벤트를 만들어 즐기지만 대부분 혼자 집에 돌아간다는 것이다. 파티의 결말치고는 다소 실망스럽게 들리겠지만 나는 이것을 즐기게 되었다. 잠결에 내 맘대로 이리저리 뒤척이며 침대에서 혼자 자는 것도 좋고, 눈을 떴을 때 고약한 냄새가 나는 입에 키스하거나 또는 그 냄새나는 입이 누구의 입인지 전혀 기억나지 않는다는 끔찍한 사실에 당황할 필요도 없다.

상대방의 의견을 묻거나 '술수'를 부릴 필요없이 내가 생각해둔 대로 브런치 메뉴를 정할 수 있다. 그의 안색을 살피며 어젯밤 취중 사건의 결말이 싸움이었는지 아닌지 짐작할 필요도 없고, 그의 기분을 짐작하려 애쓸 필요도 없다. 조용히 옷을 입고 뒷문으로 나가거나 새로운 외국어를 배울 필요도 없다. 술수는 언제나 이득보다 피해를 많이 가져온다. 내가 매년 할로윈 때마다 술수(trick)보다는 초콜릿 받는 쪽을 선호했던 것도 바로 그런 이유다(*할로윈 때 아이들은 문을 두드리며 'trick or treat'라고 외친다. 과자를 주지 않으면 장난치겠다는 뜻). 그건 사실이다. 덕택에 나는 낙원에 살고 있다.

패그해그는 사람들의 일반적인 생각과 달리 '비어드'가 아니다. '비어드'란 여자와 게이 남자간의 복잡한 관계를 일컫는 말로 이들은 가정 생활, 때로는 사회 생활의 '이득'을 얻기 위해 전형적인 이성애 부부처럼 행동한다. 그럼으로써 '정상적인' 이성애자라는 '지위'를 즐기는 것이다.

나는 이것이 순수한 패그해그와 패그간의 관계를 위반한 것이며, 일종의 모욕이고 탈선이라 생각한다. 그렇다고 해서 그런 허울을 취할 수밖에 없도록 궁지에 몰렸던 사람들을 비난하고 싶은 마음은 없다. 잘못이라면 그들이 아니라 주변 사람들의 무지일 것이다. 내 세상에서는 정직이 모든 것을 지배하며 진실이 모두에게 도움이 된다. 그러나 사정이 어쩔 수 없다면 비어드로 지내시길. 그래도 여러분이 수염을 깨끗이 깎았으면 하는 마음이다(*비어드에는 수염이란 뜻도 있다).

우리 패그해그들은 드라마를 좋아하며 인생이라는 무대의 숙련된 비극배우들이다. 우리는 또한 스캔들과 가십에 열광한다. 경고하건대, 우리는 비밀을 지키지 않는다. 비밀을 거두어 들인다. 물론 신의를 지켜야 할 때와 장소는 구별할 줄 알며 그럴 경우에는 우리가 사랑하는 사람들을 진실로 대한다. 우리는 언제나 싸가지 없는 행동의 가치를 인정하며 뒤에서 다른 사람의 험담하기를 즐긴다. 그것이 우리를 함부로 대하는 이 세상에게 보복하는 패그해그들만의 방식이기도 하다. 여성과 게이 남성은 사회의 지배 문화에 의해 오랫동안 2류 계급으로 인식되어 왔다. 그렇다면 우리는 어떻게 힘을 유지해야 할까? 우리를 억압할 수 있다고 착각하는 사람들을 씹는 것이다. 이 즈음에서 특별히 우아하고 화려한 옷차림을 한 신사가 내게 해준 경고를 한 마디 소개할까 한다. "불은 불로 다스려라(*메탈리카의 노래 제목 Fight fire with fire에서 따옴)!" 우리 세치 혀의 위력을 과소평가하지 말라. 우리를 건드렸다가는 불길이 스치는 정도가 아니라 화상을 입게 될 것이다.

대부분의 패그해그들은 쇼핑에 열광하며 백화점 레스토랑으로 점심 초대받는 것을 좋아한다. 시끌벅적한 푸드 코트가 아니라 레스토랑이라는 점을 명심하라. 가끔씩 이상한 행동을 한다 해도 우리는 틀림없는 여자들이다.

나는 '패그해그 데이' 창설을 위한 로비활동을 계속하고 있다. 우리가 충분히 받을 자격이 있는 감사의 마음을 한꺼번에 누리는 날을 정하는 것이다. 우리는 중요한 사람들이다. 우리는 게이 사회의 등뼈와 같은 존재이고, 따라서 존경받아 마땅하다! '비서의 날'과 마찬가지로 전혀 해로울 것 없는 기념일을 정해 특별한 축하카드를 주고받는다고 상상해보라. '패그해그 데이'의 카드는 어떤 모양일까? 아마도 이브닝 가운을 입은 귀여운 젊은 남자의 사진이 있고 맨 아래에는 다음과 같은 깜찍한 싯구절이 적혀 있을 것이다.

그대는 가끔씩 내 마음을 사로잡네.
나는 남자를 좋아하건만.
내 사랑스런 패그해그여, 우리는 다정한 친구.
때때로 네 모습은 여장한 나를 보는 것 같구나!

너그러운 독자들이여, 만약 우리와 합류하고 싶다면 나는 두 팔 벌려, 눈꼬리를 올리며 여러분을 '환영'할 것이다. 그러나 한 가지 분명한 것은, 패그해그란 되고 싶어서 되는 것이 아니라는 사실이다. 대부분의 경우 패그해그가 되려고 작정했던 사람은 없다. 어느 날, 문득 주위를 둘러보니 자신이 그렇게 되어 있음을 깨달은 것뿐이다. 출세를 열망했던 사람들이 어느 순간 파이어 아일랜드에서 노동절 주말을 보내는 세련된 광고 중역진들에게 둘러싸인 자신의 모습을 발견하는 것과 같은 이치다.

정말로 패그해그가 되고 싶다면 가장 빠른 길은 메이크업 아티스트 같은 직업을 갖는 것이다. 하지만 대부분의 사람들에게 이것은 비현실적이고 쓸모없는 충고일 것이다. (나라고 해서 완벽한 해결책을 내놓을 수는 없다. 오직 내가 아는 방법만을 이야기할 뿐이다.) 또 다른 방법은 연극계나 영화계의 거목이 되는 것이다. 내게는 이것이 훨씬 만족스런 방법이었다. 이로써 나는 많은 '패그'를 거느린 '해그'가 되었으며 지극히 일반적이면서도 간과되기 일쑤인 이런 사랑 이야기를 세상에 들려줄 수 있게 되었다.

어떤 길을 택하든 목적지에 도달하면 당신이 만나게 되는 남자들을 상냥하게 대하고, 그들이 내미는 도움의 손길을 받아들여라. 당신이 얼마나 소중하고 신성한 존재인지 깨달아라. 성적 취향이 어떻든 간에 남자와 여자는 항상 서로를 필요로 한다는 사실을 기억하라.

그러니 설령 다정하게 건넬 말이 없다 해도 파티에서 가장 귀엽고 우아하게 차려입은 매너 좋은 남자 옆에 가서 앉아라. 장담컨대 그는 분명 고마워할 것이다.

제6장 니키와 새 학교

열네 살 때, 나는 조디 스위트라는 친구와 학교 상급생들의 파티에 참석했다. 그것은 부모님이 집에 안 계시는 틈을 타 진탕 놀아보자는 식의 파티였다. 파티 장소는 부자들이 사는 동네인 샌프란시스코 우드의 아름다운 대저택이었다. 그 집은 아이들 방마다 개인 욕실이 딸려 있었는데 내게는 그것이 너무도 호사스럽게 보였다. 그러나 그 중의 변기 하나는 고장이 나서 온갖 모양의 똥이 둥둥 떠 있었다.

호랑이 같은 머리색에 덩치가 크고, 가무잡잡한 조디는 거의 한두 잔만에 완전히 뻗어버렸다. 나는 그날 밤에 조디 집에서 자기로 되어 있었기 때문에 이 애를 어떻게 해야 할지 난감했다. 내가 일으켜 세우려고 할 때마다 조디는 번번이 땅 위로 꼬꾸라졌고, 정원에 깔린 자갈에 긁혀 입고 있던 카키색 반바지는 온통 먼지투성이가 되었다. 그애는 "있잖아, 우린 정말 좋은 친구야. 널 사랑해, 마가렛……"이라고 중얼거리고는 웃어대며 다시 땅 위에 쓰러졌다. 처음에는 장난인 줄만 알았는데 내가 아무리 밀어도 꿈쩍하지 않자 정말로 맛이 갔다는 걸 알았다.

그때 스물두 살의 니키라는 남자 선배가 우리를 태워주겠다고 했다. 그는 금발에 가슴이 큰, 인기 만점의 여자 선배 제니퍼와 사귀는 중이었는데 그녀는 실제보다 나이가 열 살은 더 들어 보였다. 그는 어디까지 태워주겠다는 말도 없이 그냥 "타."라고만 했다. 앞으로 무슨 일이 벌어질지 그때 알았어야 했다. 그에게 집으로 데려다 달라고, 우리는 조디의 집으로 갈 거라고 말했어야 했다. 나는 아예 세상에 태어나지 말았어야 했다.

나는 어른 남자와 한 차에 탔다는 짜릿함과 동시에 그것이 얼마나 이상한 기분이었는지 기억한다. 그는 내게 수작을 부리며 "이렇게 귀여운 소녀를 내 차에 태우다니 나도 정말 운이 좋은걸. 조심하는 게 좋겠어!"라고 말했다. 내가 너무 긴장한 나머지 그가 나 아닌 딴 사람과 얘기하는 듯한 냉랭한 반응을 보이자 그도 더 이상 말하지 않았다.

오크 가에 있는 니키의 아파트로 가는 동안 조디는 의식을 잃고 차 뒷좌석에 널브러져 있었다. 그곳은 볼링 앨리에 있는 우리 삼촌의 스낵 바에서 겨우 몇 블록 위였다. 나는 아무 말도 하지 않았다. 나는 이 일을 일종의 모험으로 생각하려 했다. 오늘은 집에 들어가지 않아도 되니까 아무도 모를 거야. 아무 일 없을 거야. 오늘밤을 여기서 보내고 다음날 집에 가면 아무 일 없을 거야. 남자 집에서 하룻밤쯤 보낸다고 해도 아무 일 없을 거야.

우리는 꼭대기 층에 있는 니키의 아파트로 올라갔다. 내가 잠시 복도에서 기다리는 동안, 니키는 조디를 그의 룸메이트 방으로 옮겼다. 그는 방에서 나와 나를 자신의 침실로 안내하고는 다시 복도로 나갔다. 나는 그의 침대에 앉았다. 피곤했지만 이렇게 니키의 아파트에 와 있다는 사실이 믿어지지가 않았다. 나는 침대에 누워 기다렸다. 밤새 이렇게 기다려야 하는 건 아닌지 걱정되기까지 했다. 복도에서 그의 발자국 소리가 들렸지만 불빛은 보이지 않았다.

이내 니키가 방으로 들어와 침대에 앉았다. 그는 내 몸을 만지기 시작했다. 기분이 너무 이상했다. 나는 "제니퍼는 어쩌구요?"라든가 "제니퍼한테 이럴 수는 없어요……"와 같은 말을 하고 싶었다. 그것이 어른스런 행동일 것 같았다. 하지만 말이 나오지 않았다. 나는 쇼크 상태에 빠졌다. 그는 내 몸 위로 올라왔고 일은 순식간에 벌어졌다. 나는 예스라고 하지 않았지만 노라고 하지도 않았다. 눈 깜짝할 사이에 그는 내 안으로 들어왔다. 그것은 말로 표현하기 힘들 정도로 아프고 차가운 느낌이었다. 나는 생각했다. 이 사람은 나를 강간하고 있어, 그래, 이 사람은 나를 강간하고 있어. 그런가? 나는 예스라고 하지 않았지만 노라고 하지도 않았다. 일이 벌어지는 동안, 나는 그 길고 지루했던 예배에 날 데리고 다녔던 부모님께 마음 속으로 감사드렸다. 덕택에 나는 어릴 때부터 신체에 무감각해지는 법을 배웠다. 그것은 정말 여러모로 편리한 기술로써 수학 공식과 달리 평생 써먹을 수 있다. 그가 갑자기 숨을 크게 내쉬고 내 다리 사이의 그 물건이 축축하고 끈적해지더니 일이 끝난 것 같았다. 마치 표백제 같은 냄새가 났다. 그는 내게서 떨어져 아무 말 없이 내 옆에 누웠다. 일 분도 안 되어 그의 숨소리가 깊어졌고, 이내 코를 골기 시작했다.

나는 일어나 어둠 속에서 젊은 남자들만 산다는 아파트를 둘러보았다. 부엌에는 더러운 접시들이 위태롭게 포개진 채 잔뜩 쌓여 있었다. 나는 담배를 피고 싶었다. 니키 옆에 누워 시트를 가슴 아래까지 끌어올리고 담배를 피며 좋았다고 말해주고 싶었다. 나는 더 이상 처녀가 아니었다. 그 사실을 니키에게 말하고 싶었지만 그는 관심없어 할 것 같았다. 나는 내가 울고 싶어한다는 사실에 당황했다. 멋진 여자친구를 둔 어른 남자와 섹스를 했다는 것은 기뻐할 만한 일이 아닌가. 우리는 섹스를 했어. 나는 섹스를 했다구. 그게 섹스야? 그래, 나는 섹스를 했어. 별로 좋은 기분은 아니었고 많이 아프기는 했지만 그래도 나는 해냈어.

나는 다시 침실로 돌아가 니키 옆에 쪼그리고 누워 해가 뜰 때까지 뜬눈으로 지샜다. 자리에서 일어난 니키는 아무 말도 하지 않았다. 이른 아침의 그는 별로 멋있어 보이지 않았다. 그는 내게서 몸을 돌리더니 침실에서 나가버렸다. 나는 일어나 앉아 기다렸다. 그가 다시 들어와 물었다.

"너희들 태워다줄까? 나는 나가봐야 해."

그 말을 하면서도 그는 나를 바라보지 않았다. 한번도 나를 보지 않았다.

니키는 조디와 나를 클럽 〈나이스와 유다〉 근처에 내려주었다. 우리는 레인트리 카페에 가서 마멀레이드와 함께 토스트를 먹었다. 나는 마멀레이드를 끔찍이 싫어한다. 오렌지한테 그렇게 지독한 짓을 하다니. 그것도 껍질째. 나는 절대 비밀이라는 투로 그리고 약간 자랑하듯이 간밤의 일을 조디에게 이야기했다. 사실 그건 아주 끔찍한 일이었는데 왜 자랑스럽게 말했는지 나도 잘 모르겠다. 하지만 그것이 이 상황에 대한 최선의 대응책 같았다.

당시에는 그 일을 강간이라고 생각하지 않았다. 우리에게 강간이란 히치하이킹을 한 여자나 아파트 일층에 사는 미혼모들이 스키 마스크를 쓴 남자에게 당하는 일로만 여겨졌다. 학교에서 인기 있는 여학생들과 데이트를 하는, 우리와 안면이 있는 남자가 강간범일 리 없었다. 우리는 그것이 열정이자 로맨스, 환희라고 생각했다. 뭔가 잘못되었다는 기분이 들기는 했지만 나는 계속 그렇게 정의내렸다. 그것만이 우리가 아는 단어들이었기 때문이다.

조디는 전교생에게 그 사건을 떠벌리고 다녔다.

내가 짝사랑했던 빨간 머리 소년 돈은 니키의 일로 나를 심하게 놀려댔다. 이유는 나도 모르겠다. 아마 질투심 때문이었던 것 같다. 나는 죽고 싶은 심정이었다. 실제로 무슨 일이 있었는지 돈은 모른다. 하지만 마치 내가 그 일을 정말로 즐겼다는 듯이 말하는 그애의 말투는 내게 상처를 주었다.

"니키 때문에 애가 타나 보구나. 나라면 기대하지 않겠어. 그 선배가 너한테 전화할 일은 없을걸…… 너무 상심하지 마. 그래도 얻은 게 있잖아! 아마 그게 네 처음이자 마지막 경험이 되겠지만."

몇 년 후, 바로 이 돈이 내 쇼를 보러 와서는 마치 '나 옛날에 저 애랑 알고 지냈어' 하는 자랑스러운 표정으로 맨 앞줄에 앉아 있었다. 나는 그를 완전히 무시했다. 저런 인간들은 부메랑처럼 꼭 다시 찾아온다. 콜라를 마신 후의 트림처럼.

나는 1990년 MTV의 〈하프 아워 코미디 아워〉를 찍으며 웅장하면서도 화려한 TV로의 첫 데뷔를 했다. 그날 밤, 나는 샌프란시스코의 새로운 스타로 사람들의 환호성을 받았다. 미래에 대한 기대와 희망으로 모든 것이 눈부시게 반짝였다. 나는 머리에 스카프를 두른 채 돌아다녔고, 사람들은 내가 '코미디계의 마돈나' 같다고 했다. 그것은 지금까지도 내가 받은 최고의 찬사였다.

그리고 그때, 나는 그를 보았다. 무대 뒤에서 비틀거리며 니키가 나타났다. 그는 나를 보더니 멈춰서서 말했다.

"이봐요, 정말 대단……."

그는 말끝을 흐렸다. 끔찍한 깨달음의 순간을 맞이한 것이리라.

그는 내가 누군지 알아챘고, 나도 알고 그도 알고 있는 그 수치스러운 사건을 잠시 생각하는 듯했다. 그 역겨운 침묵 속에서 나는 전혀 모르는 사람이라는 듯이 그를 지나쳤다. 지금도 차를 몰고 오크 가의 그 쓰레기 같은 아파트를 지나갈 때면 나는 창문이 깨진 꼭대기층을 올려다본다. 내 마음 한 구석은 아직도 그 위에 머물러 있다.

열다섯 살에 나는 GPA(평균학점) 0.6(전과목 F)을 기록하며 고등학교에서 퇴학당했다. 내가 다니던 곳은 로웰 고등학교로 평균 이상의 머리를 가진 아이들을 위한 '특별' 학교였다. 나 같은 불량 학생을 위한 공간은 거의 없었다. 나는 질이 나쁜 아이들과 수업을 빼먹으며 술마시고 마리화나를 피고 부모님이 일하러 가신 빈집을 골라다니며 빈둥거리는 것이 더 좋았다. 반 아이들과 어울리는 것보다 그편이 훨씬 즐거웠으므로 가끔씩이라도 숙제를 한다거나 시험을 보기 위해 그 '놀자 클럽'을 빠지는 일은 결코 없었다. 나는 그냥 낙제하도록 내버려두었다. 사실 전과목 F를 달성하기 위해서는 나로서도 약간의 노력이 필요했다. 날이면 날마다 배낭을 매고 버스를 타는 복잡하면서도 학구적인 절차를 계속 거치면서도 전학기 결석이라는 놀라운 결과를 이루어냈다. 결국에는 그것에 발목이 잡혀 퇴학당하게 되었는데 나처럼 착한 한국 소녀에게는 도저히 받아들일 수 없는 현실이었다. 부모님은 그 사실이 너무나 수치스러운 나머지 사실상 나와 의절하셨다. 평생 동안 부모님은 내게 공부를 열심히 하라고 강조하셨고, 나를 좋은 대학에 보내기 위해 당신들이 희생하시는 거라고 끊임없이 말씀하셨다. 그런데 이 시점에서 내가 모든 걸 망쳐놓았다.

부모님들이 화를 내시는 것도 당연하다고 생각한다. 그러나 그분들의 사고방식은 도가 지나친 구석이 있었다. 우리 학교에는 또 다른 한국 아이가 있었는데 그애가 편의점에서 사람을 칼로 찔러 감옥에 가는 사건이 발생했다. 아버지는 그애를 두둔하며 말씀하셨다.

"그래도 그애는 공부를 잘했잖아."

이게 무슨 소리야? 하긴 감옥에 가면 아마도 공부할 시간이 남아돌겠지.

일찌감치 부모님을 실망시켜 그 후로 그분들이 내게 어떤 기대도 하지 않게 되었다는 점에서 나는 행운아인 것 같다. 그것은 일종의 자유였고 현재의 내 삶을 가능하게 한 원동력이었다. 나는 어느 누구에게도 잘 보일 필요가 없었다. 좋은 학교에 갈 필요도 없었다. 내게 남은 것은 오로지 내 꿈을 쫓는 일이었다. 어떤 의미에서 나는 아무 데도 갈 곳이 없었다.

학장님은 내가 학기를 마치도록 해주셨고, 학기가 끝나자 이번 여름에 무엇을 할지 결정해야 했다.

당시에는 그렇게 생각하지 않았지만 고등학교에서 퇴학당한 것은 분명 축복이었다. 엄청난 좌절감 속에서도 나는 은근히 마음이 놓였다. 나는 그곳에 어울리지 않았다. 내 가장 친한 친구였던 캐서린은 전교생에게 내가 레즈비언이라고 떠들고 다녔다. 지하 소굴에 모여 마리화나를 피워대던 여자아이들은 내 과민 반응이야말로 내가 진짜 동성연애자라는 증거라고 했다. 남학생들은 나를 본 척도 하지 않았고, 여학생들은 비열하고 경박했다. 수업을 빼먹고 151 바카디를 사들고는 부모님이 일하러 가신 친구의 집에서 빈둥거리는 일도 점점 지겨워졌다. 변화가 필요했다.

내가 퇴학당하던 해 여름, 우리 집 근처의 대학교에서는 고등학생을 대상으로 여름 연극 프로그램을 실시하였다. 그 과정을 이수하면 학사 학위가 주어졌는데 나는 이곳에 관심이 쏠렸다. 그 일은 내 학문적 참사로 인해 쇼크 상태에 빠진 우리 부모님을 만족시켰다. 내가 짝사랑했던 그 끔찍한 빨간 머리 도련님 돈은 내 결정에 심하게 빈정거렸다.

"왜 이제서야 학위를 따고 싶다는 거야? 대학 시절은 인생의 황금기라구. 넌 아마 평생 다니고 싶어질걸."

나는 뜨끔했다. 마음 속으로는 내 자신이 절대 대학을 가지 못하리라는 것을, 성적이 너무도 나빠서 대학 근처에도 못가리라는 사실을 알고 있었기 때문이다. 여기 이 연극학과만 제외하고, 내게 대학으로 가는 문은 영원히 닫혀 있을 터였다. 이곳이라면 고등학교 성적이나 입학 점수 따위로 나를 당황하게 할 일이 없을 것이다.

나에 대한 부모님의 꿈이 악몽으로 변한 시점에서 내가 선택할 수밖에 없었던 연극이란 분야는 사실 내 은밀한 소망이자 내가 진정으로 하고 싶었던 일이었다. 처음에는 다들 내 연기에 실망했다. 나만 제외하고. 샌프란시스코 주립 대학의 연극학과에서는 강한 세척제와 담배 연기 냄새가 났다. 그 냄새는 나를 아찔하게 하는 동시에 자유로움을 느끼게 했다. 마치 섹스할 때처럼.

학기초에는 사람들과 잘 어울리지 못했다. 나는 시간표상의 문제로 인해 다른 사람보다 한 주 늦게 수업에 들어가기 시작했다. 교외의 부유한 집 패그들이나 연기를 잘하는 뚱뚱한 여학생들로부터 그다지 환영받는 존재가 아니었으므로 나는 내멋대로 종종 수업을 빠졌다. 하지만 학과 최고의 왕따는 내가 아니었다. 자위행위를 너무 열심히 하는 바람에 한쪽 고환을 비틀어버린 루디라는 사내아이가 단연 선두였다.

나는 펑크락 가수처럼 하고 다니는 클라우디아라는 아이와 친구가 되었는데 그 아이는 프란체스코회의 수도승을 연상시키는 듯한 헤어스타일을 하고 다녔다. 우리는 캠퍼스 안뜰의 잔디밭에 앉아 수시 앤 더 밴시즈(*Siouxie and the Banshees-펑크 록 그룹, 특히 여성 리더인 수시는 나찌 이미지와 블랙 메이크업, 종종 가슴을 드러내는 행동으로 주목받음)에 대해 수다를 떨었다.

마들린 칸(*1970년대에 전성기를 구가한 코미디 배우)과 같은 빨간 머리에 자신을 화나게 하는 사람들을 '클리츠(*클리토리스의 준말)'라 부르기 좋아하는 로렌이라는 아름다운 소녀가 우리 무리의 비공식적 리더였다. 나는 그애의 상아빛 피부와 젓가락 같은 팔다리에 완전히 매료되었다. 로렌은 커다란 홍당무 같은 빨간 머리를 뒤로 젖히며 맥스필드 패리시(*1870-1966 미국의 유명한 화가)의 그림에 나오는 소녀처럼 기절하는 흉내를 냈다. 나는 로렌에게서 전혀 다른 성격의 역할 모델을 발견했다. 지금까지 내가 흠모했던 여자아이들은 전형적인 미인에 남자아이들을 마음대로 휘두르는 힘이 있었는데 언젠가는 나도 그렇게 되고 싶었다. 그러나 로렌은 여자아이들까지 장악하는 힘이 있었다. 뿐만 아니라 자기 자신에 대해서도 힘을 지니고 있었다. 마치 아무도 필요없이 오로지 자기 자신만으로 완전히 만족해하는 듯이 보였다. 하지만 꼭 그런 것은 아니었다. 그애에게는 관중이 필요했다.

로렌이 자기가 겪었던 여러 사건들을 하나씩 들려주는 동안 우리는 완전히 황홀경에 빠져 그애 앞에 앉아 있었다.

"난 말이야, 과일과 야채만 너무 많이 먹고 고기를 적게 먹는 게 문제래."

"지난 여름, 내가 이 프로그램에 처음 참가했을 때는 기숙사에서 지냈어. 그런데 어느 날 밤, 질투심 많고 못된 뚱보 계집애가 방에 들어와 내 긴 머리를 잘라버렸지 뭐야. 몇 년간이나 길러온 탐스럽고 긴 빨간 머리였는데 말이야. 등 한가운데까지 내려왔지. 그런데 깨어나 보니까 그 머리채가 베개 위에 놓여 있는 거야. 난 마치 거세당한 기분이었어."

"난 둘 다 좋아. 그래, 난 양성연애자야. 남자도 좋고 여자도 좋아."

로렌은 유니언 시티 출신의 이탈리아 미소년, 피에로에게 특별한 관심을 보였다. 지금까지 그 아이는 딱 두 번 말했는데 한번은 연극과 여학생들 옆 기숙사에 머무는 발레리나들을 보며 저애들은 너무 어려 저들과 섹스하면 아플 거라고 했다. 너무 좁기 때문이라나. 또 한번은 내게 살을 좀 빼라고 했다.

로렌은 우리가 쉬는 시간에 모여 앉아 담배를 피는 복도의 소파 위에 피에로를 앉혀놓고 그애를 발기시키곤 했다. 덕택에 피에로는 다음 수업 때까지 밖에서 서성이다가 들어와야만 했다. 나는 살을 엄청나게 빼서 다음 학기에는 날씬하고 더욱 백인다워진 모습으로 나타나 나의 여왕이 했던 것과 똑같은 짓을 피에로에게 하는 상상을 했다.

그로부터 15년 후, 암스테르담의 더럽고 붐비는 거리를 걷고 있을 때 누군가 작은 목소리로 내 이름을 불렀다. 로렌이었다. 더 늙고, 수줍어지고, 여전히 아름다웠지만 달라져 있었다.

"작년에 미국에 돌아갔을 때 잡지 표지에 실린 네 사진을 봤어. 내 눈이 의심스러웠지. 정말로 성공했더구나. 축하해."

로렌은 너무도 조심스럽고 얌전했다. 대체 무슨 일이 있었기에 이렇게 변했는지 의아했다. 그녀의 내면에서 흘러나오던 강력한 힘, 금갈색의 빨강 머리와 그 열정, 예술 작품과도 같았던 몸매의 아름다운 곡선, 거침없고 퇴폐적인 성적 매력, 이 모든 것들이 사라졌다. 겉모습은 똑같았지만 내가 '로렌답다'고 생각했던 것들이 빠져 있었다. 그날 밤 우리는 운하에 떠 있는 선상 술집 중 한 곳에 들어가 술을 마셨다. 그녀는 숫기 없는 네덜란드인 남자친구를 데려왔는데 그는 술과 침묵을 좋아했다. 그는 자기 색깔을 잃어버린 로렌을 한층 더 무채색으로 만드는 것 같았다. 나는 그에게 적대감을 느꼈으며, 취하고 싶어 술을 진탕 마셨을 때처럼 몽롱했고, 산 채로 모기떼한테 뜯어먹히는 기분이었다. 그리고 모든 면에서 내 청춘시절의 우상에게 실망했다. 저렇게 실망스런 어른이 되어 낯선 외국땅에서 지루한 사람들에게 둘러싸인 채 자신도 지루한 사람으로 변해가고 있다니.

나중에 우리는 그녀의 남자친구를 따돌려버리고 홍등가에 줄지어 선 섹스샵들을 찬찬히 구경했다. 그러면서 체벌, 꾸준한 지도의 중요성, 적절한 규율에 대한 진정한 확신이 얼마나 중요한가에 대해 이야기했다. 우리는 계속 웃으며 돌아다녔고 나는 잠시나마 불꽃이 일듯, 로렌의 옛날 모습이 되살아나는 것을 보았다. 그것은 번개와도 같았지만 천둥이 뒤따른다는 보장이 없는 번개였다. 로렌은 자신의 천둥을 잃어버렸다. 어쩌면 내가 훔친 건지도 모른다. 내가 그걸 순전히 그녀의 탓으로만 돌린다면 그것은 부당한 일이다. 나는 지금도 그녀를 사랑한다. 나는 그녀의 옛 모습만 간직한 채 달아났다. 그녀의 이미지를 가진 새로운 나를 재창조하기 위해.

그 시절, 학기의 마지막 파티가 끝나던 날 우리는 교수님의 저택에서 밤을 새웠다. 여름이 혹은 우리의 젊음이 영원히 계속되기를 바라면서. 내가 프로그램이 시작되던 초창기에는 다들 나를 싫어했다는, 다분히 계산적인 발언으로 모든 급우들을 울리자 로렌은 내 손을 잡아주었다. 우리 모두는 '이곳이 분명 예전의 그곳이야(This must be the place)'라는 토킹 헤드의 노래를 들을 때마다 꼭 올해 여름을 기억하자고 맹세했다. 아직 어려 무슨 꿈이든 이룰 수 있다고 생각했던 그때, 그러면서도 모든 걸 다 이룰 수는 없다는 사실을 알고 있을 만큼 현명했던 그해 여름을. 그날 밤, 네모난 얼굴에 짧은 커트머리를 하고 동성연애자가 되어가던 듀란트는 내가 그렇게 졸랐건만 끝내 내게 키스하지 않았다. 그리고는 작별 인사도 없이 떠나버렸다.

클라우디아와 나는 여전히 좋은 친구였으며 나는 그애가 엄마와 함께 사는 낡은 아파트에 놀러갔다. 클라우디아의 엄마는 여름이 끝날 때까지 영국에 머무를 예정이었기 때문에 나는 클라우디아의 친구 트레이스와 함께 셋이서 그곳에서 지냈다. 그 2주 동안 우리는 타로 카드 점을 보기도 하고, 여자들만의 유대감을 쌓고, 옛일을 회상하고, 채식주의자의 요리를 만들어 먹고, 수시 앤 더 밴시즈에 대해 분석하고, 여신들을 숭배하며 멋진 시간을 보냈다. 지금까지 어느 누구에게도 이런 친밀감을 느껴본 적이 없었다. 나는 있는 그대로의 내 모습으로 사랑받고 받아들여진다는 느낌이었다. 우리는 끊임없이 웃고 다녔다. 그때는 마약조차 필요하지 않았다. 술도 마시지 않았던 것 같다. 위험한 일이라고 해봐야 카멜 담배를 피며 짐 모리슨(*그룹 도어스의 리드 보컬로 젊은 나이에 요절했다)이 아직 살아 있다면 그를 만나 어떻게 하겠다는 등의 대화를 나눈 것이 전부였다.

　이 아이들과 함께 있으면 마음이 든든했다. 우리는 무엇이든 함께 하고, 이야기하고, 상상할 수 있었다. 있는 그대로의 내 모습을 좋아하는 친구들이 생긴 기분이었고 태어나서 처음으로 자신감이 생겼다. 나는 앞으로 계속 나아갈 용기, 새로운 학교에서의 새로운 학기, 새로운 삶으로 나아갈 용기가 생겼다.

　여름 학교가 끝나기 직전, 나는 입학 오디션을 볼 기회가 있었다. 원래는 우리 동네에 있는 링컨 고등학교에 다닐 계획이었다. 별일이 없는 한 그 학교에서 사람들이나 귀찮게 하며 시간을 보낼 생각이었다.

　금발의 공산주의자인 알렉시는 이번 여름 학교에서 알게 된 또다른 친구였는데 SOTA에 다니고 있었다. 그애가 내게 독백을 하나 준비해 재미삼아 오디션을 한번 보라고 제안했다. 나는 엘리자베스 스웨이도스의 「도망자들」에 나오는 구절을 선택했고, 그 결과 1987년도의 입학생이 되었다.

　그 학교에는 이미 아는 아이들도 한두 명 다니고 있었기 때문에 그곳에서의 새로운 생활이 두렵지 않았다. 타이즈를 신고 발끝으로 선 채 캠퍼스를 누비는 무용과 아이들을 보니 마치 내가 영화 〈페임〉(*알렌 파커 감독의 1980년 영화. 예술학교 학생들의 꿈과 사랑을 다룬 내용) 속에 들어와 있는 것 같았다.

　아침에는 주로 동작과 연기 워크숍에 참석했고, 오후에는 수학이나 불어 같은 서너 개의 필수과목을 들었다. 나는 연극과 학생들과 금세 친구가 되었는데 그런 일은 태어나서 처음이었다. 나는 그 모든 괴짜들과 돌대가리 여자아이들, 동성연애자로 진행중인 남자아이들과 편안히 어울렸다.

나는 '배트윙 루브리칸트'라는 특별 서클에 가입했는데 비열한 수위 아저씨를 소재로 한 우리의 촌극은 학교 전체를 떠들썩하게 했다. 관객들 앞에 서는 것은 이제 자연스럽고 쉬운 일이 되었다. 내 생애 처음으로 나는 내가 하는 일에 확신을 갖게 되었다.

제7장 던칸과 밥

SOTA에서 알게 된 친구들과 여름 학교에서 알게 된 친구들, 아울러 우리 부모님의 새로운 자유방임주의 정책에("지금보다 더 나쁘게야 되겠어?") 힘입어 내 사교 활동은 가속도가 붙기 시작했다. 아직 아무런 책임감도 느끼지 못한 채 나는 매일 좀더 어른이 되는 기분이었다. 나는 새 학교가 마음에 들었고, 연극 프로그램에 계속 참가할 자격을 얻기 위해 학점 유지에도 신경을 썼다.

클라우디아는 영국으로 이사를 갔으며, 트레이스와 나는 둘이서 샌프란시스코를 휘젓고 돌아다니기 시작했다. 우리는 버클리의 배링턴 홀에서 열리는 대규모 파티에 참석했다. 배링턴 홀은 지친 히피들의 캠퍼스 거주지였고, 마약 거래와 정치적 활동의 중심지였다. 당시 나는 희한한 친구들과 어울려 다녔다. 클라우디아의 동생인 마틴, 여름 학교에서 만난 몽상가이자 예술가 선생 AJ, 금발에 키가 큰 히피 몽상가 소녀 카차, 그리고 트레이스와 나. 나는 트레이스가 홀치기 염색을 해준 스커트와 스카프를 두르고 다녔다. 그리고 던칸이 있었다.

던칸은 말했다.

"일반 대중은 멍청해. 그 사실을 이해하고 나면 우리 같은 사람들은 세상 살기가 훨씬 쉬워지지."

던칸은 '우리'라고 했고, 그것은 특별한 느낌이었다. 그것은 내가 그가 말하는 일반 이상의 사람들에 속한다는 뜻이었고, 그 사실은 나를 기쁘게 했다. 그는 굉장히 마른데다 순수한 금발이었는데 정작 본인은 늘 중년 부인 같은 잿빛 머리칼을 가지고 싶어했다. 마침내 그는 매닉 패닉에서 나온 퍼플 헤이즈 칼라로 염색한 후 많이 바랜 상태에서 자신이 바라던 완벽한 잿빛을 찾아냈다. 우리는 마약과 마리화나 연기가 자욱한 배링턴 홀에서 만났다. 그레이프 넛을 살짝 뿌린 페투치니를 앞에 두고 우리는 마치 60년대의 혁명론자들이나 되는 것처럼 이야기를 나눴다. 그곳은 80년대의 버클리로, 지나간 영광의 슬픈 메아리가 울려퍼지는 곳이었지만 나는 던칸이 내 머리 속에 주입시키는 우월함의 이데올로기에 마음껏 빠져들었다. 나는 제리 가르시아(*그룹 그레이트풀 데드의 기타리스트)가 자신만의 스킨 케어 제품과 색조 화장품을 만들어야 한다고, 그것도 12달러 50센트의 향수를 한 병씩 살 때마다 무료로 '댕' 하고 쳐주어야 한다고 말해 그를 웃겼다.

당시만 해도 밤을 샌다는 것은 여전히 스릴있는 일이었다. 던칸은 방랑자였으며 몽상가였다. 비록 그 때문에 한 직장이나 아파트에 오래 머무는 일이 없기는 했지만. 우리는 그를 따랐으며 일종의 숭배와 의타심, 사랑, 저렇게 살 수도 있다는 데 대한 경이가 뒤섞인 헌신을 보였다. 나이는 나보다 서너 살 위였지만 지혜의 경지는 훨씬 높았다. 나는 이제껏 내가 알고 지내왔던 남자들은 그야말로 한심한 아이들이었다는 사실을 깨달았다. 여기 그 모든 아이들보다 단연 멋진 사람이 있으며 그는 나와 친구가 되고 싶어한다. 단지 내가 말하는 게 재미있다는 이유로. 그는 걸어다니는 기적이었다. 우리는 몇 년간 함께 생활했다. 매일 같은 아이들과 어울려 마약을 하고, 손이 닿는 대로 뭐든 마셔댔다. 던칸이 인솔하는 영적 여행도 여러 차례 했다.

그는 집에서 만든 맥주의 좋은 점과 '영혼의 부엌' 앨범 재킷, 커피와 마리화나의 환상적 조화에 대해 연설을 늘어놓았다. 우리는 마침내 그의 동생들까지 만나게 되었는데 아름다운 체리티와 너무 똑똑한 나머지 미쳐버린 숀이었다. 그들은 던칸처럼 친근한 동시에 수수께끼 같은 인물들이었다.

던칸과 나 사이에는 한번도 이성적인 감정이 싹트지 않았지만 언젠가는 둘의 아이를 갖자고 얘기했다. 우리는 아들을 원했고, 모드레드라는 이름을 붙이기로 했다. 그는 나의 검은 머리칼과 던칸의 푸른 눈, 아빠의 현명함과 펑크 록에 대한 엄마의 열정을 물려받을 것이다.

그 후로 상황이 변하기 시작했다. 마약의 마법은 오래 갈 수 없는 법이다. 이내 우리는 그것이 단순한 화학 작용에 불과하며 주변 사람들 역시 나와 마찬가지로 방황하고 있을 뿐이라는 사실을 알아차렸다. 몇 달 동안 아무 생각없이 친구들과 마약을 하고 나자 그것은 나쁜 습관으로 굳어지기 시작했다. 겨우 열여섯의 나이에 세상을 다 산 노인처럼 느껴졌고, 생기를 되찾기 위해서는 마법의 지팡이라도 필요할 정도였다.

어느 날 밤, 나는 버클리에 있는 던칸에게 전화해 마약을 가지고 샌프란시스코로 좀 와달라고 했다. 그는 내 다급한 어조에 놀라는 눈치였다. 그는 오지 않았다. 그가 오지 않았기 때문에 나는 지금에서야 그가 내 생명의 은인이라는 것을 깨달을 수 있다. 그는 단순히 취미로 시작했던 마약에 내가 완전히 중독되었다는 사실을 직면하게 해주었다. 당시에는 그에게 화가 났지만 지금은 아니다.

던칸이 죽었을 때 나는 다시 한번 그에게 화가 났다. 던칸 같은 사람은 죽어서는 안 된다. 그런 사람들은 고통스런 결말을 참아내고 파티에서 맨 끝까지 남아 있어야 한다.

몇 년간 연락이 두절되었고, 떨어져 지내는 동안에는 그다지 좋은 사이가 아니었음에도 불구하고 그의 부고에 나는 커다란 망치로 뒤통수를 얻어맞은 기분이었다. 나는 슬픔으로 망연자실한 채 한참을 서성였다. 던칸의 장례식에도 가지 못했다. 그날 밤 공연이 있었는데 제시간에 빠져나오지 못한 것이다. 나는 지금도 그 일을 후회한다. 그는 분명 내가 와주기를 바랐을 것이다.

몇 달 동안, 나는 던칸의 팔을 뒤덮은 긴 황금빛 털이 부드럽게 나를 스치는 꿈을 꾸었다. 한밤중에 깨어나 보면 던칸의 체취가 코끝에 감돌았다. 꿈 속에서 우리는 여전히 많은 이야기를 나누지만 상대에게 제대로 전달되지 못한다. 그는 언제나 "네가 곁에 있으면 좋으련만……"하고 말한다.

던칸은 여러 종류의 독특한 주거 환경에서 살았다. 선상 주택에서 살기도 하고, 친구 집에 얹혀 살기도 했으며 공동으로 집을 빌리기도 했다. 그에게는 언제나 흥미진진한 룸메이트들이 포진해 있었고, 그들은 늘 내 친구들과 나의 데이트 상대가 되었다.

26살인 밥도 그렇게 만났다. 그때 나는 열여섯이었는데 밥과는 거의 일 년간 사귀었다. 왜 나는 남자를 고르는 취향이 늘 그렇게 형편없었는지 모르겠다. 아마도 내 자신을 너무 하대한 나머지 어떤 남자든 내게 조금만 관심을 보이면 그가 내 남자친구가 되어야 한다고 생각했던 것 같다. 거지에게는 선택의 여지가 없다, 뭐 그런 식의 어리석은 생각이었다.

무엇보다도 밥은 키가 아주 작았다. 나도 그렇게 큰 편이 아니었건만 나보다 4인치나 작았다. 또한 몸매는 원숭이 같아서 팔은 길고 다리는 짧았다. 그 나이에 이미 머리가 벗어지기 시작했고, 엉덩이는 손바닥만했다. 보수적인 보험 외판원처럼 생겼지만 못생긴 얼굴은 아니었다. 그보다는 로버트 레드포드가 이상한 과학 실험에 참가했다가 사고로 진화가 후퇴되어 원숭이로 변해가는 도중, 해독제를 먹고 가까스로 퇴행이 중단된 것 같은 외모였다. 실제로 그는 정말 그렇게 생겼다.

밥은 버클리의 공동 주택에서 던칸과 히피, 무청부주의자들과 함께 살았다. 홀치기 염색된 셔츠를 입고 그레이트풀 데드 콘서트의 불법 테이프를 몇 시간이고 계속해서 들었지만 그는 지극히 틀에 박힌 사람이었다. 우리가 그의 조그만 혼다 시빅(*1972년에 출시된 혼다의 소형차)에 틀어박혀 마리화나라도 필라치면 그는 내내 주위를 두리번거리며 우리에게 빨리 하라고 성화를 댔다. "다 끝났어? 맙소사! 저거 경찰 아니야?"라는 말이 늘 입에 붙어 있었다. 다 피고 나면 "오케이이이"라고 말하며 차에 시동을 걸었다. 마치 이제 짐을 꾸려 떠날 시간이라는 듯이.

그는 히피가 되고 싶어했지만 늙은이처럼 굴 때가 훨씬 더 많았다. 나는 그에게 처음 말을 건 순간부터 그가 싫었다. 그러나 그 사실이 첫번째 데이트 후 사실상 내가 그의 아파트로 이사가는 일을 막지는 못했다.

첫번째 데이트 날, 그는 나를 일본 음식점에 데려갔고 우리는 뎀뿌라(*원문대로 표기한 것입니다)와 우동을 먹으며 티나 터너에 대해 이야기했다.

"그 여자의 섹시함에는 깊이가 있어."

그가 말했다.

나는 잠자코 있었지만 그 말을 듣자 당장 거북해졌다. '섹시함에 깊이가 있다'는 게 대체 무슨 뜻이람? 어른들만의 표현법인지도 모르지. 어쩌면 내가 너무 어려서 이해하지 못하는 건지도 모르고 그의 아파트는 최근에 불이 났었는데 나는 불에 타 껍데기만 남은 그의 집을 둘러보자고 제안했다. 더 이상 그와 얘기하고 싶지 않았으므로 나는 어딘가 은밀한 공간으로 가서 섹스만 하고 나면 집에 갈 수 있을 거라 생각했다. 현관문은 새까맣게 그을려 있었지만 그래도 열쇠는 제대로 돌아갔다. 집 안에서는 지독히 역한 냄새가 났다. 나무 타는 냄새와 플라스틱이 타는 듯한 묘한 단내가 났다. 전기가 들어오지 않았기 때문에 우리는 라이터를 켜고 돌아다녔는데 이내 라이터가 너무 뜨거워져 들고 있을 수가 없었다. 어둠 속에서 우리는 간신히 침대를 찾아 신속하고도 맹렬하게 일에 착수했다. 그가 내 몸을 만졌지만 놀랍게도 아무런 느낌이 없었다. 내 전 남자친구는 어찌나 나를 흥분시켰던지 그가 내 몸을 스치기만 해도 나는 거의 기절할 정도였다. 밥은 방귀를 뀌더니 사정을 했다. 나는 어둠 속에서 화장실로 가 대충 닦아낸 다음 집에 가야겠다고 말했다. 탄내와 똑똑 떨어지는 물소리에 둘러싸여 더 이상 할 얘기도, 더 이상 할 섹스도 없어지자 마치 지구의 종말을 맞은 기분이었다. 후에 나는 밥이 사는 집마다 불이 난다는 사실을 알았다. 그가 그런 싸구려 아파트를 빌리는 레이크 메리트 근처의 마약 중독자들 때문인 것 같았다. 아니면 밥이 부싯돌로 만들어졌는지도 모르지.

첫날밤은 예외였지만, 나는 밥이 편집증 환자일 뿐 아니라 발기부전 환자라는 사실을 알게 되었다. 하지만 부모님의 집에서 나오고 싶던 차에 오클랜드에 밥의 아파트가 있다는 사실은 완벽하게 맞아 떨어졌다. 나는 그의 아파트에 우두커니 앉아 그가 퇴근하고 돌아오기를 기다리다가 싫증이 나면 마리화나를 피웠다. 그리고 중국 시장에 가서 묘하게 생긴 거북이들을 구경하거나 라이치 땅콩을 먹거나 대낮에 몇 시간씩 낮잠을 잤다. 아직 어린 나이였는데도 마치 할머니가 된 것 같았다.

나는 그 아파트에서 밥과 함께 처박혀 지냈다. 밥이 자신의 발기부전을 치료하기 위해 나와 트레이스와 동시에 섹스를 해야겠다고 결심하는 사건이 있기 전까지. 우리 셋은 엑스터시(*환각 효과가 마리화나의 3–4배에 이르며 과다투약시 사망)를 잔뜩 삼키고는 몽롱한 상태에서 밥의 침대 위에 누웠다.

눈의 초점을 정확히 맞출 수가 없어 방안의 모든 것이 흐릿하게 보였다. 마약 때문에 안구가 흔들렸지만 그다지 불쾌하지는 않았다. 다만 보기가 힘들 뿐이었다. 옆의 반점에 초점을 맞추던 나는 밥과 트레이스가 서로 부둥켜안고 있다는 것을 알았다! 깜짝 놀랐지만 너무 흥분한 상태라 어떻게 해야 할지를 몰랐다. 내 친구가 내 애인에게 키스하고 싶어한다는 사실은 이상하게도 나를 우쭐하게 만들었다. 밥이 더 좋아지기까지 했다.

우리는 잠을 자려고 했지만 밥이 놓아주지 않았다. 그는 마치 내일 죽을 사람처럼 계속 "셋이서! 셋이서! 셋이서!"라고 말했다. 알버트 브룩스(*코미디언 출신의 영화배우)의 촌극 같았다. 두 명의 여자 룸메이트를 데리고 어떻게든 함께 자보려는 남자의 이야기. 트레이스는 기가 막혀 했다.

"미치겠군. 널 화나게 하고 싶지는 않지만 네 남자친구 정말 밥맛이다. 저런 사람과 섹스를 할 수는 없어. 차라리 너랑 하는 게 낫지. 저런 남자라니, 어림도 없어!"

우리는 깔깔거렸다. 하지만 마음 속으로는 저렇게 너저분한 남자가 내 애인이라는 사실, 뿐만 아니라 내 가장 친한 친구가 그것을 알고 있다는 사실이 내 마음에 상처를 주었다.

"내 소원이야. 난 언제나 여자 둘과 동시에 섹스를 하고 싶었어. 내 소원이라구. 소원."

그는 계속 그렇게 말했다. 마치 그것이 자기 소원이니 내가 무슨 수라도 써야 한다는 듯이.

"하지만 자기, 그걸 하고 나면 내 발기 부전도 완전히 나을 것 같애. 부탁이야, 자기. 제발 딱 한번만. 부탁해. 내 소원이야."

그의 발기 부전은 정말로 성가신 문제였다. 나는 그의 물건을 문질러야만 했다. 문지르고, 문지르고, 너무나 열심히 문질러서 마치 거인이 튀어나와 내게 세 가지 소원을 들어준다고 할 것 같았다. 첫번째 소원은 아마도 "이 남자를 치워주세요"일 테지. 한참을 문질러 반쯤 딱딱해지면 나는 그의 발기가 풀어지기 전에 가능한 빨리 그 물건을 내 안에 밀어넣어야 했다. 콘돔은 어림도 없는 소리였다. 그럴 시간이 없었다. 내가 일분이라도 지체했다가는 반쯤 딱딱했던 물건이 반쯤 물컹해지고, 이내 완전 퍼져버리기 때문이다. 그러면 나는 내 몸이 무슨 마법의 손수건이라도 되는 것처럼 그 물건을 내 안에 집어넣으려고 애를 썼다.

사실 집어넣을 것도 별로 없었다. 밥의 페니스는 극도로 작아 지금껏 내가 본 중에서 제일 작았다. 그게 문제라고 생각하지는 않는다. 지금까지 날 가장 많이 흥분시켰던 남자는 선천적 조건이 썩 좋은 편이 아니었는데도 매번 나를 만족시켰다. 중요한 것은 페니스의 크기가 아니다. 영혼과 사랑의 크기다.

밥은 실전 경험이 부족했고 그의 물건은 사실상 '장신구'였다. 나는 남자와의 섹스, 그리고 내 자신에 대해 무지했고, 인생에 대한 별다른 기대 없이 자랐기 때문에 그러한 부족함이 오히려 편안하고 친근하게 느껴졌다.

밥은 자신의 물건이 다시 딱딱해질 때까지 내 안에서 앞뒤로 왔다갔다 움직이려고 애썼다. 혀는 약간 빼물고, 집중하느라 찡그린 이마에는 땀방울이 송송 맺혀 있었다. 운이 아주 좋으면 그가 희미하게 사정을 하며 폴리에스테르 시트 위로 참새 눈물만큼의 찐득한 하얀색 자국을 남긴다. 하지만 대개는 펌프질을 하던 도중에 화를 내며 내 몸에서 그 말랑한 물체를 빼내고는 토라진다. 그러면 나는 밤새 그를 달래고, 그가 얼마나 남성적인지 확인시켜주며 나는 괜찮다, 그런 건 중요하지 않다, 당신과 함께 있다는 사실만으로도 좋다 등등의 말을 해야만 했다. 나는 지쳐서 얼굴이 노랗게 될 때까지 그를 껴안고 격려해주며 그 일에 대해 걱정해봐야 스트레스만 늘어난다고 말해주었다. 밥은 스트레스에 시달렸으며 그 때문에 머리도 한 웅큼씩 빠졌다.

우리의 섹스 생활은 전적으로 **그의 오르가슴** 성취를 목표로 한 프로젝트가 되어 버렸고, 그것은 우주에서 가장 중요한 일이었다. 그가 섹스를 하지 않는 날은 너무 기뻐서 눈물이 날 지경이었다. 하지만 나는 한번도 오르가슴을 느낀 적이 없었으며, 그도 물론 그 일에 대해서는 노력조차 하지 않았다. 밥과의 관계를 돌이켜볼 때 가장 화나는 일이 바로 그것이다. 그는 한번도 노력하지 않았다. 단 한번도. 그는 모든 사람이 자기만을 떠받드는 행성에 살고 있었고, 나는 필사적으로 그 행성을 떠나고 싶었다.

우리가 처음 사귀었을 무렵에 그는 내게 300달러를 빌려갔고, 나는 그와 헤어지기 전에 그 돈을 돌려받고 싶었다. 그 돈을 다시는 돌려받지 못할까 두려웠다. 아직까지 부모님 집에 빌붙어 살고 있던 시절이었기 때문에 당시의 내게 그것은 무척 큰 돈이었다. 자그마치 1979년부터 용돈을 절약해 모아온 돈이었다.

그럼에도 그는 여전히 셋이서 섹스하자는 타령이나 해댔고, 마침내 나는 더 이상 참을 수 없었다. 그가 밤 근무를 하러 나간 사이에 트레이스가 우리 집으로 왔고, 우리는 상자에 내 짐을 몽땅 꾸려 도망쳤다. 짐을 꾸리는 내내 우리는 정신없이 웃어대며 내가 떠났다는 것을 알면 그의 머리가 또 한 웅큼 빠질 거라고 깔깔댔다.

나는 부모님의 집으로 갔고 그는 충격을 받아 내게 전화했다.

"자기, 대체 왜, 뭐 때문에 이러는 거야? 나는 우리 사이가 아주 잘 되어간다고 생각했는데. 이유가 뭐야?"

"뭐라고 해야 할지 모르겠어요. 미안해요."

전화로 그의 조그맣고 상처받은 목소리를 듣자 나는 즉시 모든 일을 후회했다. 다시는 나로 인해 이렇게 슬퍼할 남자가 없을 것 같아 두려웠다. 내가 밥을 저렇게 만들 정도의 힘이 있다는 사실을 깨닫자 그와 함께 살고 싶어졌다.

그러나 내가 이런 생각을 하는 동안 그는 화를 펄펄 내며 전화를 끊어버렸다. 나는 웃음과 울음을 동시에 터뜨렸다. 그는 너무도 우스꽝스러웠고 드라마틱했다. 하지만 그것이 모두 나 때문이라고 생각하니 뛸 듯이 기뻤다. 지금까지 나는 어느 누구에게도 욕망의 대상이 되었던 적이 없었다. 하물며 열정적인 분노의 대상이 된 적은 더더욱 없었다. 그것은 내가 강하다는 느낌을 주는 것과 동시에 나를 두렵게 했다. 다시 전화벨이 울렸고 나는 전화기를 들었다. 전화기 너머로 침묵만 흘렀다.

"여보세요? 여보세요?"

아무 소리도 없다. 어쩌면 머리칼이 바닥에 떨어지는 소리가 났는지도 모른다.

"여보세요? 밥?"

"그럼 누군 줄 알았어, 이 나쁜 년아?"

그는 다시 전화를 끊었다.

이 일은 꽤 오랫동안 계속되었다. 마침내 그는 전화했다가 끊는 일에 싫증을 냈지만 나는 계속 내 돈을 돌려달라고 했다. 그리하여 일단 사태가 어느 정도 진정된 후, 우리는 만나기로 약속했다.

우리가 만나기로 한 곳은 하이트 가에 있는 낡고 오래된 커피숍인 채터누가 카페였다. 약속 시간이 되었는데도 그가 나오지 않자 나는 걱정이 되었다. 마침내 홀치기 염색된 티셔츠를 입고 전보다 더 머리가 빠진 모습으로 밥이 카페에 나타났다. 나는 그에게 너무 미안했다. 내가 그에게 다시 돌아가고 싶다는 말 한 마디만 하면 모든 일이 훨씬 좋아질 테지만 나는 그러고 싶지 않았다. 아무리 내 마음이 불편하다 해도.

나는 언제나 다른 사람을 기쁘게 하려고 했다. 누군가 내게 화내는 일은 생각만 해도 끔찍하고 무서웠다. 만사가 좋아질 수만 있다면 나는 머리로 물구나무서기라도 했을 것이다. 아마도 그런 이유에서 이 관계를 그토록 오랫동안 지속했던 것 같다. 내가 떠나려고 했다가는 그가 화내리라는 사실을 알고 있었기 때문이다. 그때는 아직 인생의 교훈을 깨닫지 못했다. 나는 평생 그런 식으로 살아왔다. 하지만 최소한 지금은 내 자신의 행복에 더 관심을 기울이며 그것을 우선시해야 한다는 사실을 잊지 않으려고 노력한다.

밥은 미소를 지으며 말했다.

"내 행동이 부끄럽군."

나는 마음이 놓였다. 그가 내게 사과하고 있는 것이다!

"오, 밥, 괜찮아요. 화내는 게 당연해요. 모두 내 탓이에요. 너무 미안해요."

"자기, 그 말이 내게는 아름다운 음악처럼 들려. 이번 일이 내게 얼마나 힘들었는지 모를 거야. 네가 너무 보고 싶었어."

"난, 난……"

난 그가 보고 싶지 않았다. 그가 없어서 너무나 행복했다. 하지만 그렇게 말할 수는 없었다.

"나도 당신이 너무 보고 싶었어요."

그의 얼굴이 한층 환해졌다.

"그럼 언제 돌아올 거야? 바로 이사올 필요는 없어. 천천히 시간을 갖자. 일단 일주일에 두세 번씩 만나면서 서로를 다시 알아가는 거야. 정말 근사하지 않아? 네가 날 실망시키지 않을 줄 알았어. 난……"

"아니, 그럴 순 없어요. 난 당신이 이해한 줄 알았어요. 난 돌아가지 않아요. 난, 난 그러고 싶지 않아. 그러고 싶지 않다구요. 정말, 정말 미안해요. 당신에게 상처를 줄 생각은 아니었어요, 밥. 난 그저……"

그는 뚫어져라 나를 노려보았다. 어찌나 화가 났는지 그의 얼굴은 눈에 띄게 벌개져 있었다.

"밥, 밥, 괜찮아요?"

진땀나는 짧은 침묵의 시간이 지나간 후, 그가 주머니에서 돈 다

발을 꺼냈다.

"300달러야. 못 믿겠으면 세어봐."

"물론 믿어요. 뭐 마실래요?"

나는 그를 위로할 말을 찾으며, 가능한 명랑하게 행동하려고 했다.

"밀크쉐이크 사 줄래요?"

그가 폭발했다.

"네가 사다 먹어! 돈까지 받았잖아!"

나는 침착한 태도를 유지하려 했다. 마치 겉늙어서 중년으로 보이는 남자가 카페에서 내게 소리지르는 일이 지극히 정상이라는 듯이. 나는 일어나 카운터로 가서 초콜릿 밀크쉐이크를 주문하고 그것을 다시 테이블로 가져왔다. 주머니 속에서 묵직하고 두툼한 돈 뭉치가 느껴지자 내 머리 속은 기쁨으로 빙글빙글 돌았다. 마치 자유를 얻은 듯한 기분이었다. 적어도 자유를 살 수 있는 돈은 얻었다. 나는 아이스크림 덩어리가 녹아 있는 크림빛의 차가운 밀크쉐이크를 홀짝이며 숨을 죽였다.

둘 다 아무 말도 하지 않았다. 하지만 침묵은 오래 가지 못했다. 갑자기 밥이 벌떡 일어나며 말했다.

"뒈져버려. 너같이 생긴 것들은 전부 뒈져야 해!"

그는 카페에서 나가버렸다. 나는 미친 듯이 웃기 시작했다. 안도감과 감사의 마음, 그리고 기묘한 자부심에서 나오는 웃음이었다. 처음으로 나는 나를 위해 싸웠으며, 밥을 기쁘게 해주고 나쁜 사람이 되고 싶지 않다는 바람에도 불구하고 내게 가장 좋은 길을 고수했다. 나는 한동안 웃음을 멈출 수 없었다. 나보다 열 살이나 많은 남자가 저런 미숙아였다는 사실을 믿을 수가 없었다. 나 자신이 강해지고 믿음직스러우며 똑똑해진 느낌이었다. 열여섯의 나이에 비로소 진정한 여자가 된 기분이 들었다.

그로부터 얼마 후, 친구들과 함께 텔레그래프 애비뉴에서 커피를 마시고 있을 때 밥이 웬 히피 여자와 함께 걸어가는 것을 보았다. 그는 그 똑같은 홀치기 염색 셔츠에 엉덩이가 극도로 작은 자신의 결점이 고스란히 드러나는 반바지를 입고 있었다. 나는 소리를 지르며 내 친구들 뒤로 숨었다. 천만다행히 그는 나를 보지 못했다. 그는 자신의 여자친구에게 온통 정신을 빼앗기고 있었는데 그녀는 그의 엉덩이 위에 손을(그 손으로 그의 엉덩이 전체가 다 가려졌다) 올리고 있었다. 두 사람은 버클리 중심가로 사라져갔다.

세월이 흘러 내가 템페에서 공연하고 있을 때, 웨이트리스 중 한 명이 내게 밥 저킨이라는 남자를 아느냐고 물었다. 그 이름을 듣자 온몸의 피가 차가워졌다. 오랫동안 듣지 못했던 이름이었다. 그 여자가 말하기를 그는 그녀가 살고 있는 오클랜드 아파트의 느끼한 관리인인데 건물 내에 젊은 여자들을 입주시켜놓고 거북할 정도로 오랜 시간 동안 그녀들 근처를 어슬렁거린다고 했다. 한번은 그들 모두 취해 TV를 보는데 내가 나오자 그는 감상에 젖어 우리가 함께 지냈던 세월을 회상했다고 한다. 내게 마지막으로 남긴 말이 "뒈져버려. 너같이 생긴 것들은 전부 뒈져야 해!"였던 사람치고는 꽤나 웃기는 결말이다.

제8장 스탠드업 코미디와 SM

밥이 사라지고 나자 나는 오로지 마약 중독에 내 에너지를 집중할 수 있었다.

내게 마리화나는 만병통치약이었다. 곰팡이가 핀 부모님 집의 지하실에 살 때는 그런 내 처지를 잊기 위해 피웠고 또 피웠다. 순회 공연중일 때는 내가 어디에 있는지 잊기 위해 피웠다. 그러다 내 집에 돌아오면 돌아온 기념으로 피웠다. 효과도 차츰 약해졌다. 머리 속은 약간 몽롱하고 따뜻했으며 목구멍은 바싹 말랐고, 즉시 신경이 예민해지거나 배가 고파졌다. 왠지 모르게 나는 이 기분을 마음의 평화쯤으로 생각했다.

마리화나는 교활한 마약이다. 당신이 알아차리기도 전에 당신에게서 생명을 빼앗아갈 수 있기 때문이다. 나는 십 년간 이 마리화나와 사랑에 빠졌다. 마리화나는 나의 가장 사랑하는 동반자였다.

내가 마리화나를 만난 것은 열다섯 살 때다. 나는 크리스 롱과

켄 데이트리라는 두 남학생들과 함께 고등학교 뒤의 오래된 선로가에 있었다. 켄은 나를 '베이비'라 불렀는데 자신이 남의 관심을 끌지 못하고 성적 매력도 없다고 생각하는 뚱뚱한 십대 소녀에게 그것은 깜짝 놀랄 만한 일이었다. 우리는 침을 묻혀 엉성하게 말아 놓은, 약간은 제초제 냄새까지 풍기는 초라한 마리화나를 피웠다. 그걸 피우면 몹시 지친 기분이었고 몸뿐 아니라 마음까지 무겁게 느껴졌다. 그리고는 집에 돌아와 몇 시간이고 잤다.

마리화나는 나로 하여금 머리 깊은 곳에 자리한 안전한 장소로 도망치게 했다. 나는 언제나 그곳으로 돌아가고 싶었다. 나는 십 년간을 그 속에서 살았다. 마리화나는 밤새 싸우며 서로에게 소리치는 부모님 때문에 잘 수 없었던 나를 잠들게 했다. 마리화나 덕분에 식욕이 생기자 나는 점점 심해지는 존재의 고통을 잊기 위해 마카로니 치즈며 델리 감자 샐러드, 감자칩, 시리얼 등을 통째로 먹어치웠다. 당시에는 그저 그것이 내게 필요한 생활이었다.

절망감이 극도로 심할 때는 오후 2시에 일어났는데 어찌나 정신이 몽롱한지 머릿속이라도 한바탕 뒤집어야 할 판이었다. 밥의 아파트에 가서 살았던 짧은 '독립'의 시도 후에 나는 다시 부모님의 집에 들어가 살았다. 누구에게나 열여섯 살은 힘든 시기겠지만 학교에서 퇴학당하고, 형편없는 26살의 남자와 사귀고, 급격히 마약 중독자가 되어가는 내게는 특히 더 힘들었다. 지하에 있는 내 방의 창문 너머로 마리화나 연기를 내뿜지 않고서는 도저히 홀로 밤을 보낼 수 없었다. 방바닥에 깔린 카펫은 꼭 피자 모양이었다. 마리화나와 SCTV에서 해주는 〈닉 앳 나이트〉 재방송이 없었다면 나는 아마 자살했을 것이다. 나는 두려움 때문에 중독 상태에 계속 빠져 있었다. 내 인생이 이대로 끝날지도 모른다는 두려움, 마약에 취하지 않고서는 내 삶을 헤쳐나갈 수 없다는 두려움 때문에.

마약에 취해 몽롱해지는 것만큼이나 나는 마약 거래하는 일도 좋아했다. 마약상에게 삐삐를 치는 일이며 나를 부르는 마약상의 아름다운 전화벨 소리. 그런 다음 마음 졸이며 마약을 가지러 가는 일과 거래가 진행되는 내내, 혹시 돈을 건네주는 순간 DEA 요원이 앞문을 차고 들이닥치지나 않을까 상상하는 일까지. 나는 신속하게 물건을 교환하고 급히 빠져나가는 것을 좋아했다. 끈적거리고 두툼한, 완벽한 풀(*여기서는 대마를 지칭하는 말이다) — 한번은 정말 부활절 풀과 똑같이 생긴 물건을 받은 적도 있었다 — 뭉치가 들어 있는 아름답고 커다란 초록색 봉지를 들고 거래상의 집에서 탈출한다. 그러고 나면 언제나 희망과 새로운 시작, 그리고 남자에 대한 호감이 샘솟았다. 나는 대부분의 사람들이 크리스마스 선물을 받을 때와 같은 기분으로 마약을 샀다. 그것은 또한 내가 나를 돌보는 법을 잘 알고 있다는 느낌, 그리고 비록 세상은 무섭고 불확실한 곳이지만 결국에는 모든 것이 잘 되어 가리라는 느낌을 주었다.

나는 일하면서 알게 된 친구에게서 마약을 구했는데 그애는 바닷가에 살고 있는 한 예술가 노인에게서 산다고 했다. 그 노인은 마약에 취해 하루 종일 바다만 바라보며 살고 있다고 한다. 그 얼마나 아름다운 인생인가!

내가 직접 거래하던 마약상들도 있다. 한 남자는 우편물을 집어넣는 가느다란 틈을 이용해 소량의 마약을 거래했는데 그 집은 편리하게도 마소닉의 페트리니 마켓(이곳의 정육점에서 내 친구 하나가 칼에 찔렸다) 뒤에 있었다. 현관 계단을 내려가 문을 두드리면 손가락이 튀어나와 들고 있던 10달러를 가져가고 초록빛 꿈이 담긴 작은 비닐 봉지를 건네주면 그걸로 끝이다. 대화도, 중독자와 상인간의 불공정한 파워 플레이로 인한 거짓 우정도 없다. 별로 좋아하지도 않는 밴드 이야기를 할 필요도 없고, 심지어는 거래 기념으로 봉지를 뜯어 마약상과 함께 새로 산 마리화나를 피워야 할 필요도 없다. 무엇보다도 삐삐를 친 후 초조하게 전화를 기다릴 필요가 없다는 것이 제일 좋았다. 금단 증상이 점점 심해지며 이대로 죽을지도 모른다는 두려움 속에서 일분 일초가 고통스럽게 느껴지는 그 기다림. 견디기 힘든 기다림이었지만 그에게서 전화가 오기만 하면 그 순간부터 오늘 하루가 완전히 바뀐다는 생각으로 스스로를 달랠 수 있었고 그것은 고통마저도 묘한 즐거움으로 바꾸었다. 이곳은 마치 드라이브-인 마약 거래소 같았으며 손에 쥐어지는 물건과 사는 이의 욕구가 완벽하게 맞아떨어졌다. 퇴근하고 집에 오는 길에, 그 현관 아래로 자맥질을 한번 하고 나면 나는 일분만에 완벽한 충만감을 느낀다. 밖에는 한낮의 비가 내리고, 아무도 없는 빈집에서 새로 산 마약 봉지와 함께 홀로 있는 것, 당시의 내게는 이것이 진정한 행복이었다. 이럴 때는 굳이 마약을 복용할 필요도 없었다. 그저 이제 곧 마약을 할 거라는 생각, 그리고 그 후에도 또 하고, 또 할 수 있다는 생각만으로 충분했다. 나는 그 현관 아래로 여러 번 내려갔고, 한두 번쯤 집 안에 들어간 적도 있었다. 그곳의 주인은 꼭 산타클로스처럼 생겼었다. 그는 그 우편물 구멍으로 온갖 나쁜 가루를 팔았으며 모든 과정이 금방 끝났다. 나는 지금도 그가 그립다. 그는 내게 중독된 삶을 사는 일이 놀라울 정도로 쉽다는 것을 보여주었다. 우편물 구멍과 10달러, 그리고 초록색의 작은 봉지 하나만 있으면 얼마든지 행복해질 수 있었다. 그것이 마약을 구하는 최상의 방법이었다.

최악의 방법은 콘 아저씨와 거래하는 일이다. 콘 아저씨는 내 친구 준의 아빠와 친구 사이로 정말 역겨운 사람이었다. 그에게 마약을 사기 위해서는 장시간 그와 얘기해야만 했다. 왜냐하면 그는 엄밀한 의미의 마약상이 아니라 일종의 중간 상인으로, 마약상의 사돈의 팔촌격이었다. 우리는 그 아저씨의 으시시한 집에서 몇날 며칠을 서성이며 다른 마약상이 오기를 기다렸다. 콘 아저씨는 방음효과를 노리고 침실 창문에 카펫을 걸어두었다. 이것은 이중의 악효과가 있었는데 안에서 사람이 소리를 질러도 밖에 들리지 않는 것은 물론 이 카펫이 마리화나며 뚱뚱한 마약상 BO, 그리고 콘 아저씨 특유의 새콤한 사탕 냄새 등을 빨아들여 방안에 늘 그러한 냄새가 감돌게 했다. 결과적으로 그 방에서는 엄청난 악취가 풍겼다. 콘 아저씨는 뚱뚱한데도 항상 딱 달라붙는 데이지 듀크 반바지를 입어 엉덩이뿐 아니라 앞쪽의 물건까지 함께 바싹 올라가 마치 남자가 아닌 아줌마처럼 보였다. 한번은 내가 우연히 터키석과 은으로 만들어진 콘 아저씨의 라이터를 가져간 적이 있었다. 그러자 그 아저씨는 그걸 돌려달라고 내 아파트까지 찾아왔다. 내 룸메이트와 나는 창문에 우리 그림자가 비치지 않도록 벽에 딱 달라붙은 채 입으로 비명 지르는 시늉을 하며 현관문을 두드리는 아저씨의 그 앞에 납작한 반바지가 보이는지 몰래몰래 밖을 내다보았다. 콘 아저씨 집에는 대형 TV가 있었는데 아저씨는 항상 플레이보이 채널에 고정시켜두고 우리가 이제 돌리라고 외칠 때까지 소프트 포르노(*정사 장면이 실제가 아닌 연출한 포르노 영화)를 보았다. 우리가 마약을 기다리는 동안 그 아저씨는 만약 아이 쪽에서 먼저 꼬리를 친 것이라면 어린아이를 성추행하는 일이 얼마든지 정당화될 수 있다는 헛소리를 해대곤 했다. 하지만 마리화나는 그런 일을 견딜 만한 가치가 있었다. 있고도 남았다.

마리화나는 내 모든 인간관계의 기본이었다. 나는 내 친구 슬레지와 함께 매일 2시간씩 5년 동안 마리화나를 피웠다. 우리는 일단 마약에 취하지 않고서는 아무것도 할 수 없었기에 아침 커피를 마신 직후부터 시작했다. 충분히 취하고 나면 우리는 실없이 웃거나, 음악을 듣거나, 쇼핑을 하거나, 글을 쓰거나, 아니면 다시 기분이 좋아지도록 커피를 좀더 마셨다. 슬레지는 자신이 마약 중독자라는 사실에 기본적으로 수치심을 느꼈기 때문에 아침 일찍 일어났다. 그는 자신이 마약을 한다는 사실을 좋아하지 않아 가능한 그것을 부인하려고 애썼다. 그의 주머니와 검은 나일론으로 된 게이용 지갑에는 자질구레한 물건들이 가득했다. 박하 사탕, 식염수, 껌, 입술 보호제, 자신의 입이 싸다는 것을 숨기기 위한 다양한 물품들. 나도 일찍 일어나 곧장 카스트로 가에 있는 그의 아파트로 갔다. 전화벨이 울리면 자동 응답기가 받도록 내버려두었다. 오후 4시쯤 되면 몸이 바스라질 정도로 달아올라 현실 세상으로 돌아오기 위해서는 카페 플로르의 찐득하고 독한 커피가 필요했다. 나는 내 인생의 그 시절이 싫고, 그 모든 시간 낭비를 너무나 재미있는 일인 양 만들었던 슬레지가 너무 싫다. 나는 그렇게 마약에 취해 쏘다니고 쇼핑하며 내 인생의 대부분을 낭비했다. 만약 또다시 그런 생활을 해야 한다면 차라리 혀를 깨물고 죽겠다. 정말로. 마약 중독에서 벗어날 기회가 여러 차례 있었지만 나는 언제나 다시 돌아갔다. 나도 내 자신을 어쩔 수가 없었다. 나는 더 이상 마약을 살 필요가 없었다. 슬레지의 단골 마약상이 있었으니까. 또한 더 이상 혼자 마약에 취할 필요도 없었다. 내게는 마약 친구가 있었으니까. 우리는 카스트로 가를 지배하며 밤새도록 마약을 피우고 먹고, 피우고 먹고, 또 먹었다. 언제나 내가 뚱뚱하다고 생각했지만 이제는 한층 더 뚱뚱해진 느낌이었다.

가끔씩 엑스터시를 먹을 때도 있었는데 그것의 좋은 점은 체중 감량 효과가 있다는 것이다. 단 하루뿐이기는 했지만. 내가 슬레지에게 그토록 집착했던 이유는 그가 늘 내게 예쁘고 날씬하다고 말했기 때문인 것 같다. 당시에는 마약에 취하는 것만큼이나 그 말이 필요했다. 그는 가장 싫은 친구이면서 또한 가장 가깝고 떨어지기 어려운 친구였다. 꼭 마리화나처럼. 마리화나는 결국 사람을 미치게 한다. 또한 허기를 느끼게 한다. 슬레지의 아파트에서 수도 없이 마약 파티를 벌였던 기억이 난다. 슬레지는 한동안 미식가인 남자친구와 사귀었는데 그는 우리에게 제대로 된 시저 샐러드를 만들어주었다. 그 과정에서 자른 마늘의 표면을 샐러드 그릇에 문지르곤 했는데 그것은 지금껏 내가 본 것 중에서 가장 게이다운 행동이었다.

부엌에 앉아 그 미식가 친구가 커다란 나무 볼에 여러 가지 양념을 첨가하는 것을 지켜보는 동안 우리는 마리화나를 돌려가며 피우고, 피우고, 또 피웠다. 그리고는 마리화나를 피우는 틈틈이 살라미(*마늘로 양념을 한 이탈리아 소시지)로 감싼 두툼한 크림치즈를 한입에 삼켰다. 우리는 모든 감각의 동시다발적인 공격을 목표로 했던 것 같다. 처음에는 끈끈한 초록색 담배꽁초의 질식할 듯한, 역겨운 감각이 둔중한 망치처럼 우리를 '강타' 한다. 그 다음에는 달콤하고, 아삭거리고, 쫀득하고, 자극적이고, 달짝지근한 모든 음식을 쉴새없이 밀어넣으며 위대한 초록의 세상으로부터 스스로를 구해내려고 노력한다. 새로운 요리가 등장할 때마다 다들 탄성과 한숨을 내질렀다. 마치 그러한 공기의 배출이 이미 현실도피와 음식물로 가득 찬 우리의 부풀어오른 위장에 조금이나마 새로운 공간을 만들어준다는 듯이.

그 후에는 과식했다는 고통을 잊기 위해 더 많은 마약을 피운다. 또한 몸이 음식을 더 받아들일 수 있을지 의심스러운 상황임에도 불구하고 식욕을 자극하기 위해서도 피운다. 그 다음에는 애초에 음식을 먹은 것에 대한 죄책감을 떨쳐내기 위해 또다시 먹는다. 슬레지는 비쩍 말랐다. 그래서 나도 괜찮을 거라고 생각했다. 슬레지가 괜찮다면 나도 괜찮을 거라고. 그는 내게 말랐다고 했다. 그는 내게 괜찮다고 했다. 하지만 괜찮지가 않았다.

코미디는 나를 그러한 자기 파괴로부터 벗어나도록 도와주었다. 최소한 처음에는 그랬다.

코미디는 당시 내 유일한 관심사였던 영원한 무감각 상태 외에 내가 간절히 바랄 수 있는 그 무언가를 주었다. 마약을 아무리 많이 해도 공연을 할 때는 정신이 또렷했다. 무대 위에서는 신경 쇠약증 환자처럼 긴장이 되었다. 혼몽한 상태로 그 일을 한다는 것은 불가능했다.

코미디 클럽에서의 내 첫 무대는 고등학교 서클인 배트윙 루브리칸트와 함께 한 공연이었다. 우리는 아더 카페라는 곳에서 시범 공연을 했는데 그곳은 로빈 윌리엄스, 파울라 파운드스톤, 밥캣 골드웨이트처럼 쟁쟁한 코미디언들이 정기적으로 무대에 서는 곳이었다. 우리는 관객들을 뒤집어놓았고, 그 후로 몇 차례 재공연 요청을 받았다. 다른 코미디언들은 너무 어리고 시건방지다는 이유로 우리를 싫어했지만 어쨌거나 그 공연이 내 인생을 바꾸어놓을 만한 경험이었다는 사실에는 변함이 없었다.

나는 그 어둡고 담배 연기 자욱한 클럽에서 일생을 보내기로 마음먹었다. 무대에 서서 매일밤마다 사람들을 웃길 수 있다면 돈을 못 벌고 유명해지지 않아도 좋다고 생각했다. 그렇게 할 수 있는 능력 자체가 곧 충분한 보상이었다. 그러나 지금은 생각이 조금 바뀌었다. 나는 내 나름대로의 방식에 지쳤고 운이 좋아 얻게 된 내 물질적 성공을 사랑한다. 하지만 그 모든 것이 코미디에 대한 내 지독한 사랑에서 시작되었으며 모든 것을 그로 인해 얻게 되었다.

처음에는 쉽지 않았다. 다른 코미디언들은 신참들을 미심쩍어하기 마련이고, 나는 그들 대부분을 두려워했다. 나는 펀치 라인에서 공연하는 선데이 쇼케이스를 자주 보러 갔는데 그 공연은 지역 코미디언들이 주름잡고 있었다. 운이 좋으면 바비 슬레이턴이나 윌 더스트를 볼 수 있었으며 아더 카페에서는 파울라 파운드스톤을 볼 수 있었다. 리키 레이놀즈가 임푸르브를 주름잡던 그 시절, 나는 학교에 가듯이 쇼를 보고 다녔다.

코미디야말로 늘 내가 원해왔던 것이다. 처음 시작할 당시에는 아무도 내가 성공하리라고 생각하지 못했다. 고등학교 3학년 때, 마약을 하고 유럽에 가기 위해 예술 학교를 중퇴함으로써 나는 끝내 대학에 들어가지 못했다. 부모님이 친구분들에게 내가 기숙사에서 지낸다고 거짓말을 하는 동안, 나는 암스테르담에서 LSD에 쩔어가고 있었다. 나는 마약에 싫증이 난 채 우울한 기분으로 귀국했다. 앞으로 뭘 하고 살아야 할지 혼란스러웠다. 코미디만이 그 해답이었고, 우유부단했던 나로서는 굳은 결심을 하게 되었다. 낮에는 단테, 포브스와 함께 부모님의 서점에서 일하고, 밤에는 어떻게든 자리를 얻어 출연할 클럽이 없을까 여기저기 뒤지고 다녔다. 당시에는 마약도 별로 하지 않았다. 몰두할 만한 다른 일이 있었기 때문이다. 코미디에 대한 이러한 집착은 나를 절망에서 끌어내었다. 클럽에 가는 일은 내가 가장 고대하는 일이 되었고, 그곳은 내게 학교를 졸업한 후 어떻게 살아야 할지 보여주었다. 내 영광의 시절은 끝난 것이 아니다. 이제 막 시작되고 있었다.

물론 부모님은 그런 내 마음을 이해하지 못하셨다. 내 공연을 보러 오신 적조차 없었다. 마침내 작년에 딱 한번 내 공연을 보시기는 했지만 그때도 얼마나 난리를 쳐야 했던지! 신인 시절에 나는 트레이스와 AJ, 던칸에게 코미디 클럽으로 날 보러 오라고 졸라댔다. 쇼가 끝나고 집으로 돌아가는 차 안에는 오랫동안 불편한 침묵이 감돈 후 "와, 그 위에 서서 그렇게 연기하다니 정말 대단하다······"와 같은 말들이 뒤따른다. 어떻게든 눈에 띄기를 바라는 마음으로 클럽을 전전하며 어슬렁거리던 일은 끔찍한 경험이었다. 펀치 라인에서 처음으로 공연하게 되었을 때 나는 입장료를 내고 들어가야 하는 것은 아닌지 걱정되었다. 나는 다른 배우들이 모두 모여 있는 그린룸(*배우 전용 휴게실)에 들어가기가 두려웠다. 그 아저씨들은 모두 사이좋게 지내는 듯이 보였으며 자신들만의 영역 표시를 확실히 해두었다. 그들은 그 신성한 방안에 둘러앉아 담배를 피우고, 껄껄거리고, 관객들이 얼마나 형편없는지 이야기하고, 잘했다고 서로 등을 두드려주었다.

나는 닫혀진 출입문 근처를 어슬렁거리며 관객 속에도, 배우들 속에도 끼지 못했다. 아무도 나를 끼워주지 않았으며 다들 내 존재조차 몰랐다. 투명인간 취급을 받는 것은 내 인생에서 어디를 가나 있어 왔던 일이기에 새삼스러울 것은 없었다. 하지만 여기서는 모든 것을 바꿔보기로 결심했다. 만약 그린룸에 들어가지 않을 거라면 최소한 두려워하는 모습을 보이지 않기로 했다. 그저 들어가고 싶지 않아서일 뿐이라는 듯이. 그래서 서 있는 곳이 문 옆일 뿐이라는 듯이.

마침내 나는 문 옆에 서 있는 것이 더 낫다고 생각하는 또 다른 사람들을 만나게 되었다. 우리도 모르는 사이에 우리는 어느덧 아무도 없는 그린룸에 들어가게 되었고, 갑자기 그 방은 우리의 방이 되어버렸다. 그리고 문 옆에는 여전히 어린 신인들이 겁에 질린 채 서 있었다. 한때의 우리들처럼. 나는 그들에게 안으로 들어오라고 했다.

그 시절에는 스탠드업 코미디(*마이크 앞에 서서 혼자 하는 개그)가 너무나 두려웠다. 일단 무대에 서고 나면 괜찮았지만 공연 전날은 완전 악몽이었다. 나는 무슨 말을 해야 할지 끊임없이 걱정한다. 어떤 관객들이 올지, 관객이 있기나 할지 의심스럽다. 나보다 먼저 공연을 하는 사람이 누구인지, 그 사람만큼 잘 할 수 있을지도 걱정된다. 개그의 내용을 생각하다가 내 이야기가 별로 재미없다는 두려움에 사로잡혀 과연 내 자신조차 웃길 수 있을지 의심스러운 공황상태에 빠지기도 한다. 그러다가 애초에 왜 이 일을 시작한다고 해서 이 고생을 자초하는지 자문한다. 내 대사를 몽땅 잊어버리면 어떡하지? 우연히 나도 모르게 다른 사람의 소재를 훔쳐 도둑이라는 누명을 쓰게 되면 어떡하지? 무슨 일이 일어나 클럽에 못 가게 되면 어떡하지? 클럽에 전화로 알릴 수 있는 상황이나 될까? 그냥 클럽에 전화해서 못하겠다고 말하면 어떻게 될까? 몸도 아프고 일어나 보니 내가 별로 재미없는 사람이 되어버렸고, 개가 내 농담을 먹어버렸다고 말하면 어떻게 될까? 어떻게 될까? 어떻게 될까? 어떻게 될까? 꼬리에 꼬리를 무는 이런 망상은 클럽에 도착할 때쯤에는 최고점에 도달해 밤새 부글부글 끓는다. 마침내 준비하라는 신호가 오면 나는 무대로 걸어나간다. 바 옆이나 무대 출입구 옆에 서서 기다리는 동안 등에서는 식은땀이 흐르고, 등뼈가 따끔거리고, 손이 덜덜 떨린다. 나는 어떤 일에도 정신을 집중할 수 없어 지금 무대에서 공연하고 있는 사람이 누구인지조차도 알 수 없다. 그저 달아나고 싶은 생각뿐이다. 그때 갑자기 사회자가 내 이름을 부르면 나는 기적처럼 두 발로 걸어나가고, 객석을 향해 첫 번째 농담을 던진다.

대개는 쇼가 잘 진행된다. 사람들은 웃음을 터뜨리고 나는 몸을 좀더 똑바로 세우며 약간의 자신감을 얻는다. 물론 잘 되지 않을 때도 있다. 시간은 느릿느릿 흐르고 패배감에 젖은 채 무대를 떠나지만 내가 생각했던 것만큼 최악이 된 적은 없다. 공연이 만족스럽지 못했을 때는 가능한 빨리 무대에 복귀하려고 했다. 전날의 실수를 지워버리고 좋은 공연으로 만회하기 위해.

나는 오랫동안 샌프란시스코에서 코미디를 했다. 십대 시절에는 샌프란시스코 만(灣) 일대의 모든 코미디 클럽을 전전하며 날품 팔 듯이 하루하루 쇼를 해나갔고, 생계를 유지하기 위해 세 가지 일을 동시에 했다. FAO 슈바르츠(*미국의 완구 전문 체인스토어)에서의 일과 폰섹스 일, 부모님이 운영하시는 책방의 일이었다. FAO 슈바르츠는 지금껏 내가 일했던 곳 중에서 가장 회사다운 곳이었다. 나는 매일 빨간 가발에 블루머를 입고 래기드 앤(*조니 그루엘의 동화에 나오는 소녀 주인공으로 미국의 전통적인 캐릭터)으로 분장해 버르장머리 없는 애들을 상대해야 했다. 한 아이는 나를 발로 차며 똑부러지게 말했다.

"래기드 앤은 중국 사람이 아니야!"

휴식 시간에는 길 건너 주차장 옥상에서 장난감 병정과 함께 마리화나를 피우며 스트레스를 해소했다.

그곳에서의 일이 끝난 후에는 쏜살같이 폰섹스 일을 하러 달려갔다. 대개는 도중에 옷갈아 입을 시간이 없었기 때문에 나는 래기드 앤 복장을 한 채로 폰섹스 일을 했다.

나는 짜리몽땅하고 야심만만한 킬리라는 여배우를 통해서 이 일자리를 얻게 되었는데 그녀는 자기처럼 짜리몽땅하고 야심만만한 다른 여배우들이 섹스 산업에 뛰어들도록 도와주고 있었다(농담이 아니다). 이때만 해도 〈걸 식스(Girl 6)(*폰섹스 일을 직업으로 하는 여자들의 이야기를 다룬 영화)〉나 인터넷이 도래하기 전이어서 폰섹스라고 해봐야 겨우 녹음된 메시지가 나가는 정도의 평화로운 시절이었다. 메시지 하나 녹음하는데 10불씩 받았고, 메시지는 길어야 1분 정도였으므로 꽤 괜찮은 일자리였다. 자기가 원고를 직접 쓸 경우에는 돈을 더 받았다. 나는 마치 저녁값을 벌기 위해 『에로티카』를 쓰는 아나이스 닌(*프랑스 태생의 미국 소설가. 양성애자로 자유분방한

연애 행각을 펼쳤다. 『에로티카』는 성애 소설들을 모은 그녀의 유고작)이 된 기분이었다.

그러나 단점도 있었는데 바로 유들유들한 녹음 감독 마슬로위와 유리로 된 녹음실 안에서 단둘이 일해야만 한다는 것이었다. 마슬로위는 좀 작은 키에 가슴이 온통 곱슬곱슬한 빨간 털로 뒤덮여 있었는데 그가 입은 셔츠의 벌려진 틈 사이로 늘 이 털들이 삐죽 나와 있었다. 본인이 이상한 옷차림을 하고 다녀서인지 그는 내 래기드 앤 복장에 대해 한번도 언급한 적이 없었다. 아마도 그에게는 내 차림새가 지극히 정상으로 보였을 것이다.

답답하고 꽉 막힌 음향실 안에서 지독한 싸구려 포도주 냄새를 풍기며 마슬로위는 책상 위에 발을 올려놓은 채 앉아 있곤 했다.

"야야, 좀 실감나게 해봐. 숨을 더 거칠게 몰아쉬어서 날 좀 흥분시켜봐. 너도 즐긴다는 듯이 하라구. 네 몸을 만지면서 하고 싶으면 그렇게 해."

나는 다시 해보려고 했지만 이제는 완전히 의식이 되어서 전보다 더 뻣뻣하게 읽었다. 그의 말을 무시하고 멋지게 해내고 싶었다. 마치 '난 어른이야. 저런 말을 들어도 끄떡없다구' 라는 식의 태도로 임하고 싶었지만 생각대로 되지 않았다.

가끔씩 마슬로위가 롤리팝을 줄 때도 있었다.

"이걸 물고 하면 목소리가 더 촉촉해질 거야. 입을 좀더 벌리고 사탕을 쪽쪽 빨아봐."

그가 한마디씩 할 때마다 내 연기는 점점 더 형편없어지고, 덜 섹시해졌으며 나는 더욱 두려움에 사로잡혔다. 가끔씩 그가 버럭 화를 내며 헤드폰을 집어던지고 조그만 부스에서 나가버릴 때도 있었다. 나는 그저 가만히 앉아 그가 돌아오기를 기다렸고 결국 그는 늘 돌아왔다. 내 생각에 마슬로위는 내가 뒤쫓아오기를 바랐던 것 같다. 그러면 나는 비상구 계단에 앉아 먼 곳을 응시하는 그를 발견하겠지. 그리고는 그의 어깨에 팔을 두르며 녹음실로 돌아가자고 애원한다. 그는 내 말을 듣지 않을 테고, 나는 그의 작달막한 체구를 이끌며 녹음실로 돌아가는 내내 몇 번이고, 몇 번이고 사과를 하겠지. 그리고는 아폴로니아인지 베니티인지 하는 왕자의 충신처럼 마이크에 대고 매끈한 목소리를 뽑아내리라.

"세상에, 저애가 드디어 해냈어."

하지만 난 그러지 않았다. 나는 그냥 앉아 있었다. 그러면 마슬로위가 커피를 한잔 들고서 녹음을 끝내려고 돌아온다. 그의 '예술적' 야망에도 불구하고 우리에게는 아직 해야 할 일이 남은 것이다. 마슬로위에게 커피는 목마르다는 핑계로 자신의 짜증을 감추려는 수단이었다.

마슬로위가 해고되고 킬리가 녹음을 맡게 되면서 일은 훨씬 쉬워졌다. 우리는 〈핫 걸 USA〉라는 연속 시리즈를 맡기로 계약했다. 그것은 일본 회사에 근무하는 일본인 직원들을 위한 영어 교육 프로그램인 〈영어를 배웁시다!〉의 일환이었다. 일본 남자들은 전화를 걸어 성적 흥분은 물론 덤으로 영어까지 배우게 되는 것이다. 일종의 일석이조 효과라고나 할까.

영어를 가르치는 것이 목적이므로 내용은 단순하고 쉬워야 한다.

"안녕. 난 캔디예요. 내 머리는 금발이죠. 난 가슴이 아주 커요. 난 섹스를 아주 좋아한답니다. 내가 가장 좋아하는 일은 남자의 성기를 빠는 일이에요. 그게 가장 재밌죠. 당신도 섹스를 좋아하세요? (잠시 대답을 기다린다) 좋아요. 나는 매일 섹스하고 싶어요."

나는 이 기간에 많은 돈을 벌었다. 게다가 마슬로위가 없으니 그 꼴보기 싫은 엉덩이를 보지 않아도 되었고, 위압적이고 성적 모욕을 주는 듯한 그의 발언에 불쾌해질 일도 없었다.

폰섹스 일이 끝나면 대개 부모님의 서점으로 가 문을 닫을 때까지, 지친 얼굴 위에 붉은 반점과 갈색 주근깨들이 나타날 때까지 일했다. 그런 다음에는 집으로 가 옷을 갈아입고 공연을 하러 갔다. 무척 힘든 나날이었지만 코미디를 한다는 것과 그로 인해 내가 만나게 되는 훌륭한 연기자들, 또 내가 보게 되는 환상적인 공연으로 인해 잔뜩 흥분해 있던 터라 밤마다 내일은 또 어떤 일이 있을까 하는 기대감에 부풀며 잠을 청했다.

1987년에 부모님이 운영하시던 서점이 문을 닫자 그곳에서 일하던 직원들은 전부 다른 서점의 일자리를 찾아 흩어졌다. 하지만 나는 뭔가 다른 일을 해보고 싶었다. 그때 샌프란시스코 《가디언》 지에 〈불타는 가죽〉이라는 레스비언 전용 SM(*sadomasochism의 약자로 가학 피학적 변태성욕) 가죽점에서 판매원을 찾고 있다는 광고를 발견했다. 나는 그 일에 호기심을 느껴 당장 지원했다. 그곳은 이제 막 패션의 거리로 탈바꿈한 마켓 구역 남쪽의 하워드 가에 있는 작은 창고였다. 나는 안으로 들어가다가 키가 크고 늘씬한 금발의 미녀와 정면으로 부딪칠 뻔했다. 상고머리에 버디 홀리제의 선글라스를 낀 그녀는 검은 가죽 하니스(*성도착용 속옷)에 청바지 차림이었다. 하니스 밑으로 그녀의 가슴이 거의 다 드러나 있었는데 바닐라 아이스크림처럼 완벽한 모양새였다. 우리는 서로를 바라보며 둘 다 얼굴을 붉혔고 그녀는 탈의실로 들어갔다. 나는 내 집에

온 듯한 느낌이 들었다.

이 소매점은 공장과 붙어 있었는데 가게 안의 커다란 가죽 커튼 뒤가 곧장 공장으로 이어졌다. 〈불타는 가죽〉은 이미 큰 성공을 거둔 우편 주문 사업을 확장하기 위해 최근 소매점을 개업한 상태였다. 이곳은 샌프란시스코의 동성연애자들과 성적 호기심이 왕성한 실리콘 밸리의 컴퓨터 도사 커플들을 주요 고객으로 가죽 속옷과 섹스용 장난감을 팔았다. 창고는 가죽과 고무 딜도(*페니스 모양의 여성 자위용 기구)의 유쾌한 냄새로 가득했고, 나는 카운터 뒤에 앉아 손님들을 맞이했다.

그외에도 음경 모양의 크롬 반지를 내 얼굴이 비칠 때까지 반짝반짝하게 닦는다든가, 대나무 지팡이를 공중에 대고 휘둘러 그 음산한 소리에 이상이 없는지 확인하고, 성도착용 가죽옷에 베이비 파우더를 뿌리고, 바이브레이터(*여성 자위용 기구)에 건전지를 새로 갈아끼우는 등의 흥미진진한 일들을 해야 했다. 몇 시간에 걸쳐 엉덩이 마개로 끝내주는 디스플레이를 한 적도 있다. 나는 이곳의 일에 내 예술적 성향을 총동원했다.

우리 가게의 단골 손님들은 매우 점잖았으며 자신들이 좋아하는 일에 돈을 쓸 수 있다는 사실에 행복해하기까지 했다. 대다수의 사람들에게 SM은 좋은 취미였고, 그것을 즐길만한 시간과 고가의 용품들을 구입할 만한 경제적 여유가 되는 사람들은 행운아들이었다. 그들 스스로도 그렇게 생각했다.

우리 가게는 아주 다양한 가죽 제품들과 도착용 도구들을 보유하고 있었으며 나는 사람들이 침대에서 할 수 있는 일에 대해 많은 것을 배우게 되었다. 또한 어떤 일은 직접 해볼 기회도 있었다.

나는 링크스라는 클럽이 후원하는 SM 파티에 초대를 받았는데 그곳은 게이-레즈비언-양성애자-성초월애자들의 SM 파티에 음식을 제공하는 클럽이었다. 상점에서 일 년간 근무하는 동안 나 자신은 한번도 그런 행위를 해본 적이 없었다. 딱 한번 채찍으로 어떤 사내를 때려본 적이 있었지만 그 일은 내게 아무런 성적 쾌감도 주지 못했다. 그 사내 자체가 성가신 남자였고 게다가 그는 시끄럽게 내 이름을 계속 불러댔다! 나는 이런 종류의 성행위에 굉장한 파워가 있다는 사실을 알게 되었다. 아울러 이런 물건을 사간 사람들이 실제로 무슨 짓을 하는지 보고 싶은 호기심도 생겼다.

나는 상점 동료인 자딘이라는 여자와 그녀의 남자친구 이안과 함께 초대받은 파티에 가보기로 했다. 파티는 버날 하이츠에 있는 한 컴퓨터 거물의 집에서 열렸다. 그날 밤은 통조림 음식 모금 대회가 열려 통조림을 기부하면 입장료를 할인해 주었다. 한 손에는 채찍을, 다른 손에는 딘티 무어의 쇠고기 스튜 통조림을 든 노예를 거느리고 안주인이 걸어나왔다.

우리는 입장료를 지불하고 파티장에 들어갔다. 집은 선셋 메가진 스타일의 캘리포니아풍으로 체리목의 가구와 아디론댁 의자들로 가득했다. 2리터들이 소다수 두 병과 포테이토 칩과 어니언 칩이 담긴 종이 접시만 놓여 있는 초라한 식탁 주위에 가죽옷을 입은 레즈비언들이 서성이고 있었다. 방안 가득 핫도그 냄새가 풍겼지만 그 신비의 핫도그는 어디에도 보이지가 않았다. 이유는 모르겠지만 섹스 파티에 나오는 음식은 언제나 형편없다. 아무래도 손님들이 오르되브르(*전채 요리)보다는 서로에게 더 군침을 흘리도록 하기 위해서인 것 같다.

자딘과 이안은 집을 둘러본다며 가버렸다. 나는 입고 있던 검은 비닐의 고양이 복장이 전혀 불편하지 않다는 표정을 지으려고 노력하며 거실에 앉아 있었다. 젊은 필리핀 여자가 내 발 아래 무릎을 꿇었다. 그녀는 딕키스의 가죽 모자를 쓰고 있었는데 위풍당당한 몸짓으로 모자를 벗으며 내게 말했다.

"내 여주인께서 당신 손에 키스해도 된다고 허락하셨습니다. 키스해도 될까요?"

"아, 예. 그럼요. 좋으실 대로."

나는 무척이나 촌스럽게 굴었다.

그리고는 서둘러 실례한다고 말하고 지하실로 내려갔다.

나는 아래로 내려가다가 자딘과 이안이 지하실 한쪽 구석에 앉아 있는 것을 발견했다. 그곳에는 가죽과 라텍스를 입은 노인 커플들이며 딱 달라붙는 더티진을 입은 심술궂은 표정의 어린 레즈비언들, 그리고 드래그 퀸 등 여러 사람들이 무리를 지어 있었다. 하지만 실제로 뭔가를 하고 있는 사람은 아무도 없었다. 마치 아무도 먼저 나서서 춤추지 않는 학교 댄스파티처럼 다들 너무 지루하거나 혹은 너무 피곤하다는 듯이, 아니면 지금은 아직 때가 아니니 나중에 하겠다는 듯이 행동하고 있었다.

갑자기 굉장히 뚱뚱한 여인 하나가 무리 한가운데로 걸어나왔다. 심술궂은 얼굴에 가죽옷을 입은 다섯 명 정도의 여자들이 그녀를 바닥에 쓰러뜨렸다. 그녀의 육중한 몸매가 바닥에 나가떨어지자 그들은 그녀의 무무(*헐겁고 화려한 하와이 여자들의 드레스)를 잡아 찢으며 격렬한 강간 장면을 연출하기 시작했다. 일행은 그녀의 다리를 잡아 벌리고 밝은 오렌지색의 딜도를 거칠게 집어넣었는데 그것은 마치 그녀의 질에 꼭 맞는 마개처럼 보였.

자딘과 이안은 지하실을 나갔다. 그들이 지나갈 때 "너무 피곤해. 그만 가야겠어⋯⋯"라는 자딘의 속삭임이 도플러 효과를 일으키며 들려왔다. 자딘은 너무 빨리 사라져버렸다. 나는 움직일 수가 없었다. 즉시 저 여인을 도와야 한다고 생각했다. 어째서 다른 사람들은 구경만 하고 있는지 이해할 수 없었다. 나는 경찰을 불러야겠다고 생각했다. 그러다가 지금 내가 와 있는 곳이 어디인지 기억해냈다.

거의 눈 깜짝할 사이에 내 주위의 모든 사람들, SM 파티의 벽의 꽃(*파티에서 춤추지 않고 벽에만 붙어 서 있는 사람들을 가리킴)들이 일제히 행동을 개시했다. 처음의 서먹한 긴장이 완전히 풀린 것이다! 가죽으로 된 샅주머니를 달고 있던 한 할아버지가 다가오더니 내 옆에 앉았다.

"아가씨, 혹시 〈불타는 가죽〉에서 일하지 않나?"

"예, 맞아요. 안녕하세요. 전 마가렛이라고 해요."

"그래. 나 기억나요? 나한테 이 물건을 팔았잖소."

할아버지는 아무렇지도 않다는 듯이 앞의 샅주머니를 열고 망사 안에 포도송이처럼 열려 있는 자신의 말랑한 페니스와 고환을 보여주었다. 나는 하마터면 벌떡 일어설 뻔했다. 하지만 여기서는 그런 행동이 에티켓에 어긋날 것 같아 가능한 차분하고 재미있다는 듯한 태도를 유지하려고 했다.

"어머, 그건⋯⋯ 어⋯⋯ 그러니까 정말 멋지네요."

"난 아내와 같이 왔다네. 우리랑 함께 놀아보겠나? 원한다면 채찍으로 우리를 때려도 좋아."

"어, 고맙습니다. 하지만 전 지금 친구 가방을 맡아주고 있는 중이라서요. 지금 당장은 곤란해요."

파티 중반에 가죽 모자를 쓰고 희끗한 팔자 수염을 기른 모습이 영락없는 시골 노인처럼 보이는 80대의 한 할아버지가 어린 소년을 테이블 위에 눕히고 가죽끈으로 잡아묶었다. 그리고는 마치 피자 커터기처럼 뾰족뾰족한 톱니바퀴가 달린 기구를 거대하게 솟아오른 소년의 성기에 곧장 갖다대었다. 그 위험천만해 보이는 바퀴가 지나간 자리마다 작은 핏방울이 떨어졌다. 워우 워우 워우 워우 워우 워우!

이 모든 게 충격이었다. 강간, 피, 폭력, SM을 주제로 한 음악('채찍으로 날 때려줘' '주인님과 하인' 등). 하지만 난 자리를 뜨지 않았다. 뜰 수가 없었다. 너무나 재미있었다. 내게 성적 쾌감을 주지는 못했지만 다들 너무 즐거운 시간을 보내며 자신들의 일에 몰두해 있었고 그런 감정은 내게도 전염되었다. 나는 그저 불을 끄고 누워 임신이나 되지 않기를 바라면서 섹스하는 것보다도 훨씬 더 다양한 행위들이 있다는 것을 알았다.

여자와 남자 그리고 변태성욕자로 이루어진 3인조 주위에 사람들이 모여들었다. 여자와 변태성욕자는 똑같은 푸른 코르셋을 입고 있었고, 남자는 가죽 샅주머니를 하고 있었다. 여자는 가죽으로 된 해먹 위에 매달려 남자와 등을 맞대고 누워 있었다. 변태성욕자가 그녀의 아랫도리를 주먹으로 때리는 동안 그녀는 머리를 뒤로 젖히고 남자의 눈을 지그시 바라보았다. 그 모습은 너무도 낭만적이었다. 저 세 사람 사이에 깊은 애정이 흐르는 것 같았다. 많은 사람들이 지켜보고 있었음에도 불구하고 그 장면은 가장 은밀하면서도 완벽하게 아름다워 보였다. 엽기적인 행위에 충분히 질려 있었을 텐데도 그 장면은 내게 사랑이란 어디든 존재하며 우리가 예상치 못한 여러 형태를 띨 수도 있다는 사실을 깨닫게 해주었다. 사랑은 어떤 형태이건 다 괜찮다. 조심해야 할 것은 미움뿐이다.

파티는 순조롭게 진행되었고 파티 초반에 강간 장면의 희생자였던 여자는 이제 돌아다니며 컵과 종이 접시를 치우고 있었다. 나중에는 마치 막노동이라도 하다온 사람처럼 요란하게 코를 골며 어두운 구석에서 자고 있었다.

나는 안면이 있는 드래그 퀸 한 사람과 우연히 마주쳤다. 그의 이름은 나이젤이었는데 그는 나를 예의 그 십자가 형태로 결박하더니 수세미로 내 다리를 문질렀다. 이것은 그저 웃겼을 뿐 성적 자극은 없었다.

이상하게도 나는 가장 거북한 시간과 장소에서 꼭 나를 알아보는 사람들을 만난다. 우리는 지하실로 내려갔는데 그곳에는 쇠창살로 된 우리 안에 사람들이 갇혀 있었다. 그 중에서 결박당해 있던 한 여자가 우리 안에서 내게 소리쳤다.

"이봐요! 혹시 마가렛 조 아니에요?"

나는 흥분이 되었다. 이때만 해도 신인 시절이어서 누군가 나를 알아보는 일이 굉장하게 느껴졌다. 하지만 그와 동시에 지금 내가 있는 곳이 어디인지 떠올랐다. 게다가 그녀는 결박당해 있는 상태가 아닌가!

갑자기 한밤중이 되어 버렸고, 나는 어느새 파티에 끝까지 남아 있는 무리에 끼어 있었다. 나는 정말로 즐거운 시간을 보냈으며 다음 파티가 기다려졌다. 샌프란시스코는 성적 탐험을 하기에 최상의 도시이다. 해 볼 것도 많고, 들여다볼 만한 비밀스런 곳들도 많다. 동성애자냐 이성애자냐 양성애자냐 하는 것은 전혀 문제되지 않는다. 얼마든지 다양한 선택이 가능하다. 이곳 사람들의 태도는 너무도 유쾌하고 친밀해 그런 파티를 변태로 치부하기보다는 섹스를 주제로 한 테마 파크 정도로 여기고 있다.

그 후로 한참 동안은 섹스 파티에 가볼 기회가 생기지 않았다. 내 경력이 불붙기 시작하면서 나는 괜히 그런 파격적인 분야에 발을 들여놓았다가 그 일로 발목을 잡히게 될까 두려웠다. 가뜩이나 무대 위에서 성적인 농담을 해대던 내가 그런 생각을 하다니 너무도 바보 같은 짓이었다.

한참 후, 내가 〈올 아메리칸 걸(All-American Girl)〉을 찍고 있을 무렵에 한 타블로이드 신문이 〈불타는 가죽〉 회사의 상표를 실으며 내가 '화끈한 섹스 관련 사업'에 종사했다는 기사를 썼다. 그러나 구체적으로 뭘 했는지는 설명하지 않았다.

내 TV 시트콤이 막을 내린 후 나는 주로 술마시고, 마약하고, 코미디 클럽에서 코미디를 하며 보냈다. 그러던 차에 틸 유젤 스피겔 협회라는 뉴욕에서 가장 오래된 SM협회에서 상연하는 연극 작품에 출연중인 내 친구를 만나러 갔다. 내가 도착했을 때는 아직 극장문을 열지 않아 많은 사람들이 로비 근처를 서성이고 있었다. 나는 딱딱한 벤치 위에 앉아 있었다. 이내 가죽 코르셋에 하이힐을 신은 나이 많은 여자가 비틀거리며 내 쪽으로 걸어오더니 허리를 숙였다. 그녀가 불편할 정도로 바싹 다가왔기 때문에 나는 자리를 뜨고 싶었지만 왠지 무례한 행동 같아 그냥 참았다. 그때 엉덩이에 무시무시한 소가죽 채찍을 달고 있던 우락부락하고 덩치가 큰 그녀의 애인이 나무 지팡이로 그녀의 엉덩이를 후려쳤는데 하마터면 내 얼굴에 맞을 뻔했다.

나는 자리에서 일어났다. 분명 저들은 내 감정을 배려하지 않는데 왜 나만 그래야 한단 말인가?

마침내 극장문이 열리자 사람들이 줄지어 들어갔다. 관중들은 원 형태로 빙 둘러서라는 지시를 받았고, 배우들이 한가운데로 걸어나왔다. 온갖 종류의 사람들이 다 모인 것처럼 관중들은 하나같이 특이한 차림새를 하고 있었다. 나뭇가지로 만든 커다란 머리 장식을 쓴 여자들이 있는가 하면 벌거벗은 남녀 한 쌍도 있었는데 그들은 서로의 긴 머리를 하나로 엮어 마치 머리채가 붙은 채로 태어난 샴쌍둥이 같았다. 노래를 부르는 의식을 마친 다음 서로 손을 잡고 원을 돌았다. 그리고는 난장판이 벌어졌다. 안쪽 원에 있던 사람들이 바깥쪽 원의 사람들을 공격하는 것이다. 안소니 에드워드(*미국의 인기 드라마 ER에 출연하는 배우)를 닮은 얼굴에 기저귀를 차고 있던 한 대머리 남자가 나를 붙잡더니 내 속옷을 보여달라고 했다. 나는 겁이 덜컥 났지만 그런 내색을 하기 싫어 가능한 침착한 태도를 유지했다. 갑자기 생리가 시작되고, 비상구 사인은 어디에도 보이지 않는 상황에서 말이다.

생리가 계속되는 와중에 나는 ER의 기저귀맨으로부터 도망쳤다. 키가 크고 잘생긴 사회자가 중절모를 쓰고 망사 타이츠를 입은 채 군중 속에서 나타났다. 그는 안쪽 원의 사람들에게 큰 소리로 외쳐대기 시작했다.

"비겁한 남자를 찾습니다! 간이 콩알만한 겁쟁이를 이리로 올려 보내십시오."

머리에 사슴뿔을 단 소녀가 타워 레코드 로고가 찍힌 가방을 움켜쥐고 있던 한 범생이의 팔을 낚아채 방 한가운데로 끌고 갔다.

"젊은 연인 한 쌍을 데려오십시오!"

아까 로비에서 봤던 그 두 친구들이 방 한가운데 던져졌다. 생리는 계속됐지만 파티는 점점 재미있어지고 있었다. 미대생과 범생이, 온갖 쾌락을 추구하는 무리들에 둘러싸여 치르는 이런 이교도적인 의식과 사람들의 갖가지 반응, 모든 게 신났다. 나는 원에서 약간 떨어진 채 벽에 몸을 기대고 있었다.

갑자기 사회자가 소리쳤다.

"뚱뚱한 여자를 데려오십시오! 뚱뚱한 여자가 필요합니다!"

순간 모든 것이 정지되는 듯하더니 방안에 있던 사람들이 일제히 나를 바라보았다.

"누구, 나요? 아냐, 아냐, 아냐, 아냐!"

ER의 기저귀맨이 내 팔을 잡더니 날 사회자에게 끌고 갔다. 사회자는 립스틱이 칠해진 입술이 양 귀에 걸릴 정도로 미소짓고 있었다. 나는 겁에 질렸고, 생리는 갑자기 더욱 심해지기 시작했다. 나는 있는 힘껏 소리질렀다.

"하지만 난 뚱뚱하지 않아! 이봐! 난 안 뚱뚱해!"

사회자는 머리를 옆으로 돌리더니 마녀처럼 기분나쁘게 킥킥 웃어댔다.

"네. 이분은 뚱뚱하지 않습니다. 그저 약간 통통할 뿐이죠!"

그 말과 함께 그는 내 뱃살을 한웅큼 쥐고 흔들어댔다. 막 울음이 터지려는 순간, 갑자기 조명이 들어오며 배우들이 전부 사라지고, 얼굴이 벌겋게 상기된 채 숨을 헐떡이고 있는 관중들만 덩그라니 남겨졌다. 나는 몸을 부르르 떨며 이만하면 충분히 납작하다고 생각되는 배를 더욱 안으로 끌어당겼다. 그리고는 가능한 빨리 이 건물을 빠져나가려고 했다. 친구를 못 만나도 상관없다. 나중에 설명하면 되겠지. 변명 말고도 할 말이 많으니까.

막 문을 나서려는데 타워 레코드 가방을 든 그 범생이가 내 팔을 붙잡으며 말했다.

"이봐요, 혹시 마가렛 조 아니에요?"

제9장 아 예, 전 마가렛이에요

"넌 무대 뒤로 왔어. 샌프란시스코 펀치 라인에서 일하던 시절의 일이지. 내가 '멋진 세트군요'라고 말하자 넌 '고마워요'라고 했어. 그리고는 내게 똥침을 놓았다니까."

솔직히 말해 난 그 일이 기억나지 않는다. 하지만 폴은 정말이라고 우긴다. 폴은 최근에 날 만나러 래프 팩토리(Laugh Factory 코미디 클럽)로 찾아왔다. 클럽에 들어오며 그의 얼굴을 본 순간 그 일이 어렴풋하게 기억나는 듯도 싶었지만 확실치가 않았다. 내가 누군가에게 똥침을 놓는다는 일은 도저히 상상할 수 없다. 하지만 그의 말을 믿기로 했다. 당시 나는 괄괄한 여걸처럼 구는 법을 연구하던 중이었고 그 과정에서 많은 실수를 저질렀다. 똥침 놓기, 핑크색 가발, 모조 다이아몬드가 박힌 나비 넥타이, 이 모든 것들이 내 비참한 신인 시절의 주요 소품들이었다. 내가 나만의 이미지를 만들어내기까지는 상당한 시간이 걸렸다. 나는 80년대의 여성 코미디언들에게 세뇌당한 상태였기에 나 역시도 어깨 패드가 달린 옷을 입고 음탕하며 재치있는 농담을 뱉어대는 여장부처럼 굴어야 한다고 생각했다.

폴과 나는 80년대 후반에 캘리포니아를 누비며 순회 공연을 다녔다. 스위트리버 살롱이라는 레스토랑에서 주말마다 코미디 쇼를 했기 때문에 매주 금요일만 되면 모든 코미디언들이 그 레스토랑의 분점을 따라 유레카, 산타 로사, 플레즌톤, 메르세드로 향했다.

그 중에서도 메르세드가 최악이었다. 3시간이나 운전해야 하는 것은 물론 거기서 공연할 때 묵는 〈해피 인〉이라는 숙소는 정말이지 행복과는 거리가 먼 곳이었다. 그 여관에서 자살한 사람들도 꽤 되는 것 같았다. 그렇다고 해도 메르세드의 지식인 나으리들이 포테이토 스킨과 다이키리(*럼주, 라임주스, 설탕, 얼음을 섞은 칵테일)를 놓고 모여 앉아 내 코미디와 도시 사람다운 태도를 씹어대는 소리를 들으며 무대 위에서 생매장당하는 것보다 고통스러운 죽음은 없었을 것이다.

에드 마키스와도 한번 공연한 적이 있는데 우리는 낄낄대며 이 불행한 숙소의 객실 문을 몽땅 열어놓고 다녔다. 어쨌든 처음부터 잠겨 있지도 않았었다. 이런 순회 공연은 가끔씩 재미도 있었으며 스위트리버에서의 공연은 썩 괜찮은 일자리였다. 출연료도 제법 되었고(쇼당 50불씩), 12불 정도에 해당되는 식권까지 받았으니까. 알뜰한 사람이라면 그 돈으로 두 끼는 해결할 수 있었고, 당시의 우리 또한 그랬다.

나는 온갖 공연을 다 하고, 온갖 싸구려 모텔에 머물렀으며, 몇 백만 마일씩 차를 몰았고, 음식과 마약 그리고 언젠가는 이 고생이 성공의 밑거름이 되리라는 꿈으로 외로움을 달래었다.

나는 주정뱅이들을 웃기기 위해 15분간 최선을 다했던 이 시절을 즐겨 회상하지는 않는다. 쇼를 하는 것은 좋았지만 그래도 끝나고 난 뒤가 훨씬 좋았다.

폴은 내 성공이 하룻밤 사이에 이루어지지 않았다는 사실을 일깨워주었다. 어떻게든 한번이라도 TV에 출연하기를 바라며 순회공연을 다니던 숱한 나날, 성사된 계약과 끝내 물거품이 된 계약, 잃기도 하고 얻기도 한 기회를 거쳐 나는 오늘날의 내 자리에 선 것이다.

폴이 나를 만나러 온 날은 전형적인 선셋 스트립의 전설적인 토요일 밤으로 '거물들'의 공연이 있는 날이었다. 클럽에서의 주말 공연이라는 이 최고로 인기있는 시간대, 공연을 보러 온 사람들이 장사진을 이루고 신인 코미디언들이 서고 싶어 안달하는 이 무대는 나 역시도 오랜 세월 꿈꿔온 것이었다. 나는 대도시로 가서 성공하고 싶었고, 언젠가는 그 꿈을 이룰 수 있다고 믿었다. 지금이 바로 그때였고, 나는 매 순간을 음미하고 있었다.

무대로 올라가며 나는 멍청한 관중들을 단 한 명도 웃길 수 없었던 스위트리버 살롱 시절의 슬픔 밤들을 떠올린다. 그로부터 오랜 세월이 흐른 그날 밤, 래프 팩토리의 관중들은 내 공연에 포복절도 했다. 관객들 웃음소리에 건물이 흔들릴 지경이었다. 나는 날아갈 듯한 기분이었다. *이게 바로 내 인생이고 내가 가장 잘 하는 일이다.* 10년이 흐른 지금, 내 생애 최고의 공연을 하고 있다고 생각하며 나는 무대에서 내려왔다.

관객이 동조해줄 때, 농담은 생기를 띠며 타이밍은 기가 막히게 떨어지고, 달은 일곱번째 집으로 들어가며 목성과 화성은 일직선상에 놓인다. 이제야 내 자리를 찾은 것 같고, 이보다 더 나은 일은 생각도 할 수 없다. 코미디는 신들이 주신 귀한 재능이자 경이로운 발명품이다. 그것은 우주의 심장부로 우리를 이끌고 간다.

위대한 코미디언들의 사생활이 그토록 파괴적인 것은 놀랄 일이 아니다. 레니 브루스는 권총 자살을 했고, 리차드 프라이어는 프리베이스(*코카인과 에테르의 혼합물)를 복용해야만 했으며, 샘 키니슨과 존 벨루시는 관객들뿐 아니라 자기 자신에게도 악담을 퍼부었다. 관객들을 광란에 몰아넣고 그들로부터 거의 우상 숭배에 가까운 대접을 받은 사람으로서 무대를 떠나 현실 생활에 적응한다는 것이 어찌 쉬운 일이겠는가? 어떻게 아무렇지도 않게 무대를 내려올 수 있겠는가? 어떻게 인간으로 다시 돌아올 수 있겠는가? 스스로를 불사르는 것 외에 또 뭐가 남아 있단 말인가?

나는 집으로 갔다. 오랜 친구인 폴과 헤어지고 난 후, 나는 내가 무대에서 얼마나 초라한 사람이었는지, 그로부터 얼마나 발전한 것인지 생각했다. 작은 빨간 리본이 달린 긴 검정 장갑을 끼고 공연했던 기억이 난다. 공연이 끝난 후 적막하고 황량한 모텔 방에서 어떻게든 눈을 붙이려고 애썼던 기억도 난다. 무대에 올라가 열심히 해보지만 제대로 되는 것이 하나도 없어 얼굴만 벌겋게 상기되었던 기억도 난다. 후에 어떤 배우가 되고 싶었는지도 기억난다. 그러자 지금의 내가 바로 그 바람대로 되었다는 사실을 깨달았다.

코미디언들에게 최고의 바람은 자신의 이름을 건 시트콤을 하는 것이라고들 한다. 그곳이 정상이다. 그것은 소위 '성공' 했다는 것을 의미한다. 그것은 우리 모두가 열망해야 할 것처럼 여겨졌다. 나 역시도 내가 원하는 것이 그것일 거라고 생각했다. 하지만 그 일에 수반되는 과정에 대해서는 생각해보지 않았다. 부자가 되고 유명해지는 것이 내 모든 바람을 만족시켜줄 거라고 믿었다.

나는 내가 무엇을 해야 할지 본능적으로 알 거라고 생각했다. 그렇지 않다면 주위의 많은 사람들이 예리한 충고를 해줄 거라고 생각했다. 나는 영화 세트장에 앉아 있는 내 모습을 그려보았다. 빳빳하게 다림질된 하얀 셔츠에 검은 레오타드를 입고 내 이름이 씌어진 접이식 의자에 두 다리를 벌린 채 앉아 있겠지. 아니면 푹신한 소파에 몸을 깊숙이 묻으며 주변의 예스맨들에게 호령을 한다. 밤마다 파티에 나가고, 인조 모피를 바닥에 질질 끌며 사람들로 가득찬 방을 가로질러 간다. 웃을 때는 고개를 젖히고 웃으며, 섹스할 때는 항상 오르가슴을 느끼고, 에미상을 수상했을 때는 애써 눈물을 참으며 수상 소감을 말한다. 백만장자 구애자로부터 다이아몬드 목걸이를 받고는 그걸 친구에게 줘버린다. 마돈나가 그 비디오(*마돈나가 자신의 사생활을 셀프카메라 형식으로 찍은 '진실 혹은 대담'을 말함)에서 그랬던 것처럼. 나는 내가 여자라는 사실을 즐기며 결국에는 내 안에 잠재되어 있으리라 믿었던 아름다운 백조가 되는 것이다.

호사스런 생활(언덕 위의 집, 수영장, 영화배우들……)에 대한 환상 외에는 코미디를 통해 이루고 싶은 확실한 비전이 없었으므로 나도 그냥 다른 모든 사람들이 원하는 것을 원하기 시작했다. 지금 와서 생각해보면 그것이 가장 큰 실수였다.

우리는 우리 자신이 어떤 사람인지 알아야 한다. 그래야 우리가 원하는 게 무엇인지 알게 되고, 엉뚱한 것을 원했다가 그걸 얻은 후에야 사실 우리가 원한 것은 그게 아니었다고 깨닫는 일이 없다. 그때는 이미 너무 늦기 때문이다. 우리는 원하는 것이 무엇이든 실현시킬 힘이 있다. 지대한 보살핌과 사랑으로 그 힘을 이용하는 것이 행복한 삶을 사는 비결이다. 내가 그때 이 사실을 알았더라면 얼마나 좋았을까.

나는 스탠드업 코미디언들이 한창 시트콤을 찍던 그 무렵에 할리우드로 이사를 갔다. 〈자인펠드〉와 〈로잔느〉(*각각 스탠드업 코미디언이었던 제리 자인펠드와 로잔느가 자신의 이름을 걸고 만든 시트콤)의 성공은 나 같은 수많은 스타 지망생들에게 가능성을 열어주었다. 몇 년간 나는 순회 공연을 다니며 여기저기서 TV 출연 경력을 쌓아갔다. 〈임푸르브에서의 밤〉과 MTV 출연 덕택에 겨우 눈곱만큼의 주목을 받게 되었다. 심지어는 〈스타 서치〉(*일반인을 대상으로 영화배우, 가수 등 연예인의 재능을 지닌 사람들을 찾아내 이들이 연예계에 진출할 수 있도록 도와주는 프로그램으로 미 전역에서 엄청난 인기를 누렸다)에도 출연했다.

내가 출연한 것은 정규 방송이 아니라 〈스타 서치 인터내셔널〉이라는 특집 방송으로 무슨 인종 박람회마냥 외국인들, 어쨌거나 백인이 아닌 사람들을 한데 모아 놓고 경연 대회를 벌였다. 상금은 형편없었고, 다른 출연자들과 겨루는 기회도 단 한번뿐이었다. 막판에 인도 출신의 코미디언을 섭외해 캐나다 출신의 남자와 교체했는데 나는 이거야말로 '이국적' 분위기를 연출하려는 노골적인 의도라고 생각했다. 나는 한국 대표였다! 정말 웃기는 일이었다. 나는 미국에서 태어났고 아마 어느 누구 못지않게 미국적 성향이 강할 것이다. 쇼의 진행자도 그 사실을 알아차리고 내게 좀더 '사실적으로' 연기해달라고 했다.

"이봐요, 좀더, 아 그러니까 어디였더라, 중국인답게 할 수 없겠어요?"

"전 한국인인데요."

"뭐든 간에."

이럴 땐 뭐라고 해야 하나?

심지어 내가 연기하는 동안 화면 아래의 내 이름 옆에 한국 국기까지 나와 있었다. 일종의 메달이나 명성없는 올림픽 게임이었다. 진짜 쇼에서 겨뤄볼 기회조차 얻지 못했을 때의 실망감은 일등을 놓친 것과는 비교할 수도 없다.

함께 코미디를 하는 내 친구들은 모두 스타 서치 '정규방송'에 출연했었다. 그들은 자기가 원하는 것은 무엇이든 할 수 있는 것 같았다. 뭔가를 하려고 할 때마다 내 피부색이 걸린다는 사실은 날 정말로 화나게 했다. 내 출신이 부끄럽다는 얘기가 아니라 사람들이 나를 볼 때 맨 먼저 피부색을 본다는 것이 문제였다. 그것이 클럽에서 스탠드업 코미디를 할 때와 LA에서 일하려고 할 때(*여기서는 방송 및 영화일을 말한다)의 차이점이었다.

순회공연에서는 얼마나 웃기느냐에 따라 모든 코미디언들이 평가된다. 그게 전부였다. 물론 어쩌다 내가 황인종이라는 것 때문에 야유를 받을 때도 있었다. "야, 그게 눈 뜬 거냐!" 라든가 "나는 찢어진 눈이 좋아!" 물론 가장 오래된 농담인 "고질라다!"도 빠뜨릴 수 없다. 하지만 "당신 직장으로 찾아가 네 거시기를 물어뜯어줄까?" 같은 말 한 마디면 다 해결되었다. 여기 LA에서는 그런 재치 있는 말대꾸를 할 수 없었다. 그럴 기회조차 없었다.

인종만이 문제가 아니었다. 한번은 〈몬텔 윌리엄스 쇼〉에서 전도 유망한 코미디언들을 소개한 적이 있었고 나 역시 다른 많은 코미디언들과 함께 그 쇼에 출연하기로 되어 있었다. 그때 메이크업을 담당했던 남자는 날 한번 힐끗 보더니 눈동자를 이리저리 굴려댔다. 그는 스펀지로 내 콧등을 두어 번 두드리고는 그만 의자에서 내려가라고 했다.

그리고는 큰 키에 예쁘고 이국적인 용모의 갈색 머리 미녀가 들어왔다. 그녀는 전직 모델이었는데 지금은 스탠드업 코미디에 도

전하고 있는 중이었다. 그 메이크업 아티스트는 그녀에게 거의 한 시간 반이나 매달려 그녀의 긴 속눈썹이 뭉치지 않도록 핀으로 낱낱이 떼어내고, 카메라가 그녀의 아름다움을 완벽히 잡아낼 수 있도록 그녀의 사랑스런 얼굴에 섬세한 음영을 주었다. 그것도 모자라 오후 내내 브러시와 파우더를 들고 그 여자 꽁무니를 따라다니며 그 매혹적인 얼굴에 땀 한 방울이라도 비치면 즉시 달려가 두들겨댔다.

나는 큰 상처를 받았다. 나중에 그 여자가 한 코미디가 너무나 형편없다는 사실이 위안이 되기는 했다. 아름답다 해도 연기가 형편없으니 그녀의 외모도 빛을 잃었다. 나는 정말로 훌륭히 해냈고 어쨌거나 그 개떡 같은 화장을 바로 지울 필요가 없다는 사실이 기뻤다.

몇 년 후, 그 메이크업 아티스트는 내 시트콤에서 함께 일하게 되었다. 나는 즉시 그를 알아보았고 함께 작업하는 내내 그에게 눈길 한번, 심지어는 말 한마디 걸지 않았다. 다들 그것이 싸가지 없는 할리우드 스타의 보편적인 행동이라고 생각했고 나는 그렇게 생각하도록 내버려두었다. 굳이 내 입장을 설명할 필요가 없다고 믿었다. 아주 유치하고 모진 행동이었지만 적어도 그를 해고하지는 않았다. 그는 그저 내가 별로 예쁘지 않다는 사실을 끊임없이 상기시켜주는 역할을 했을 뿐이다. 그 시절의 나는 나 자신에게도 그토록 모질게 굴었다. 못난 것이 내 책임이라면, 그런 얼간이 짓을 한 것은 그의 책임이다. 게다가 그는 게이도 아니었다! 대체 무슨 그런 빌어먹을 경우가 있단 말인가? 게이가 아닌 메이크업 아티스트는 절대 믿지 말아라. 스타 트랙에 나오는 외계인 분장이나 하면 모를까.

시트콤 계약을 하게 됐을 때, 내가 얻은 것은 단지 돈만이 아니었다. 그 일은 내가 늘 절박하게 찾아 헤매던 힘과 자긍심을 주었다. 전형적인 미인도 아니고, 키가 크지도, 날씬하지도, 금발도, 심지어는 남자도 아닌 여자로서 할리우드에서 일하며, 나는 사람들로부터 수없이 무시를 받았다. TV 시리즈물인 〈더 레드 슈 다이어리스(The Red Shoe Diaries)〉의 단역을 맡기 위해 세상에서 가장 잘생긴 사람들과 함께 캐스팅 사무실에 앉아 있기란 정말로 맥빠지는 일이다(결국 그 역할을 따내기는 했지만). 나는 내 자신이 전혀 섹시하지 않고, 아무 짝에도 쓸모없고, 못생기고, 뚱뚱한 여자가 된 기분이었다. 어떻게 하면 제작자들에게 내 겉모습이 아닌 실제 내가 지닌 많은 재능을 보여줄 수 있을지 알 수가 없었다.

한번은 쓰레기 같은 공상 과학 영화의 오디션을 보러 간 적이 있었다. 나는 최대한의 자신감을 끌어모아 사무실로 들어갔다. 이번 오디션을 위해 나는 오랫동안 꼼꼼히 준비하며 내 대사를 외우고, 내가 맡은 역할에 대해 진지하게 생각도 해봤다. 어쨌거나 내 외모가 그다지 받쳐주지 못하므로 열심히 한다면 어느 정도 보상이 되리라고 생각했다.

그날은 두껍게 낀 스모그가 태양 광선을 더욱 강하게 만드는, 무더운 남부 캘리포니아의 전형적인 날씨였다. 찜통 같은 더위 속에서 에어컨 장치도 되어 있지 않은 내 낡은 폭스바겐 골프를 끌고 도시를 가로질러 가는 동안 화장과 함께 내 자신감도 녹아내리는 것 같았다. 캐스팅 에이전트의 사무실은 그늘지고 서늘했다. 그곳에는 내 상대역을 맡아줄 남자 모델이 와 있었다. 나는 최선을 다해 대사를 읽었다. 내가 맡은 역은 리나 사령관으로 우리가 탄 우주선은 연료가 다 떨어져가는 상태였고, 모래 바람이 불어 우주선이 피해를 입기 전에 나는 행성에 불시착한다는 결정을 내린다. 대사를 다 읽고 난 다음, 나는 캐스팅 에이전트를 올려다보았다. 그녀는 한숨을 내쉬며 혐오스럽다는 눈초리로 나를 내려다보았다.

"그런 식으로 읽으려면 다시는 오디션 볼 생각하지 마세요. 당장 연기 수업부터 하세요. 정말이지 당신 잘되라고 하는 소리예요. 그 실력으로는 절대, 절대, 절대 오디션 볼 꿈도 꾸지 말아요. 수고했으니 그만 나가 보세요."

그 동안 남자 모델은 그대로 앉아서 날 보며 히죽거리고 있었다. 내가 문을 닫고 나오자 두 사람이 깔깔거리는 소리가 들렸다.

배우들은 이런 종류의 퇴짜를 매일같이 당한다. 자존심 상하는 일이었지만 그렇다고 해도 나는 도전을 멈추지 않았다. 내게 훨씬 더 잘 어울리는 역할이 있으며 따라서 앞으로 계속 나가면 언젠가는 내 노력이 보상받게 될 거라고 믿었다. 무엇이 날 그토록 끈질기게 만들었을까? 그것은 내가 단순한 일자리가 아닌 내 자신의 가치를 찾아 헤맸기 때문이었다. 나는 내게 맞는 것을 찾아 끊임없이 바깥세상을 뒤지고 다녔으며 그것은 몹시도 절박한 탐색이었다.

나보고 절대 해낼 수 없다고 말했던, 내 가치를 확인하려는 나의 열망을 무시하던 그 모든 캐스팅 디렉터들과 제작자, 배우, 메이크업 아티스트, 에이전트, 똥멍청이들에게 복수하겠다는 결심은 내게 가장 큰 자극제가 되어주었다. 내 가치는 엉망으로 떨어졌다. 내 내면이 아닌 외부에서 자긍심을 찾고, 게다가 할리우드에서 그것을 찾을 수 있으리라 생각한 것은 완전히 미친 짓이었다. 하지만 그때는 그걸 알지 못했다. 일자리를 얻고, 유명해지고, 심지어 스타가 된다면 그때는 나도 세상의 다른 사람들처럼 내 자신을 미워하지 않고 사랑하게 되리라고 생각했다. 자기 자신에 대한 사랑은 그런 식으로 생기지 않는 법이다. 인생은 그런 식으로 돌아가지 않는 법이다.

꽤 오랫동안 나는 나 자신을 미워하는 것이 상당히 고귀한 행동이라고 생각했다. 마치 그렇게 하면 운명이 나를 친절하게 보살피며 "요 사랑스럽고 귀여운 말썽꾸러기! 네가 네 자신을 사랑하지 않으니 다른 사람이 널 사랑하게 해줘야겠구나."라고 말해줄 것처럼. 그리하여 그때부터는 다른 사람이 날 사랑하기를 바라는 것이 가장 중요한 일이 되어버리고 말았다. 비록 나 자신은 나를 사랑할 수 없을지라도.

내가 아는 사람 중에 겉으로 자신을 미워하는 것처럼 행동했던 한 여자가 있다. 그녀는 매우 미인이었기 때문에 그녀가 스스로를 깎아내리려고 안간힘을 쓸 때마다 남자들은 모두 그녀의 발아래 무릎을 꿇었다. 지금 생각해보면 그것은 모두 연출이었다. 그녀의 말처럼 스스로를 그토록 미워하면서도 그렇게 남자를 끌어들이는 힘을 지니기란 불가능한 일이다. 그 여자가 "난 너무 매력이 없어서……"라고 말하며 그 보랏빛 눈동자를 깜빡이면 젊은 남자들은 절대 그렇지 않다고 확신시켜 주기 위해 그녀 주위로 몰려들었다.

나도 내 자신에 대해 그런 식으로 말하며 그와 똑같은 반응을 기대했던 것 같다. 사람들이 안 됐다는 듯 고개를 저으며 "저 여자는 자기가 얼마나 아름다운지 모르고 있어……"라고 생각하고 인생의 아이러니에 한숨짓기를 바랐다.

그러나 불행히도 내가 "난 너무 뚱뚱해"라고 말했을 때 "아냐, 그렇지 않아!"와 같은 즉각적인 반응이 없으면 상대방이 꼭 내가 뚱뚱하다는 말에 동의하는 것처럼 느껴졌다. 나의 가식적인 발언에 대한 그들의 무반응은 나를 화나게 했다. 실상 그들은 아무 말도 하지 않았는데 말이다.

상대가 농담으로 응수하는 것은 훨씬 더 불쾌했다. 한 나이 든 여배우와 영화작업을 한 적이 있었는데 내가 나 자신을 깎아내리고 너무 뚱뚱하다고 말할 때마다 그녀의 얼굴에는 기쁨이 번졌다. 그녀는 흥분을 감추지 못하며 나와 함께 내 몸매를 흉보는 작업에 들어갔다. 물론 어디까지나 내가 부추기는 한도 내에서였다. 그녀는 자신도 나만큼 못되게 굴 수 있다는 것을 보여주고 싶기라도 했는지 장난이라는 미명하에 그런 짓을 했다.

결국 내가 나 스스로에게 했던 끔찍한 말들에 비하면 다른 사람들의 말은 아마추어 수준에 불과했다. 이 자기 혐오의 기간 동안 내 마음을 가득 채웠던 말들은 다시 나열하고 싶지도 않다. 우리 모두는 스스로에게 들려주는 메시지가 있다. 그 테이프는 우리 마음 속에서 반복해서 돌아가며 우리를 약하게 하고, 우리의 삶이 지닌 신성함을 더럽히고, 우리에게 자극을 주기 위해서라는 탈을 쓰고 다가오지만 실제로 하는 일은 자기파괴뿐이다.

난 더 이상 지치고 싶지 않다. 더 이상 내 자신의 최대의 적이 되고 싶지 않다. 내가 스스로에게 난 뚱뚱하니 운동을 해야 해, 라고 말하는 것은 실제로 내가 밖에 나가 운동할 에너지를 빼앗아버린다. 내 마음은 상처를 입고, 생명력은 피를 흘리며 나는 그런 불리한 입장에서 싸워야만 한다. 시작하기도 전에 패배감을 느끼므로 끝까지 가기도 전에 포기한다.

자신을 미워해서 얻어지는 것은 아무 것도 없다. 자기혐오는 그것의 손길이 닿고, 말하고, 공격하고, 판단하는 모든 것을 파괴한다. 당신이 그러한 자기 혐오에 빠져 있을 때 당신에게 달려와 그 핑크빛 뺨에 묻은 먼지를 털어주며 "기운 내! 넌 괜찮은 사람이야!"라고 말해주는 위대한 신은 우주 어디에도 없다. 나는 언제나 그걸 바랐던 것 같다. 내 생각이 틀렸음을 신이 증명해주기를. 내가 내 스스로에게 많은 상처를 주면 신이 그것을 멈춰주기를. 터무니없는 소리로 들리겠지만 이를 인정하고 난 지금까지도 그 생각을 완전히 털어버리기란 매우 힘들다.

하지만 여러분과 함께라면 나도 할 수 있다. 자신을 미워하지 말자. 우리가 가진 것은 우리 자신뿐이다. 그 사실을 받아들이기 전에는 어떤 것도 바꿀 수 없다. 나 혼자서는 할 수 없다. 그 일을 혼자 해낼 정도로 나에 대한 사랑이 크지는 않다. 하지만 만약 우리가 협정을 맺는다면 나도 할 수 있다. 내가 지키겠다고 약속한 사항은 끝까지 지키겠다.

나는 오랫동안 내 자신을 미워하는 만행을 저질러왔고, 이제는 그 범죄자를 감옥에 처넣을 생각이다. 그만하면 충분하다.

제10장 순회 공연

1992년, 나는 LA에서 고통스런 나날을 보내고 있었고 이리저리 돌아다니며 그 비참한 삶에서 벗어나고 싶었다.

나는 자동 판매기에서 나오는 음식으로 저녁을 때우고, 북동부의 얼어붙은 도로를 달리며 멍하니 시간을 보냈고, 매일 대학생들을 상대로 공연을 했으며 스위트하트 비누와 빨간 워싱턴 사과(*워싱턴에서 재배되는 사과. 미국에서 가장 맛좋은 사과로 알려짐)로 장거리 여행자의 외로움을 달랬다.

서부 버지니아에서는 오늘밤을 KKK단의 본거지에서 보내게 될 거라고 경고하는 익명의 전화를 받은 적도 있었다. 조지아의 메이콘에서는 내가 자는 사이에 누군가 내 모텔 방 안으로 들어오려 했었다. 내가 미친 듯이 비명을 지르자 남부 촌뜨기들의 왁자지껄한 웃음소리가 나더니 불현듯 조용해졌다. 나는 방 안의 모든 가구를 문 앞으로 밀어놓고 밤새도록 아무도 받지 않는 프론트 데스크에 전화를 해댔다.

동부 펜실베이니아에서는 길을 잘못 드는 바람에 목적지에서 6

시간이나 떨어진 곳으로 가게 되었다. 공연시간을 맞추기 위해 나는 눈과 얼음이 쌓여 있는 수백 마일을 목이 부러져라 속력을 내며 되돌아가야 했다. 같은 해 겨울, 학교로 공연하러 가던 중에 눈이 3미터나 쌓인 볼티모어 공항에서 사흘을 보낸 적도 있었다. 뉴멕시코에 있는 육군사관학교였는데 내가 공연하는 도중에 사관 생도들이 무대 위로 올라와 팔굽혀펴기를 했었다. 나는 코미디를 한답시고 지옥을 오갔다.

내가 미쳐간다는 조짐이 서서히 나타나기 시작했다. 나는 옷을 갈아입지 않았고, 샤워도 거의 하지 않았다. 2주 동안이나 그런 적도 있었다. 낮에 입었던 옷을 입은 채로 자고, 지저분한 머리는 그냥 핀으로 틀어올렸다. 그런 건 중요하지 않다고 생각했다. 아무것도 중요하지 않았다. 내게 신경쓰는 사람은 아무도 없었으니까.

잠만이 내 유일한 도피처였기에 나는 계속 잠만 잤다. 지나친 수면으로 인한 두통을 느끼며 지금 여기가 어딘지 통 알 수 없는 상태로 잠에서 깨는 일에 익숙해졌다. 그렇게까지 잠을 잔 이유는 시간대를 왔다갔다하며 하루에도 시간이 늘었다 줄었다 하는 생활로 인해 부족해진 잠을 보충하기 위해서였다.

빡빡한 스케줄대로 생활하다 보니 늦잠과 비행기를 놓치는 일은 절대 용납되지 않았고, 그 결과 나는 한시도 긴장을 풀 수 없었다. 가끔은 집에서 자다가도 비행기를 놓친다는 생각에 한밤중에 벌떡 일어났다. 그리고는 항상 준비되어 있는 가방을 서둘러 가져오고, 어둠 속에서 옷을 갈아입고, 문 밖을 나선 후에야 오늘이 쉬는 날이라는 것을 깨달았다.

늘 혼자 지내는 생활의 악영향도 나타나기 시작했다. 한번은 큰맘 먹고 호텔 레스토랑에서 멋진 식사를 하기로 했다. 식당 안은 온통 촛불로 밝혀져 있었고, 낭만적인 저녁을 즐기는 연인들로 가득했다. 그 속에 혼자 앉아 주문한 요리를 기다리던 나는 심심해져서 화장 가방을 꺼내들고 눈썹을 뽑기 시작했다. 웨이터가 지나치게 익혀진 생선 요리를 테이블에 내려놓으며 경악스럽다는 눈길로 나를 바라보자 나는 수치심에 얼른 쪽집게를 치웠다. 이젠 집에 돌아갈 시간이었다.

이것은 내가 바라던 생활이 아니었다. 결국 비참해질 뿐이라면 꿈을 추구하는 것이 무슨 소용이란 말인가? 내가 원했던 건 코미디언이지 여기저기 떠돌아다니는 세일즈맨이 아니었건만 지금의 나는 영락없는 그 꼴이다. 숙소의 무료 아침 뷔페에서 마지막 남은 에고 와플(*인스턴트 와플)에나 눈독 들이는.

지금도 나는 공연을 위해 여러 곳을 여행하고 다니며 이 글도 호텔방에서 쓰고 있는 중이다. 요즘에는 호텔의 그 냄새나고 후덥지근한 '헬스클럽'에 가서 덜컹거리는 구닥다리 기계들 위에 아슬아슬하게 매달려 있느니 그냥 샤워만 한다. 하지만 그런 냄새나는 헬스장에도 감사해야 한다는 사실을 알고 있다.

내게는 그렇게 땀에 절은 자전거 기구조차 없는 숙소에서 머물던 시절이 있었다. 레크리에이션이라고 해봐야 잡초가 우거진 마른 들판을 가로질러 곧장 걸어가는 것이 고작이었다. 그 시절에는 모든 공터가 내 헬스장이었고, 얼굴을 후려치는 바람 때문에 땀이 나기보다는 피부가 텄다.

오늘 아침, 나는 공항에 갈 때까지 내가 지루하지 않도록 내부 조명등의 색깔이 5초마다 바뀌는 리무진에 올라탔다. 있지도 않는 출구를 찾아 헤매며 렌트한 선버드를 타고 이 고속도로를 달리던 시절에 비하면 엄청난 변화다. 그때 나는 다음 공연을 하기 전에 죽게 해달라고, 그저 신께서 내 목숨을 거둬달라고 기도드렸다. 너무 지쳐 있었고 더 이상은 도저히 할 자신이 없었다.

나는 공연을 계속했다. 그리고 내가 살아서 이렇게 코미디를 할 수 있다는 사실에 서서히 감사하게 되었다.

포드햄 대학에서 헤맸던 사건이 생각난다. 그곳은 내가 출발하는 뉴욕에서 그다지 멀지 않은 대학이었고 브롱스까지 가는 것은 누워서 떡먹기였다.

포드햄 대학은 싸늘한 날씨만큼이나 썰렁했고 캠퍼스 주위로 철조망이 쳐 있었다. 나는 내가 묵기로 되어 있는 호텔을 찾아 학교 근처를 둘러보았다. 근처에는 호텔이 하나도 보이지 않았기에 나는 계속 갔다.

거리는 위험해 보였지만 한낮이니까 아무 일 없을 거라고 스스로를 달랬다. 어쨌거나 나는 차 안에 있고, 나 혼자서도 얼마든지 숙소를 찾아낼 수 있으리라 생각했다. 한참을 찾아 헤맨 끝에 마침내 나는 길가의 모텔 옆에 차를 세웠다. 겉에서 보기에는 멀쩡한 건물이었으므로 나는 주차시킨 다음 지배인에게 당시로서는 큰 돈이었던 70달러를 지불하고 방 열쇠를 받았다. 나는 금세라도 무너질 것 같은 계단을 올라가 내 방으로 들어갔다. 고맙게도 문은 너무나 쉽게 열렸다. 썩어빠진 문짝에 달린 자물쇠는 떨어지기 일보 직전이었다. 온통 스프레이로 낙서가 되어 있는 방을 보자 가슴이 철렁 내려앉았다.

나는 내 자신을 논리적으로 납득시키려고 애쓰며 잠시 마음을 가라앉혔다. 그러자 오늘밤에 겪게 될 일이 마치 무서운 영화의 예고편처럼 내 머릿속에서 재빨리 돌아갔다. 총소리를 들으며 침대에 누워 제발 총에 맞지 않게 해달라고 기도하는 내 모습이 보였다. 그리고는 부서진 창문 너머로 떠오르는 태양을 바라보겠지. 물론 그것도 살아남았을 때의 얘기지만. 불현듯 이런 생각이 떠올랐다.

"이봐, 그게 내가 원했던 거잖아. 난 이렇게 죽기로 되어 있었다구!"

내가 가방을 끌고 사무실로 내려가자 지배인은 금방 내 돈을 돌려주었다. 그는 돈을 현금 계산기에 집어넣지도 않고 있었다. 내가 돌아오리라는 것을 알고 있었던 것이다. 나는 계속 차를 몰았지만 도로 양옆으로 아무것도 보이지 않았다. 나는 화장실에 가야 했다. 잠시라도 쉬어야 했다. 차를 세우고 생각을 정리할 곳이 필요했다. 그것도 공연을 하기 전에.

이번 공연을 예약한 에이전트에서는 내게 고속도로 바로 옆에 있는 홀리데이 인에 묵으라고만 얘기했었다. 나는 몇 시간이고 도로를 오르락내리락 하며 호텔을 찾고 또 찾아보았지만 그 친근한 초록색 간판은 어디에도 없었다. 마침내 도로변에 꽤 고상하고 깨끗해 보이는 모텔이 나타났다. 이 행운에 감사하며 나는 고속도로를 벗어나 주차장으로 들어갔다.

이곳의 사무실도 방탄 유리로 되어 있었지만 나는 여전히 희망을 버리지 않았다. 무엇보다 배가 고파 죽을 지경이었다. 대학생들 앞에서 공연하기 전에 깨끗한 침대에서 좀 자고, 룸서비스도 받아야 했다. 드디어 그럴 만한 곳을 찾아낸 것 같았다.

사무실의 직원은 체구가 거대한 남자로 그 흘러내리는 살덩어리를 유리창에 바싹 눌러대고 있었다. 그 살덩어리들은 꼭 수족관의 문어 같았다. 오직 깨끗한 방을 얻고자 하는 일념에 나는 유리문을 두들겨대고 싶은 충동도 꾹 참았다.

문어 선생은 나를 쳐다보기도 전에 선금으로 70불을 내라고 했다. 그에게서 열쇠를 건네받고 나는 희망에 가득 차 행복한 걸음걸이로 계단을 올라갔다. 내가 두번째 실수를 저지르게 되리라고는 꿈에도 모른 채. 어째서 또다시 이상한 숙소일지도 모른다는 생각을 하지 않았을까? 무엇 때문에 그토록 자신만만하게 방문을 열었을까?

방 안은 조명이 하나밖에 없어 어두컴컴했다. 창녀촌이나 스트립쇼 클럽에서 청소할 때 사용하는 이상한 암모니아 냄새가 코를 찔렀다. 체리 암모니아 냄새가 어찌나 지독한지 술집에서 나는 온갖 술냄새 같기도 했다. 이것을 초음제로 사용하는 사람도 있는지 의심스러웠다. 내게 그 냄새는 죽은 창녀들과 살해당한 남자 고객들의 귀신이 나오는 짧은 환영을 불러일으켰다. 아울러 저 포르노 냄새가 내 허파와 옷에 스며들어 여행 내내, 아니 평생토록 내 몸에서 날지도 모른다는 생각과 함께.

이전 모텔에서의 경험에 용기를 얻어 나는 쿵쾅거리는 걸음으로 계단을 내려가 돈을 돌려달라고 요구했다. 문어 선생은 환불이 안 된다고 소리치더니 결국은 그 여덟 개의 팔 중에 하나를 들어 내 면전에 35달러를 던졌다.

나는 차로 돌아가 잠시 울었다. 모든 것이 절망적이었다. 곧 학교로 돌아가야만 했다. 이제 공연이 시작될 시간이다. 오늘밤에 벌써 돈을 절반이나 잃었다. 나는 쉴 곳도 없고, 지치고, 배가 고팠다. 이제는 학교로 돌아가 공연을 하며 학생들의 자비를 바라는 수밖에 없었다. 학교에 도착해 나는 학생들에게 내 사정을 설명했다. 그들은 거듭 미안하다고 말했지만 나로서는 내 고통의 절반도 표현할 길이 없었다. '미안하다'는 말로는 부족했다. 호텔이나 모텔

차원에서의 보상이 필요했다. 내게 변상을 하고 별 다섯 개짜리 호텔에 데려다줘야 한다. 룸서비스로 은접시에 달콤한 디저트를 가득 담아 내오고, 완두콩 하나 박혀 있지 않은 푹신한 매트리스 더미 위에서 스르르 잠들어야 한다. 하지만 그들이 내게 줄 수 있는 것은 홀리데이 인으로 가는 정확한 약도뿐이었다. 어쩌면 내가 무사히 도착하는 것을 확인하기 위한 호위단을 보내줄지도 모르지.

태평스럽게 과일 칵테일이나 홀짝이는, 다섯 명 안쪽의 지루한 학생들을 앞에 두고 카페에서 공연하는 일 역시 즐거운 경험은 아니다. 하지만 이것은 최소한 내게 익숙한 지옥이라는 사실이 그나마 위안이었다. 쇼가 끝나고 홀리데이 인 약도를 손에 쥔 채, 나는 교정을 나섰다. 호위단은 나타나지 않았다. 하루 종일 고속도로를 헤매고 다녔으니 이번에는 꼭 찾을 수 있으리라 확신했다. 더 이상 숙소를 찾아 헤매지 않아도 된다는 짜릿하면서도 달콤한 생각에 너무 흥분한 나머지 나는 고속도로 진입로를 찾지 못했다.

막다른 길에서 차를 돌리자 불꽃이 너울대는 쓰레기통과 그 주위에 몰려 있는 노숙자 무리들이 보였다. 나도 그들과 같은 부류라는 생각이 들었다. 내가 교차로에서 차를 세운다면 저들은 비닐봉지를 주렁주렁 이끌며 내 곁에 몰려들어 너도 우리랑 같은 족속이라고 외쳐댈 것이다. 오늘이 어쩌면 지구상에서 보내는 내 마지막 밤이 될지도 모른다는 우울한 생각이 들었다.

다행히 끔찍한 쇼에 대한 유예 기간은 짧았고, 그렇게 죽고 싶지도 않았으므로 나는 살기로 결심했다. 나는 어떻게든 살아서 도로변에 세워진 그 친근한 간판을 보아야만 했다. 어떻게든 살아서, 낙서도, 요상한 냄새도 나지 않는 방의 깨끗한 시트 위에서 자야만 했다. 그것은 내 권리였다.

그러한 희망에 힘입어 나는 무사히 고속도로에 진입했다. 아까 왔다가 포기하고 차를 돌린 바로 그 출구 너머에 홀리데이 인 호텔이 있었다. 이렇게 가까이 왔다가 그만 그렇게 멀리까지 가버린 것이다. 도어맨에게 키스라도 퍼붓고 싶은 충동을 간신히 누른 채, 식당이 문 닫기 십 분 전에 살점이 두툼한 송아지 고기를 룸서비스로 주문했다.

그날 밤, 깨끗한 시트 안으로 미끄러져 들어가며 나는 이전에는 결코 몰랐던 깊은 행복을 느꼈다. 공연을 갈 때마다 이런 사건이 꼭 일어나기 마련임에도 내가 순회 공연을 포기하지 않는 이유는 이 때문일 것이다. 고생할 만한 가치가 있었다. 하지만 당시에는 그저 이 생활을 청산하고픈 마음뿐이었다.

또 다른 최악의 상황은 인디애나 주 한복판에 있던 주유소 겸 레스토랑에 갔을 때 벌어졌다. 며칠 동안 나는 공연할 때 외에는 어느 누구와도 이야기를 해본 적이 없었다. 영하 6도의 추운 날씨였는데 나는 얼어죽을 것 같으니 담요 좀 더 달라고 했다가 모텔에서 쫓겨난 참이었다.

모텔의 정신나간 지배인이 내가 범죄자를 숨겨주고 있다고 우기는 것이다. 그날은 내 23살 생일이었기에 나는 그 주유소 겸 레스토랑에서 내 생일을 축하하기로 마음먹었다. 내가 커다란 표범 가죽 코트에 재키 선글라스를 끼고 카운터에 앉아 묽은 칠리 요리를 먹자 식당 안의 모든 농부들이 나를 바라보았다. 어리석게도 나는 태연하게 W 잡지를 읽는 척하며 내 민망함을 감춰보려 했지만 그 큼지막한 잡지가 오히려 농부들의 이목을 더 끄는 꼴이 되고 말았다. 하필이면 세상 모든 사람들이 즐겁게 지낸다는 내용의 사회면을 읽게 된 것도 맥빠지는 일이었다. 나로 말하자면 이곳 중서부에

온 이후로 즐거운 시간이란 단 5분도 가져본 적이 없는데 말이다.
 더 이상 버틸 힘이 없었다. 이것은 내가 원했던 생활이 아니다. 나는 외롭고, 지쳤으며 내 직업에 환멸을 느꼈다. 이렇게 떠돌아다니는 일에서 아무런 즐거움도 찾을 수 없었다. 하지만 집에 돌아와 오디션을 보고 캐스팅 감독들을 만나고 다니는 일은 훨씬 더 끔찍했다. 기대할 일이 아무것도 없는 인생이란 너무 비참했다. 내게 남은 선택은 오직 불행뿐이었다.
 그때 기적적인 일이 일어났다.
 운이 좋게도 훌륭한 에이전트를 만나게 된 것이다. 그녀는 여러 대학의 공연을 따왔을 뿐 아니라 나를 방송계로 이끌어주었다.
 쉬운 일은 하나도 없다. 에이전트를 구하러 다니는 일은 악몽 그 자체였다. 내가 만났던 한 남자는 동양 사람은 이쪽 바닥에서 절대로 성공하지 못하기 때문에 내 일을 봐줄 수 없다고 했다. 자신도 전에 중국인과 함께 일한 적이 있었지만 그때 실패가 너무나 치명적이었기에 다시는 그런 실수를 하지 않겠노라고 맹세했다나.
 후에 그는 내 시트콤에 출연중이던 한 여배우의 에이전트 일을 맡았고, 녹화가 있던 날마다 세트장에 찾아오곤 했다. 나는 그 사람의 바로 곁에 서 있었지만 그는 내게 눈길 한번 주지 않았다. 나야 물론 그를 어찌나 무섭게 노려보았던지 그가 불타버리지 않은 것이 놀라울 따름이었다.
 그런 불쾌한 퇴짜를 여러 번 경험한 후에 카렌을 만나게 된 것은 마치 꿈이 이루어진 것 같았다. 에이전트는 일자리를 얻어다주고, 매니저는 경력을 이끌어주는 사람이다. 내게는 이미 돈벌이가 전혀 안 되는 공연을 계약하고 다니는 매니저가 있었다. 내 에이전트가 된 카렌은 내게 더 크고 좋은 공연을 따왔으며 점점 매니저로서의 역할에도 손을 뻗치기 시작해 기존의 내 매니저인 애니의 원성을 샀다.

카렌은 내게 엄청난 재능이 있다고 했으며 앞길이 탄탄대로라고 했다. 그녀는 이 계통의 일을 잘 파악하고 있었고, 그녀의 수완 덕택에 사람들은 나에 대해 듣게 되었고 나를 만나고 싶어했다. 우리는 LA에서 시범 공연을 가졌고, 거기서 나는 여러 방송국 간부들 앞에서 공연했다. 카렌은 내가 지금껏 여행하며 해왔던 공연들이 나를 위대한 코미디언으로 만들 것이며 내 성공은 따놓은 당상이라고 말했다.

나는 카렌이 의심쩍었다. 누군가 내 재능에 저토록 관심을 기울인다는 사실을 믿을 수 없었다. 카렌이 내가 재미있고 똑똑하며, 훗날 스타가 될 거라고 말했을 때 나는 그녀가 거짓말을 한다고 생각했다. 관중들도 날 미워했고, 캐스팅 감독들도 날 미워했고, 무엇보다도 내 자신이 날 미워했다. 그런데 왜 카렌만 저렇게 다르단 말인가?

카렌이 옳았다. 우리의 시범 공연을 보고 거물급 스튜디오들간에 입찰 경쟁이 붙었다. 나는 계약을 하게 됐다. 그것도 아주 큰 계약을. 카렌이 아니었다면 나는 분명 지금까지도 여러 군데 오디션을 보러 다니거나 순회 공연을 하며 괴로워했을 것이다.

최종 계약을 맺기 바로 직전에 애니가 내게 다른 계획을 제안했다. 애니는 카렌과 내가 대부분의 일을 함께 진행하게 된 후로 카렌이 날 조종해 자신을 쫓아내지나 않을까 걱정하고 있었다. 애니는 마리화나를 너무 많이 피워대는 바람에 편집증적 성향이 있었다. 당시에는 나도 그녀 못지 않은 중독자였기에 결국 어처구니없는 일에 말려들고 말았다.

애니는 내게 카렌 몰래 거물급 에이전시와 한번 만나보라고 했다. 애니는 카렌의 부하 직원 중 한 사람과 동거하며 마리화나를 피워대고 있었으므로 이것은 이중으로 배신하는 행위였다.

나는 카렌을 무척 좋아했기에 이런 식으로 그녀를 배신하는 것이 좋을 리 없었다. 하지만 이제는 더 이상 누구를 믿어야 할지 알 수가 없었다. 좋은 계약을 맺는 것만이 제일 중요했다. 게다가 나 스스로 나에 대한 확신이 하나도 없는 상황에서 카렌이 저토록 나를 믿고 있다는 사실이 내게 큰 부담이 되었다. 그녀가 나를 칭찬하면 칭찬할수록 나는 사기꾼이 되는 기분이었다.

거물급 에이전시와의 만남은 실패로 끝나고 말았다. 그들은 관심을 보이기는 했지만 나와 카렌이 함께 협상했을 때처럼 쉽사리 뛰어들지 않았다.

애니는 이번 일에서 손을 떼었고, 우리는 결국 카렌에게 덜미가 잡혀버렸다. 하지만 카렌에게는 다른 계획이 있었다. 내가 뉴욕의 코미디 센트럴에서 공연하고 있을 때, 카렌은 한 잘 나가는 매니지먼트 회사의 새 매니저인 그리어를 내게 보냈다. 카렌은 내가 그를 마음에 들어하리라는 것을 알고 있었다.

그리어는 내게 애니와 헤어지고 자신과 계약을 맺자고 했다. 카렌이 계속 내 에이전트 일을 맡고 그렇게 셋이서 힘을 합치면 무서울 게 없을 거라고 했다. 그는 그리니치 빌리지의 한 멋진 레스토랑에 날 데려갔는데 그곳은 최근에 마돈나가 모습을 나타낸 식당이기도 했다. 우리는 밤늦게까지 장차 내가 어디에 가서 무슨 공연을 할지에 대해 이야기를 나눴다. 그는 날 유혹했다. 성적인 유혹이 아니라 감정적인 친밀함을 느끼도록 유혹했다는 의미다. 나는 그가 빛나는 갑옷을 입고 내 매니저가 되어 모든 난관에서 날 구해주리라는 안도감을 느꼈다.

이것은 카렌의 기막힌 수(手)였다. 그녀는 자신이 내게 했던 칭찬을 남자가 한다면 훨씬 잘 먹히리라는 것을 분명 알고 있었다. 자신이 성차별주의자라는 것을 인정하기란 끔찍한 일이다. 그렇게 되면 적은 눈앞에 있는 사람이 아니라 바로 나 자신이기 때문이다. 내가 카렌이 베풀었던 사랑과 지지를 받을 자격이 없다고 생각했던 것은 그녀가 여자였기 때문이다. 그래서 그녀의 말을 믿지 않았던 것이다. 나는 여자란 남자 없이도 일할 수 있지만 정말로 중요한 일은 그들과 함께 해야만 한다는 생각을 갖고 살아왔다. 실제로는 카렌이 모든 일을 다했음에도 그녀는 나로 하여금 그런 성과를 거둔 것이 모두 그리어의 공으로 믿게 만들어야만 했다.

나는 집단 상담치료를 받고 있던 애니에게 전화해 그녀를 해고했다. 그녀는 울음을 터뜨리며 마침 이 시간에 전화해 이번 일을 "집단 사람들과 공유할 수 있게" 해주어 고맙다고 했다.

나는 그리어와 함께 LA로 돌아갔다. 그는 나를 위해 대단한 일들을 해내는 것처럼 보였지만 실제로 중요한 결정은 모두 카렌에 의해 내려졌다.

큰 방송사와의 계약이 체결되었고, 마침내 내 인생은 상승 곡선을 타기 시작하는 듯했다.

제11장 기적?

TV 계약으로 인해 나는 엄청나게 많은 사람들 앞에 나서게 되었다.

더 이상 오르지 못할 나무를 향해 올라가려고 애쓴다는 느낌은 들지 않았다.

방송에 대한 실제적인 계획이 아무것도 없는 상황에서도, 나는 내가 사교계의 유명 인사가 되리라고 생각했다. 여러 방송사를 오가며 6자리 숫자의 개런티가 명시된 계약서가 쌓여가고, 일인자가 되지는 못하더라도 영원한 이인자는 되리라고 생각했다. 그리어는 이번에 실패한다 해도 계속해서 도전하고, 또 도전할 것이므로 우리에게 실패는 없다고, 두려워할 이유는 아무것도 없다고 날 확신시켰다. 하지만 그의 말은 전부 엉터리였다. 그가 원했던 건 그저 커미션으로 돈을 두둑이 챙기는 것뿐이었다. 내 경력은 그에게 조금도 중요하지 않았다. 카렌과 달리 그는 처음부터 내 경력 따위는 염두에 두지도 않았다. 그저 날 기분좋게 하는 말만 하면 그만이었다. 쇼가 실패하면 언제든 날 차버릴 수 있고, 성공하면 그걸로 돈방석에 앉는다는 것을 알고 있었기 때문이다.

그와 전화로 이야기할 때 나는 그를 '아빠'라고 불렀다. 나 역시 그를 이용하고 있었다.

내가 ABC를 선택했던 건 〈별들의 전쟁〉, 〈미녀 삼총사〉, 〈사랑의 유람선〉, 〈환상의 섬〉과 같은 역사적 프로들 때문이었다. ABC는 내 어린 시절을 지배했던 채널이다. TV는 내 성장과정에 매우 중대한 영향을 미쳤다. 유년시절의 기억 중 하나는 어느 날 내가 백인이 아니라는 사실을, 그래서 TV에 나오는 사람들과 다르다는 사실을 깨닫게 된 것이다. 나는 거울을 바라보며 처음으로 그 거울에 비친 사람이 나라는 것을 깨달았다. 새카만 머리에 작고 검은 눈동자를 가진 이 이상한 아이가 누구지? 왜 나는 신디 브래디처럼 생기지 않은 거지? 나는 늘 나 자신을 신디 브래디라고 생각했었다. 어째서 내 머리는 말끔하게 양 갈래로 땋은 금발이 아닌 거지? 어째서 나처럼 생긴 사람들은 TV에서 전부 외국인이거나 노인, 점쟁이, 하인, 군인인 거지? 나처럼 생긴 사람들은 크면 모두 그렇게 되어야 하는 건가? 고대 중국의 비밀이란 게 대체 뭐야?

그것은 정말로 놀라운 일이었다. 백인이 되고 싶다는 바람과 어떻게든 내 상황을 바로잡아야 한다는 생각은 아무래도 평생 떨쳐내지 못할 것 같다.

ABC 방송사의 간부들과 대대적인 미팅이 있었다. 나는 회의실 창문 너머로 황혼녘의 LA를 바라보았다. 태평양 표준 시각으로 오후 6시, 스모그가 가득 낀 그 시간의 대도시 위 핑크색 구름 사이로 오렌지빛 햇살이 언뜻언뜻 비쳤다.

회의실에 있던 많은 사람들은 다정하게 날 껴안으며 내 뺨에 키스했다. 하나같이 전혀 모르는 사람들이었다. 그토록 많은 사람들의 관심의 대상이 된다는 것은 피곤한 일이었다. 간부들이 이 시트

제11장 기적? 145

콤을 최고의 인기 프로로 만들기 위해 적당한 작가니 배우니 기타 등등의 사람들을 찾아야 한다고 웅성대는 동안 나는 우두커니 앉아 있었다. 내 머리 속에는 오로지 집에 갈 때 길이 얼마나 막힐까 하는 생각뿐이었다. 내 기분은 한마디로 "대체 왜 이런 이야기를 해야 해? 할 말이 뭐가 있어? 그냥 하면 되는 거지."였다. 이렇게 둘러앉아 탁상공론만 하는 것은 사람들을 웃기는데 전혀 도움이 되지 않는다. 전장에 뛰어들어 직접 부딪히는 수밖에 없다.

게다가 간부들은 이제껏 내가 만난 사람들 중에서 가장 재미없고 위압적인 사람들이었다. 관객으로 치자면 웃지 않고 움찔거리기만 하는 부류였다. 코미디 이야기를 하고 있음에도 불구하고 회의 도중 한 번도 웃지 않았다. 나는 이 사람들 모두가 마음에 들지 않았다. 별로 좋은 사람들 같지 않았다.

하지만 그들은 내게 프로를 맡기고 싶어했다. 동양계 미국인 가정을 중심으로 한 시트콤이었는데 내가 주인공을 맡아주기를 바랐다. 그들은 내 연기가 훌륭하다고 했으며 이 시트콤이 크게 히트할 거라고 했다. 솔직히 말해서 나는 신동 대접을 받는 기분이었다. 어린 시절의 달라이 라마처럼 말이다. 이것은 내가 평생동안 기다려왔던 기적이었다. 나는 내 자신을 싫어하지만 이 시트콤이 그것을 바꿔줄 거라고 생각했다. 수백만 명의 사람들이 날 사랑하는데 어찌 내가 나 자신을 계속 미워할 수 있겠는가? 어쩌면 나는 행복해질지도 모른다. 이번 일이 날 행복하게 해줄지 모른다. 내가 백인에 키가 크고, 날씬하고, 금발에, 끝내주는 미인이나 남자가 아니라도 괜찮을지 모른다. 내 차례가 온 것인지도 모른다. 나로 인해 동양인들이 TV에 출연할 기회가 많아질지도 모른다. 어쩌면 내가 정말로 그 첫 사례가 될지도 모른다.

나는 더 이상 관심의 초점이 되는 일에 싫증내지 않고 기운을 차렸다. 집에 가는 길이 막힐지도 모르지만 그게 무슨 상관이람? 나는 그 잘난 슈퍼스타가 되실 몸인데.

방송 계약을 맺게 됨으로써 나는 내 인생이 구제되었다고 생각했다. 나는 대가 그 이상을 치렀다. 날 지치고 맥빠지게 했던 그 끝없는 순회 공연, 다 죽어가는 얼굴로 집에 돌아오는 일, 번번이 떨어지는 오디션, 그 모든 것들과 이제 안녕이다. 내 앞에 펼쳐진 미래가 너무 눈부셔 선글라스라도 껴야 할 지경이었다.

드디어 계약이 체결되자 일은 일사천리로 진행되었다. 나는 홍보 담당자의 호위를 받으며 무수한 사진 촬영과 인터뷰에 응했다. 폭신한 새 리복 운동화에 자신들이 대본을 썼던 TV 드라마의 로고가 박힌 야구 점퍼를 입은 방송 작가들과도 인사를 나눴다. 〈인생은 흐른다〉의 작가와 〈날개〉의 작가는 공동으로 일했다. 누가 뭘 썼는지는 구별이 안 가지만.

나는 메이플 드라이브나 다른 값비싼 레스토랑에서 그들을 만나고 다녔다. 그들은 내 연기가 훌륭하며 자신들도 좋은 작품을 써보고 싶다고 했다. 그들은 예전에 알고 지내던 한국인 여자친구/친구/조카/손톱 손질사/섹스 상대에 대해 이야기 했다. 그들은 내가 한국인 출신이라는 것을 알고 있었다. 아마도 내 매니지먼트 회사에 전화해봤을 것이다. 그들은 모두 그리어와 학교/라켓볼장/라스베가스/홍등가를 같이 다닌 친구들이었다. 그들은 나, 방송국, 스튜디오와 동침하고 싶어했다. 그리하여 돈방석에 앉을 때까지 셋이서 계속 뒹굴어보자는 것이다.

매일 미소와 장시간의 포옹, 고급 머핀이 가득 담긴 바구니로 날 맞아주는 그리어가 내게 게리를 소개시켜 주었다.

"방금까지 〈엠프티 네스트(Empty Nest)〉를 쓰던 작가야. 끝내준다구!"

그리어는 말했다.

나로서는 작가가 누구든 상관없었다. 난 그저 옛날의 생활로 돌아가지 않으면 그만이었다.

게리는 정말 좋은 사람으로 때묻지 않은 매력이 있었다. 그는 행실이 너저분하고 시가 골초인 방송계의 여느 작가들하고는 달랐으며 초강력 말라깽이에 식욕부전증 환자였다.

"전 매일 새벽 4시에 일어나 밤 10시까지 글만 씁니다."

그가 사뭇 비장한 어조로 말했기에 나는 그의 말을 믿지 않을 수 없었다. 그의 청바지 사이즈는 기껏해야 24정도일 것 같았다.

그는 비버리힐즈의 최신식 레스토랑이 아닌 싸구려 식당차로 날 데려갔다. 그리고는 드레싱이 한쪽에 따로 나오는 하우스 샐러드를 주문한 다음 먹는 작업에 들어갔다. 정말이지 그는 먹어보려고 열심히 노력했다.

지나가던 웨이트리스가 그의 커피를 리필하기 전에 "더 뜨겁게 해드릴까요?"하고 물었다. 그러자 게리는 마치 미친 사람처럼 낄낄거리기 시작하더니 그 웃음은 기침으로 변했고, 마침내 크게 헛기침을 한번 하고 연신 코를 풀어댄 후에야 멈추었다.

게리의 글이 재미없는 것은 그의 탓이 아니다. 그가 나에 대한 정보를 끌어내려고 했을 때 나는 무슨 말을 해야 좋을지 몰랐다. 나는 정말로 내가 누구인지도 몰랐다. 나는 그저 마음 속에 떠오르는 대로, 이것저것 꾸며서 대답했고, 그 중 어느 것도 작품의 소재가 될 만한 것이 없었다.

그는 보수적인 한국인 가정에서 반항기 많은 딸이 성장하면서 겪는 애환을 유쾌하게 이야기했던 내 5분짜리 스탠드업 공연을 바탕으로 파일럿(*제작 스폰서를 따내기 위한 견본 필름)의 대본을 썼다. 나는 그에게 진실을 들려주지 않았다. 아버지가 나를 꼴도 보기 싫어해서 스무살 때 부모님집의 지하실에서 살았다는 사실, 집안에는 한발짝도 들여놓을 수 없었기 때문에 악동 로날드처럼 계단 아래의 문틈 사이로 우리 가족들을 엿보아야만 했다는 사실, 백수 생활을 하면서 각성제 중독 습관을 끊기 위해 제초제 냄새가 나는 마리화나를 푸대째 쌓아놓고 피워댔으며 한번에 6시간씩 〈닉 앳 나이트〉를 봤다는 사실을. 솔직히 말했다가는 그게 시트콤의 내용이 되어야 할 판이었다.

우리의 작품은 프라임 타임, 즉 8시대에 방송되는 가족 시트콤이었다. TV 사상 처음으로 동양계 미국인 가정을 다루는 프로였기에 우리는 많은 고민을 해야 했다. 우리 자신의 모습을 어떻게 그려나가야 할까? 나로서는 '건전'이란 것이 무슨 뜻인지도 잘 모르지만 어쨌건 이 시트콤은 건전해야만 했다. 평생동안 '건전' 근처에는 가본 적도 없었지만 말이다.

나는 그저 그들이 하라는 대로 했다. 그들 모두는 무슨 일을 해야 할지 알고 있으리라고 생각했다.

그렇다. 그들 모두는 무슨 일을 해야 할지 알고 있으리라고 생각한 것이다!

스튜디오에서 스크린 테스트가 있던 날, 나는 미니스커트에 배꼽티 그리고 긴 조끼를 입었다. 아주 멋졌다. 내게는 역시 성공이 어울린다고 생각했다.

무대 감독과 카메라맨들은 무척 친절했다. 카메라가 돌아가는 동안 나는 세트장에서 계속 앞뒤로 왔다갔다하기를 반복했다. 하루 종일 촬영을 마치고 집에 돌아왔을 때는 열심히 일하고 돌아온 배우가 된 느낌이었다.

그리고는 제작자로부터 가공할만한 전화 한 통을 받게 되었다. 제작자의 이름은 게일이었는데 나는 그녀를 정말로 좋아하고 신뢰했다. 게일은 나와 몰래 담배피기를 좋아했다. 그리어가 아빠라면 게일은 엄마였다. 그녀는 우리 시트콤의 제작을 맡은 제작사의 사장으로 남자들의 세계에서도 매우 강력한 존재였다. 나는 이 사실에 큰 감명을 받았다. 미팅이 끝날 때마다 그녀는 자신의 단단한 팔로 나를 꼭 안아주었다. 그러면 내 모든 두려움과 나 자신에 대한 불안, 심지어는 자기 혐오까지도 모두 녹아내렸다.

그러나 그날 걸려온 전화 속의 목소리는 내가 알던 다정하고 따뜻한 게일이 아니었다. 완전히 사무적인 어조였다.

"문제가 생겼어…… 그냥 넘어갈 수 없는 문제야…… 방송국에서 마가렛한테 문제가 있대. 마가렛의 그 보름달 같은 얼굴이 걱정이라는 거야. 살을 빼야만 하겠어. 무슨 방법을 쓰든 상관없어. 파일럿 촬영까지는 아직 2주나 남았으니까. 정말 유감이지만 어떻게 돌려 말할 길이 없네. 더군다나 나로서는 이런 말 하고 싶은 마음이 추호도 없어. 나도 뚱뚱하니까 이런 말을 할 자격이 없지. 하지만 이건 마가렛을 위해서야. 마가렛의 미래를 위해서. 이번 시트콤을 계속 하고 싶다면, 스타가 되고 싶다면 살을 빼야만 해. 우리가 할 수 있는 일은 뭐든지 다 할게. 다음주에 또 다른 카메라 테스트가 있어. 방송국에는 그때까지 살을 뺄 거라고 말했어. 그리고 제발, 제발, 제발이지 그런 배꼽티는 삼가해줘!"

'제발'은 한 번만으로도 충분했을 텐데.

내 얼굴에 문제가 있다는 말을 듣고도 어떻게 계속 일을 할 수 있단 말인가?

"방송국에서 마가렛한테 문제가 있대. 마가렛의 그 보름달 같은 얼굴이 걱정이라는 거야."

나는 죽을 때까지 그 말을 잊지 못하리라. 게일 자신도 내게 그런 말을 하고 싶지는 않았을 것이다. 나는 그것이 방송국 간부들이 시킨 일이라는 것을 알고 있다. 왜냐하면 당시 나와 가장 가까운 사람이 게일이었고, 여자인 데다가, 그녀 역시 뚱뚱했기 때문이다.

"……더군다나 나로서는 이런 말 하고 싶은 마음이 추호도 없어……"

게일은 그저 맡은 일을 했을 뿐이고, 나 역시 그 일로 그녀에게 앙심을 품고 있지는 않다. 하지만 아무리 그렇다고 해도 '보름달 같은 얼굴'은 전혀 완곡 어법이 아니다. 어느 모로 보나 돌려 말했다거나 재치있는 표현이 아니다. 가장 속상했던 것은 그것이 내가 감출 수 있는 신체의 어느 한 부분이 아니라는 사실이었다. 얼굴을 작게 하는 거들이나 축소기는 없지 않은가. 얼굴은 바로 나 그 자체다. 평생 얼굴을 가린 채 살고 싶다는 생각이 들었다.

나는 너무도 큰 충격을 받았기에 어떻게 해서든 그 충격을 줄여 보려고 했다. 이성적으로 생각하려 했다. 예를 들어, "지금은 중요한 시기야. 그 사람들은 모두 신사들이라구. 난 이 일을 받아들일 수 있어."라고. 하지만 절대 그렇지 못했다.

내 얼굴. 내 얼굴. 우리는 늘 이런 말을 들으며 산다. '얼굴이 인생을 결정한다.' '천 대의 배를 진수시키는 것도 얼굴에 달렸다.' '사과 같은 내 얼굴, 예쁘기도 하지요.' 내가 살이 더 쪘을 때에도 사람들은 최소한 이렇게 말했다. "그래도 넌 얼굴이 예쁘잖아." 하

제11장 기적? 151

지만 이젠 그것마저 아니었다.

스크린 속에 간신히 들어가는 이 거대한 얼굴을 세상에 내보내기 위해 카메라가 나를 향한다면 나는 비명을 지르며 녹화장을 뛰쳐나가고 싶을 것이다. 마치 코끼리 인간이 된 기분이었다.

내가 이 세상에 거대하고 기괴한 내 얼굴을 선사하리라는 것은 결코 피할 수 없는 현실이었다. 왜냐하면 얼굴은 바로 나 자신이기 때문이다.

고통은 깊어만 갔다. 나는 내 얼굴을 벗겨버리고 싶었다. 최소한 해골은 작을 테지. 해골은 얼굴보다 조그마하니까. 거울을 볼 때마다 내 자신에게 화가 치밀었다. 내 얼굴은 왜 이렇게 면적을 많이 차지하는 거지? 거울 속의 저 모습을 죽여버리고 싶었다! 나는 녹초가 되도록 운동하고, 땀을 비오듯 흘리고, 조금이라도 작아졌는지 볼과 턱을 만져보고, 허기지고, 지치고, 방송국 사람들을 기쁘게 하기 위해 무던히도 노력했다. 그들이 한 일이라고는 내게 나 자신을, 내 얼굴을 없애 버리고 싶다는 마음이 들게 한 것뿐인데. 그러나 당시의 나는 이것이 그들의 잘못이 아니라 내 잘못이라고 생각했다. 그렇게 생각하도록 내버려두었다. 내 감정에 대해 어떻게 손쓸 도리가 없었다는 것을 나는 알고 있다. 내 자신을 그토록 상처입힌 것에 대해 이제 와서 사과할 수도 없다. 사과를 받아야 할 대상이 있다면 그건 오직 내 얼굴뿐이다.

나는 이제 내 얼굴에게 사과하고 싶다. 그토록 구박받으며 오직 예뻐지기만을 바라고, 사람들로부터 호감과 때로는 사랑까지도 받기를 원했던 그 가엾은 얼굴에게. 결단코 세상에 아무런 해도 끼치지 않았으며 오히려 많은 사람을 웃게 만든 그 가엾은 얼굴에게.

밤새 들이부은 보드카로 인해 벌겋게 달아오르고, 약 기운에 취해 더 이상 눈에 들어오지도, 보지 않아도 되었던 그 가엾은 얼굴. 너무 크고, 못생기고, 문제 투성이고, 거대하고, 끔찍하고, 지금과 다른 모습이 되어야 한다고 생각했기에 감히 사람들이 보도록 고개를 들 수 없었던 그 가엾은 얼굴.

계속 그렇게 생각한 나머지 내게 그것은 너무도 당연시되었다. 그보다 더 상처를 줄 수는 없었으며 나는 그 감정에 익숙해졌다.

세월이 흐른 뒤, 누군가 내 사진을 찍었고 나는 그것을 보게 되었다. 정말로 자세히 바라보았다. 그렇다. 내 얼굴은 컸다. 하지만 아름답다는 생각이 들었다. 정교하게 구부러진 채 치켜올라간 눈썹은 마치 30년대 은막의 여신들처럼 호기심이 왕성하고 섹시해 보였다. 석고처럼 하얀 피부는 광택이 나고, 또렷한 입매는 수줍은 듯 웃고 있었다.

하트 모양의 얼굴은 그 모든 박해를 견뎌내고 여전히 사랑으로 빛나고 있었다. 이제서야 나는 그 얼굴을 사랑하는 법을 알게 되었다. 인간들은 자기 혐오적 성향이 강하기 때문에 자긍심을 획득하는 전쟁에서 승리를 거두기란 쉬운 일이 아니다. 하지만 이 전쟁에서 이기는 것만이 우리가 살 길이다.

게일과의 전화 통화가 끝나자마자 내 에이전트인 카렌으로부터 전화가 왔다. 그녀는 머리끝까지 화가 난 상태였고 내게 당장 그 프로에서 빠지라고 했다.

"모르겠어요? 그 사람들은 마가렛의 진가를 모르고 있다구요. 마가렛은 지금 큰 실수를 저지르고 있어요. 어떻게 당신한테 살을 빼라는 말을 할 수가 있죠? 그럴 수는 없는 거예요! 마가렛, 절대 그냥 넘어가지 마세요! 이건 옳지 못해요. 만약 그 사람들이 당신을 그런 식으로밖에 생각하지 못한다면 이 프로는 제대로 될 리가 없어요!"

나로서는 한 가지 길밖에 없었다. 나는 카렌을 해고했다. 다시 오디션이나 보러 다니며 살긴 싫었다. 다시 순회공연을 하러 다니긴 싫었다. 카렌은 모른다. 아무도 모른다. 내가 살을 빼기만 하면 만사가 좋아지는 것이다. 나는 카렌이 내 앞길을 막는다고 생각했지만 그것은 사실이 아니었다. 내 앞길을 막는 건 바로 나였다.

나는 윌리엄 모리스(*미국의 3대 영상산업 에이전시 중의 하나로 굵직한 할리우드 스타들이 소속되어 있다)의 '천하 무적' 새 에이전트 집단을 거느리게 되었다. 그들 모두 지나치게 오랫동안 날 포옹하며 회의실에 앉혀놓고 앞으로 제작될 내 CD-롬에 대해 이야기했다. 내게 감독들의 이름이 적힌 명단을 보여주며 '애인' 역할의 오디션을 보러다니게 했다. 나는 계약을 하나도 성사시키지 못했지만 그들은 이렇게 말했다.

"십 년이 걸린다 해도 우린 해낼 겁니다."

나는 비싼 점심과 유능한 패그 어시스턴트들로 내 자신감을 사들였다.

방송국에서는 일개 군단을 동원해 내 살과의 전쟁에 돌입했다. 바인이라는 트레이너가 일주일에 여섯 번, 아침 7시마다 우리 집에 와서 몇 시간 동안 나와 함께 운동했다. 그가 연예계에 진출할 거라는 자신의 포부를 몇 시간씩 그렇게 주절대지만 않았어도 그 일이 그렇게 고역이지는 않았을 것이다. 그는 내 엉덩이의 가시 같은 존재였다. 트레이너이자 떠버리. 나는 그가 꼴도 보기 싫었다. 매일같이 그를 만나고, 끊임없이 윗몸일으키기를 하는 동안 25자 이내로 자신의 장점을 늘어놓는 그의 완벽한 자기 PR을 듣고, 쓸데없는 잡담을 나누고, 그와 친한 척해야 하는 일은 고문이나 다름

없었다.

요즘 개를 데리고 집 주위를 산책하다보면 바인과 같은 트레이너들이 자신의 고객과 함께 조깅하는 모습을 보게 된다. 나로서는 도무지 이해할 수 없는 일이다. 나는 언제, 어디서나 그들을 알아볼 수 있다. 한 사람은 뚱뚱하고, 또 한 사람은 멍청한 환상의 2인조니까.

운동하는 것 외에도 나는 하얀색 봉투에 담겨져 집으로 배달되는 소름끼치는 다이어트 음식을 먹었다. 살찌는 것만 골라먹는 내 식성을 도저히 믿을 수 없었기 때문이다. 배달되는 양은 너무 적어서 이것만 먹고 사람이 살 수 있으리라고는 믿어지지 않았다. 상대적으로 내가 지금까지 엄청나게 먹어온 것 같아 간담이 서늘해졌다. 나는 매일 어마어마한 양의 바나나를 섭취했던 고릴라였던 것이다.

이제 내 입에 들어가는 모든 음식은 정확히 측정되고 감시되었다. 하루분의 음식을 다 먹고 나도 여전히 배가 고팠기 때문에 나는 울고 싶은 심정이었다. 물을 너무 마시는 바람에 장기가 손상되었고, 내 머리 속은 온통 음식 생각으로 가득 찼다. 나는 라코타 치즈가 살짝 녹아 있는 스파게티를 먹는 꿈을 꿨다. 그리고는 내가 정말로 그걸 먹었나 하는 두려움에 식은땀을 흘리며 잠에서 깨곤 했다.

며칠 사이에 나는 완전히 새로운 몸매를 갖게 되었다. 내가 보기에는 별 차이를 느낄 수 없었지만 다른 사람들 눈에는 그 차이가 확연히 보이는 듯했다.

"이제는 마가렛 조도 날씬해졌다며?"

이제는? '이제는'이라는 게 대체 무슨 의미야?

라바 라운지에 갔을 때 처음 보는 한 무리의 남자들이 나를 훑어 보았다. 그런 눈길을 받는 일은 정말 끔찍했다. 그들이 내가 귀엽 다고 생각했는지 아니면 이제는 '합격점'을 넘을 만큼 말랐다고 생각했는지 나로서는 알 길이 없다. 어느 쪽이든 소름끼쳤고 나중 에는 화가 났다. 아무리 생각해봐도 그건 몹시 불쾌한 일이었다.

우리는 〈파일럿〉 촬영의 리허설에 들어갔다. 방송국에서도 이제 는 내 얼굴이 스크린에 잡힐 정도가 되었다고 생각했는지 더 이상 아무 말도 하지 않았다.

시트콤의 다른 출연진들은 드라마상에서뿐 아니라 실제로도 한 가족처럼 느껴졌다. B.D.왕, 에이미 힐, 클라이드 쿠사추, 조디 롱, 주디 골드, 매디 코어만, 게스트 출연진 — 내 오랜 친구인 케 네디 카바사레스와 가렛 왕 — 그리고 나, 우리 모두는 이 역사적 작품을 위해 똘똘 뭉쳤다. 메디컬 드라마에서 함께 공연했던 가렛 과는 특히 더 가까운 사이였다.

다이어트와 운동, 그리고 완전한 공포 속에서 나는 2주만에 14 킬로그램 정도를 감량했다. 하지만 내 몸은 병들었다. 그것도 아주 심하게. 신장이 망가져버린 것이다.

나는 가렛과 함께 내 트레일러에 있었다. 그는 내 오랜 염원이었 던 스크린 속 로맨스의 첫 상대였다. 나는 그를 흠모하고 있었기에 카메라 앞에서 그에게 키스하는 일은 더욱 즐거웠다.

내가 트레일러에 딸린 작은 플라스틱 화장실에 들어가 소변을 보는데 피가 나오기 시작했다. 나는 비명을 질렀다. "피가 나와! 피가 나와!" 그리고는 가렛에게 사람을 불러오라고 했다. 하지만 이내 부끄러운 생각이 들어 난 괜찮으니 그만두라고 했다.

혼란과 당황, 공포 속에서 나는 그리어에게 전화했다. 그의 비서인 낸시에게 사정을 설명하자 그녀는 아는 사람을 통해 아무도 모르게 날 병원에 입원시켰다.

병원에 도착하자 핑크색 옷을 입은 한 나이든 여자가 들어오더니 자신을 소개했다.

"안녕하세요. 난 그웬이라고 해요. 당신의 질을 씻어주려고 왔어요."

이 일은 훗날 내 코미디의 가장 인기있는 소재가 된 사건으로 실제 있었던 일이다. 이 여성의 직업 자체도 무척 이상했지만 그녀는 그 일을 잘 했을 뿐 아니라 — 나로서는 비교할 대상이 없으니 확실한 건 아니다 — 자신을 소개한다든가 호스에 이름을 붙임으로써 내가 자신의 일에 친밀감을 느끼도록 했다. 아무래도 『성공하는 사람들의 7가지 습관』을 읽고 거기 나오는 법칙을 내게 적용시키는 것 같았다.

그웬이 날 세척하고 나자 의사가 내 몸에 도뇨관을 꽂았다. 그리고는 방광에 물을 가득 채우고 작은 카메라를 삽입했다. 우리는 병실 구석에 있는 비디오 모니터로 〈방광 여행〉을 감상했고 나는 저 테이프를 복사할 수 있을지 궁금해졌다. 연예가 중계에 독점으로 내보낼 수도 있을 텐데.

화면이 피로 가득 차기 시작했다. 내 몸 안에서 피가 흐르는 모습을 TV로 보는 것은 환상적인 동시에 고통스러웠다.

나는 이번 일에 직접 연루된 사람들, 즉 그리어, 바인, 낸시를 제외하고는 아무에게도 입원한 사실을 알리지 않았다. 부끄럽기도 했고 그들이 어떻게든 내 다이어트를 중지시킬까 두려웠다. 옛날 몸무게로 돌아가고 싶지 않았다. 시트콤, 그리고 내가 노력해온 모든 것을 잃게 될까 겁에 질려 있었다. 다시 오디션을 보러 다니고

제11장 기적? 157

싶지는 않았다. 정말이지 다시 순회공연을 다니고 싶지는 않았다. 다른 길이 없었다.

내 인생은 오직 살빼기에 달렸다고 생각했다. 너무나 많은 사람들이 내 몸매에 신경을 쓰고 있었기에 먹는 일이 불편하게 느껴질 정도였다. 지금은 그게 얼마나 미친 짓이었는지 알지만 당시에는 지극히 정상으로 보였다.

마음 깊은 곳에서는 나도 이 시트콤이 별로라는 사실, 내가 엄청난 궁지에 몰리고 있다는 사실을 알고 있었다. 시트콤 속의 농담은 틀에 박혔다기보다는 참신하지 못했다. 흔히 권투에서 말하는 '공이 울려서 가까스로 살아난' 수준이었다. 극 자체도 미숙하고 재미없었으며 덩치 큰 십대 소녀 역할을 하는 것도 내 특기가 아니었다. 나는 멍청해 보였고, 더 고약한 건 내가 그 사실을 알고 있다는 것이었다. 그런 고통은 무시한 채, 나는 몸무게로 인한 불행에서 오는 익숙한 고통 속으로 돌아갔다. 8살 때 처음이자 마지막으로 했던 발레 공연, 그걸 보신 아빠가 내가 가장 뚱뚱한 발레리나였다고 말한 이후로 나는 내 몸을 싫어했다. 나중에 그런 감정을 떨쳐내기 위해서는 내 사고 방식을 완전히 바꿔야만 했다.

내 신장은 요즘에도 썩 좋지 않다. 그 후에 계속되었던 음주와 약물 과다도 신장을 악화시키는 데 한몫 했을 것이다. 이 모든 것이 내 신체가 보내는 위험 신호에 귀기울이지 않았기 때문이다. 다른 할리우드의 여배우들처럼 마르고 싶었기 때문이다. 〈프렌즈〉(*1994년 첫 시즌이 방영된 이래 엄청난 인기를 누리는 시트콤. 뉴욕에 사는 세 여자와 세 남자 사이의 우정과 사랑을 그려낸 코미디물)가 히트쳤기 때문이다. 깡마른 몸매가 유행이었기 때문이다. TV에서 동양인의 얼굴은 한 번도 못 보고 자란 탓에, 할리우드라는 특별한 혜택을 누리기 위해서는 굶어서라도 보답해야 한다고 생각했기 때문이다. 우리 엄마가 무지막지한 다이어트를 했기 때문이다. 방송국 사람들이 내 얼굴에 문제가 있다고 했다는 게일의 말 때문이다. 팔뚝이 굵은 여자를 좋아한다는 한 죄수로부터 내 팔뚝이 자기가 본 여자들 중에서 가장 굵었다는 편지를 받았기 때문이다. 이유를 대자면 수도 없다.

우습게도, 병원에 입원해야만 했을 때 가장 기억나는 일은 적어도 그날 하루만은 운동할 필요가 없다는 안도감이었다. 낸시가 바인에게 전화해 상황을 설명하자 그의 첫마디가 "세상에, 내가 그녀를 죽여놓았군."이었다고 한다.

그는 자신이 얼마나 심하게 운동을 시키는지 알고 있었다. 그것이 위험한 일이라는 것도 알고 있었을 것이다. 나는 겨우 새모이만큼 먹으면서 언론의 인터뷰와 촬영 스케줄로 인한 엄청난 압박감을 받고 있었기 때문이다.

몇 주간의 운동과, 다이어트, 그리고 마침내 병에 걸리면서 나는 쇠약해졌고 생기를 잃었다. 그 무렵에 오스카 시상식 파티에 갔던 일이 기억난다. 모든 여왕님들이 다른 여배우의 드레스와 수상자의 머리 스타일을 조롱하는 동안("오우우우우, 자기 말이 맞아! 저 장식은 차라리 코에다 거는 게 낫겠다!") 나는 너무 배고프고, 지쳐 파티 내내 타키토스(*멕시코 요리)만 바라보느라 웃을 기운조차 없었다.

내부 출혈과 도뇨관 때문에 소변보는 일은 끔찍하게 고통스러웠다. 화장실에 갈 때마다 내가 뚱뚱하다는 사실, 나는 뚱뚱할 수밖에 없고 앞으로도 영원히 뚱뚱할 거라는 사실, 굶어서 살을 빼려고 할 때마다 뚱뚱해질 권리를 빼앗기지 않기 위해 내 온몸이 반항할

제11장 기적? 159

거라는 사실이 고통스럽게 떠올랐다.

　나는 한시도 나를 내버려둘 수 없었다. 심장이 빨리 뛸수록 더 많은 칼로리가 소모될 거라는 생각에 심장 박동이 목표치에 이를 때까지 운동을 계속했다.

　의상 디자이너는 이 일이 내게 얼마나 힘들지 짐작하고 나날이 줄어드는 내 옷치수를 연민의 눈길로 바라보았다. 그녀는 효과 만점인 다이어트 약을 처방해주는 의사를 알고 있다고 했다. 그 병원은 마침 스튜디오에서 몇 블록 떨어지지 않은 곳에 있었다.

　처음에만 직접 찾아가 혈액검사 및 의사와의 간단한 상담을 했고 이후에는 시트콤의 FD를 보내 약을 타오게 했다. 약은 냄새가 지독했다. 나는 주로 공복 상태에서 약을 먹었는데 먹고 나면 내장이 깎이는 것 같은 지독한 통증이 뒤따랐다.

　약을 복용한 후로는 편두통과 공황 상태에 시달렸다. 파일럿 촬영이 끝난 후, 본방송에 내보낼 시트콤의 리허설에 들어갔고 방송국의 모든 간부들이 스튜디오로 내려와 우리의 재미없는 시트콤을 지켜봤다. 나는 땀을 비오듯 흘렸고 간부들은 틀림없이 내가 마약이라도 먹고 나온 줄 알았을 것이다.

　한마디로 나는 '인형의 골짜기'(*〈인형의 골짜기를 너머〉라는 영화 제목에서 따온 것임. 영화의 여주인공들은 마약과 폭력, 섹스에 절어 산다) 속에 사는 기분이었다. 낮에는 체중을 조절하고 이른 아침의 촬영시간을 맞추기 위해 각성제를 복용했으며, 밤에는 암페타민 기운으로 흐리멍텅했다. 시트콤이 방송되던 때에는 훨씬 더했다. 약은 명성만큼이나 중독성이 강했다.

　나는 그들이 시키는 대로 맹렬한 속도로 운동했다. 더 빨리 달리고, 더 많은 땀을 흘리고, 더 빨리 죽기 위해. 그때 심장마비에 걸리지 않은 게 기적일 따름이다. 나는 그 후로도 몇 년간 약을 복용했다. 심지어 FDA에서 그 약을 과다복용하면 폐와 심장 질환을 일으킨다며 리콜 제도를 실시한 후까지도. 나는 이 정도는 과다 복용이 아니라고, 난 아무 일 없을 거라고, 이번 일은 목숨을 걸 만한 가치가 있다고, 조금이라도 살을 더 빼는 것은 어떠한 대가든 치를 가치가 있다는 생각으로 내 자신을 합리화시켰다. 내게는 살아 있는 것보다 날씬해지는 것이 더 중요했다.

나는 식욕을 느끼는 것이 너무도 두려운 나머지 몇 년 동안은 아무런 식욕도 느끼지 못한 채 살았다. 배고픔에 굴복하여 내 앞길에 놓여 있는 것을 전부 먹어치울까 두려웠다. 식욕을 느꼈다가는 내 경력과 생계, 매력, 내가 중요하다고 생각하는 모든 것을 먹어치울 것 같았다. 나는 마를 수만 있다면 행복해질 거라 생각했지만 그것은 사실이 아니었다. 나는 그 어느 때보다도 말랐지만 너무도 비참했다.

밤이면 비명을 질러대는 머리를 진정시키기 위해 마리화나를 피웠는데 담배 핀 후의 공복감을 느끼지 않기 위해 최대한 잠들기 직전에 피웠다. 몽롱하고 허기진 상태로 침대에 쓰러지면서도 머리 속은 오늘 하루도 무사히 다이어트를 했다는 안도감으로 빙빙 돌았다. 내가 다니던 병원에서 더 이상 약을 주지 않자 나는 병원을 바꿨다. 그곳은 아주 절박한 사람들에게 불법약을 처방해주는 허름한 병원이었다. 그 병원에 전화하면 이런 메시지가 나온다. "약 때문에 불편을 겪고 계시다면 당장 이 전화를 끊고 911로 전화하세요."

정말로!

금지된 약을 오랫동안 복용하기 위해 나는 아껴가며 먹었다. 늦은 오후에만 서너 알 삼키고 뜨거운 햇살 속에서 레이크 할리우드 근처를 조깅했다. 가끔은 뱃살이 빠지는 것을 촉진하기 위해 잭 라랜(*미국 헬스 운동의 대부. 1920년에 미국 최초의 헬스클럽을 개장했다.) 스타일의 이상한 푸른색 고무벨트를 두르기도 했다.

 나는 매일 설사제를 복용했으며 다양한 종류를 시험해보았다. 액체형, 가루형, 알약형, 허브 요법형, 그리고 가장 고전적인 사각형 초콜릿 모양 등등. 자신을 망치는데는 정말 여러 가지 방법이 있다. '사랑해' 하고 말하는 방법이 여러 가지인 것처럼.

 당시 내 룸메이트는 식욕부전증에 걸려 있었다. 그래서 우리 방의 쓰레기통에는 씹기만 하고 삼키지 않은 땅콩 버터 쿠키로 가득 찼다.

 다이어트의 전형적인 요요 현상을 극복한 한 유명한 여배우는 14킬로그램 정도를 감량한 자신의 몸무게를 유지하는 비결은 오후 5시 이후로 아무것도 먹지 않고, 밤중에 배고플 때 고급 테킬라를 두 잔 마시는 거라고 했다. 그러면 공복감이 사라진다고 했고, 그 말을 증명이라도 하듯 그녀의 엉덩이는 주먹만했다. 그녀는 더 이상 맞지 않는 자신의 옛날 바지를 내게 주었는데 너무 작아 내 발목조차 집어넣을 수 없었다. 이게 바로 해답이었다.

 그러나 불행히도 내게 그 두 잔은 한 병으로 이어졌고 그 이상일 때도 있었다. 곧 내 모든 칼로리 섭취는 알코올 소비량으로 채워졌다. 술은 허기뿐 아니라 이미 사라져가고 있던 삶에 대한 내 의욕마저 없애버렸다. 무엇보다도 나는 하루에 말보로 라이트 담배를 한 갑 이상씩 피워댔다.

 시트콤이 막을 내린 후, 나는 술과 절망의 깊은 나락 속에 빠졌다. 영화에서 얻은 배역은 초라한 단역뿐이었다. 세트장에서 메이크업 아티스트가 내 머리를 빗질하자 머리칼이 전부 바닥으로 떨어졌다. 그녀는 날 의자에 앉히더니 대체 무슨 다이어트를 하는 거냐고 매섭게 물어봤다. 나는 그녀에게 그 약에 대해 이야기했다. 먹고 싶어서가 아니라 그 문제에 관한 한 다른 선택이 없어서라고. 그녀는 제발 그 약을 그만 먹으라고 했다. 자신도 전에 똑같은 일을 겪었는데 머리가 전부 빠지고 혀는 새까매졌다고 했다.

내가 전혀 동요하는 기색이 없자, 그녀는 내 머리 가죽 위로 빗질을 계속했다. 머리칼이 뭉텅이로 빠지며 바닥에 떨어졌다. 털썩! 털썩! 그녀는 다른 여배우들과 메이크업 아티스트, 헤어 디자이너들을 불러 내 머리카락이 빗줄기처럼 흘러내리는 것을 보라고 했다. 다들 다이어트와 그런 약이 얼마나 위험한지 떠들어대기 시작하며 바닥에 잔뜩 쌓인 내 머리칼 근처로 몰려들었다. 하지만 아무리 그래도 멈출 수는 없다. 머리칼이 빠지고, 혀는 거뭇해지고, 머리가 쪼개질 듯 아프다 해도.

내가 할 수 있는 일은 비타민을 몇 알 더 먹고, 하루에 한 번씩 두피 마사지를 하는 것뿐이다. 약은 계속 먹어가면서! 날씬하다는 것이 내게 왜 그렇게 중요했을까? 아무래도 내 성장 배경과 관계가 있는 것 같다. 한국인들은 몸무게를 중요시한다.

테네시에 사시는 친척 아저씨 한 분이 계셨다. 그런 곳에 산다는 것 자체가 문제다. 어째서 한국인 이민자가 거기에 정착하기로 결심했는지 나로서는 도저히 이해할 수가 없다. 그분은 TV에서 날 한번 보더니 기겁을 하시고는 우리 엄마에게 전화하셨다. 그리고는 최근에 자신이 직접 실행해 큰 성과를 거둔 새 다이어트 방법을 소개해주셨다. 엄마는 내게 전화하셨고, 나는 엄마에게 그 얘기는 두 번 다시 꺼내지 말라고 했다. 물론 엄마는 내 말을 무시한 채 계

제11장 기적? 163

속 설명을 늘어놓으셨다. 내가 화가 나서 내뱉는 말들이 엄마 귀에는 그저 "한 번만 더 말해줘요."라고 들리기라도 하는 듯이.

그 다이어트법은 일주일 동안 작은 쌀 한 봉지만 먹는 것으로 한 입 삼킬 때마다 50번씩 씹어야 한다. 아저씨는 내게 편지를 보내셨는데 그것도 받는 사람이 직접 사인해야만 하는 등기 우편이었다. 그걸로도 모자라 그 편지를 복사해 팩스까지 보내셨다. 나는 아무 답장도 하지 않았다. 몇 주 후에 그분은 내게 전화하셔서 자동응답기에 음성을 남겨두셨다.

"한 봉지만 먹어야 한다. 내 팩스 받았니? 50번씩 씹어야 해. 편지에도 썼듯이 넌 살 좀 빼야겠더라. 어머님이 아무 말씀 안하시던?"

그리고는 아저씨 가족이 서부에 올 일이 있었을 때, 나를 직접 만나 다이어트에 대한 이야기를 나누기 위해 특별히 LA까지 오셨다. 나는 암스테르담 섹스 박물관에서 내 키보다 큰 페니스 조각상 위에 올라탄 내 사진을 보여주고서야 겨우 아저씨를 쫓을 수 있었다. 떠나기 전에도 그분은 내 손을 부여잡고 쌀 다이어트를 꼭 해보라는 마지막 애걸을 잊지 않으셨다.

나는 한번도 거구였던 적이 없다. 그러나 무슨 이유에서인지 한국인들은 내 체격만 보면 이성을 잃었다. 그들은 내 덩치를 거북스러워했고, 내가 그들과 같은 한국인이기에는 덩치가 너무 크다는 생각에 하던 일도 박차고 나와 내게 해결책을 일러주었다. 그들이 하는 말은 살을 뺀 자신만의 비결이거나 아니면 살을 빼지 않았던 사람들에 대한("그래서 결혼도 못했잖니……" 그리고는 부르르 떤다) 경고성 이야기였다. 그런 이유가 아니었다면 내가 살이 빠졌을 때 좋아 보인다는 말 한마디쯤 했을 것이다. 사람들은 대개 TV에서는 내가 무척 뚱뚱해 보이지만 실물은 멋져 보인다고들 한다.

LA에서 유명한 한식당인 우래옥에 갈 때마다 종업원 중에서 최소한 한 명은 이렇게 말한다.

"어머, 마가렛 조군요. 뚱뚱하신 줄 알았는데 실제로 뵈니까 예쁘시네요."

내가 주문하면 그녀는 너무 많이 주문한다는 식의 눈길을 던진다. 그 시선은 이렇게 말한다. "조심하세요. 뚱뚱한 건 아니지만 그렇다고 그걸 다 먹을 정도도 아니에요." 가끔은 내가 주문하고 있는 도중에 그냥 가버릴 때도 있다. 그럼 나는 "아직 주문 안 끝났어요!"라고 말하며 내가 원하는 음식을 먹기 위해 그녀의 앙상한 팔을 붙잡아야만 한다.

나는 더 이상 거기에 가지 않는다. TV에서 10파운드는 더 나가 보이는 내 얼굴과 몸매에 끊임없이 쏟아지는 따가운 시선을 참을 수 없기 때문이다. 또한 허리가 가늘게 조여진 여종업원들의 유니폼을 보는 것도 짜증나는 일이다. 빗자루라 해도 믿을 정도였다. 저렇게 마른 여자들은 대체 그 안에 장기(臟器)가 들어갈 공간이나 있는지 의심스럽다.

나는 도심에서 제일 큰 도서관에 다니곤 했다. 그곳은 굉장히 다양한 책을 소장하고 있을 뿐더러 사람도 거의 없어 내게는 안성맞춤이었다. 그러나 책을 둘러볼 때마다 거기서 일하는 한국 여자가 꼭 내 몸매에 대해 한마디씩 했다. "어머, 살이 빠지신 거 같네요." 책을 반납할 때는 "어머, 살이 좀 찌신 것 같네요."라고 한다. 완전 어르고 뺨치기였다.

처음에는 그 여자에게 보란 듯이 식욕부전에 관한 책만 빌려갔다. 『황금 우리』, 『쇠약』, 『비만은 페미니즘의 문제』, 『음식이 사랑일 때』 같은 책을 들고 카운터로 갔다. 그녀는 그저 책등에 붙은 자기(磁氣)를 없애며 한국말로 중얼거렸다. "문제는 얼굴인데, 얼굴이 너무 커서……" 다이어트에 관련된 책들 — 비버리힐스 다이어트, 애트킨스 다이어트, 골든 도어, 자연식 입문서, 부위별 다이어트 등 — 을 빌리면 그녀는 이렇게 말했다.

"이것들을 해보시게요? 별 효과 없을 걸요. 쌀 다이어트 해보셨어요?"

나는 이제 그곳에도 가지 않는다. 그녀가 너무도 '친절' 했기 때문에 화를 낼 수도 없었다. 그랬다가는 완전히 나만 미친 사람으로 보였을 것이다. 그럼에도 그녀의 태도는 날 화나게 했고, 무례했으며, 내 몸에 대해 수치심과 동시에 단절감을 느끼게 했다.

체중 문제로 날 가장 괴롭힌 사람들은 아마도 친척들일 것이다. 그들은 평생동안 그 문제로 날 괴롭혔다. 부모님은 내게 전화하셔서 "잘 지냈니?" 대신에 "살은 좀 빠졌니?"라고 물으신다. 그런 말을 들을 때마다 나는 도저히 참을 수 없어 곧바로 전화를 끊어버린다. 그리고는 화제를 바꾸지 않는 한 그분들과는 말도 안한다. 어른이 되어서 아무 거리낌없이 부모의 전화를 끊을 수 있다는 건 얼마나 즐거운 일인가! 아직 그런 일을 못해봤다면 인생을 제대로 살았다고 할 수 없다. 전화를 끊을 때의 그 순간적인 만족감이란! 특히 부모님이 다시 전화하고, 그걸 자동응답기가 받게 내버려두고, 부모님이 거기에 대고 애걸복걸하며 네 몸무게가 얼마나 많이 나가는지 좀 깨달으라고 간청하실 때는 한층 더하다.

나는 가족 행사에 참석하는 것도 그만두었다. 왜냐하면 행사가 있기 전, 행사하는 도중, 행사가 끝난 후까지 사람들은 내 몸무게를 화제로 삼기 때문이다. 우리 친척들의 집은 트럭 운전사 식당의

화물 계량소나 마찬가지다. 그러니 미치지 않기 위해서는 아예 그 소굴에 발을 들여놓지 말고 그들의 잣대로부터 도망쳐야 한다.

한국 사람을 만나게 되면 십중팔구 내가 앞서 언급한 것과 같은 이야기들이 오가게 된다. 농담이 아니다. 일반화의 오류를 범하는 것도 아니다. 마침내 나는 그 일에 대한 분노에서 벗어나게 되었고, 그 모든 경험을 객관적인 시선에서 검토하게 되었다. 어째서 그토록 많은 한국인들이 그런 집단 강박증에 사로잡혀 있을까? 대중 매체에 비친 우리 자신의 모습과 세계 속의 한국인의 이미지에 대해 우리는 어떻게 생각하는 것일까? 젊은 여성들의 사고방식을 통제함으로써 대체 뭘 하겠다는 것인가? 신체에 대한 진정한 관심과 영혼의 안녕은 관심에도 없단 말인가? 그것이 정녕 한국인의 모습이 다른 나라 사람들에게 정확히 인식되도록 노력할 필요를 느끼는 우리들이 갖고 있는 국가적 자부심과 스스로에 대한 사랑에서 비롯된 결과란 말인가?

나는 한국인들의 정열적인 성격을 사랑한다. 열심히, 오랜 시간 일하고, 교회 성가대에서 큰 소리로 노래하고, 모국에서와 마찬가지로 여기 미국에서도 한 민족으로 뭉치게 하는 내면의 열기를 사랑한다. 그런데 그런 정열이 동족에게 향하면 왜 '남다르고' '못나고' '뚱뚱한' 사람을 잡아먹는 일에 소비되는가? 이것은 비단 한국인들만의 이야기가 아닐 것이다. 모든 인종의 공통적인 특징일 수도 있다. 어느 민족이든 인간으로서 자신의 모습에 진실하려는 다양한 사람들을, 다시 말해 그들이 바라는 보편적 모습에서 벗어난 사람들을 자신들의 틀에 맞추려 노력하고 있을 수도 있다. 아마도 지구상의 모든 문화가 각자 나름대로의 방식으로 그렇게 할 것이다. 한국인들만이 아니라 모든 민족이. 다만 내 세계에서도 그런 일이 일어났고 그것이 내게 너무 큰 상처를 주었을 뿐이다.

예전에는 나만 그렇다고 생각했지만 그것은 사실이 아니었다. 지금까지 살아오며 지켜본 바에 의하면 우리 엄마는 무절제한 식습관을 가지고 계신다. 그 때문에 매년 엄마의 몸무게는 오르락내리락 한다. 내 사촌이나 먼 혹은 그다지 멀지 않은 친척 중에서 과거에 혹은 지금도 여전히 식욕 부전증에 시달리고 있는 여자들이 매우 많다. 자신의 경험을 상세히 적어서 보낸 한 한국인 소녀의 편지는 내 과거의 복사판이었다. 이제는 그것이 나만의 문제가 아니라는 것을 안다.

〈올 아메리칸 걸〉을 찍는 동안 나는 언론의 추한 면을 접하게 되었다. 아직 그 세계가 어떤 곳인지 정확히 모르는 상태였기 때문에 내 부주의로 인해 그런 추한 꼴을 당한 것 같다. 시트콤에 대한 비평 중에는 내 체격과 관련된 것들도 있었는데 내게 일반적인 아시아 여성들에게서 연상되는 연약하고 가냘픈 몸매와 섬세한 매력이 없다고 했다("조는 매끈한 몸매의 소유자는 아니다."). 한 비평가는 독창적인 기사를 쓰기로 작정을 했는지 그저 내 외모만 흠잡고 늘어졌다. ("조가 미모로 승부할 수는 없다……") 어느 쪽이든 그들은 언론이라는 이름으로 내게 모욕적이고 인종 차별적인 발언을 서슴지 않았다.

내가 〈파티의 주인공은 나야〉를 촬영하고 있을 때, 의상 담당자가 내 사진과 함께 그 아래 '마가렛 조의 두꺼운 허벅지'라고 씌어 있던 한 타블로이드를 본 적이 있다며 투덜거렸다. 나는 화가 나서 세트장의 모든 사람에게 그 이야기를 했고, 다들 그를 나무랐다. 그도 기분이 나빴고, 나도 기분이 나빴다. 이것은 정말 모두에게 승산없는 싸움이었다.

그는 날 화나게 할 작정은 아니었다고 말했다. 그 사진 속의 나는 멋있어 보였고, 실제로도 그러했으므로 그런 기사를 내보내는 것 자체가 우스운 일이라고 생각했다고 한다.

나중에 나도 그 사진을 볼 기회가 있었다. 그의 말대로 사진 속의 나는 날씬했다. 하지만 설사 내가 뚱뚱했다 해도 타블로이드가 그런 말을 지껄일 권리는 없었다. 그 일은 내게 큰 상처를 주었다. 언론에 실린 모든 말이 내 마음을 찢어놓았다. 한 타블로이드판 신문은 '마가렛 조식 다이어트'란 제목으로 내가 알지도 못하는 엉터리 다이어트법과 내가 하지도 않은 말까지 실어 놓았다. "어렸을 때 전 밥과 생선만 먹고 자랐어요……" 내가 무슨 뮬란인가! 그 기사에는 기코망 간장과 아몬드 조각을 이용한 요리법과 "ABC의 뚱뚱한 간판급 스타가 되기는 싫어요!"라는 나의 애절한 절규가 실려 있었다.

타블로이드와 나는 오랫동안 기묘한 관계를 맺어왔다. 그들은 늘 내가 가장 좋아하는 '이번 주의 베스트 드레서' 칼럼에 나를 실었다가도 어리석은 독자들을 위해 내가 출연했던 드라마의 이야기를 마치 가십인양 재포장해 기사화했다.

또 신문에 실린 다이어트 약 광고를 오려서 익명으로 보내는 사람도 있었다. 내 주소는 누구든지 알아낼 수 있으므로 가끔씩 나는 아무 소인도 찍히지 않은 채 다이어트 광고만 잔뜩 들어 있는 봉투를 받아보았다. 겉봉에는 손으로 갈겨쓴 글씨가 적혀 있었다.

'이봐, 마가렛, 이거 정말 효과 만점이야. 해보라구. 당신도 뭔가 대책을 세워야 할 거 아냐!'

나는 하마터면 그 광고의 유혹에 빠져 약들을 주문할 뻔했다!

그런 지독한 일들을 겪고 난 후에도 몸무게는 여전히 내게 민감

한 문제로 남아 있다. 최근 나는 내 고향인 샌프란시스코에서 활동하고 있는데 운나쁘게도 이상한 라디오 아침 방송의 게스트로 나가게 되었다. 그 프로의 진행자는 일부러 지진아처럼 굴면서 여성상위 체위를 해봤느냐, 자위행위할 때 무슨 생각을 하느냐는 등의 불쾌한 질문들을 퍼부었다. 나는 아무런 내색도 하지 않고 최대한 침착한 태도를 유지하려 했다. 그 모든 끔찍한 질문들을 다 참아내면서도 내가 도저히 참을 수 없었던 한 가지는 요즘 살이 찐 것 같다는 말이었다.

우리 할아버지의 죽음을 조롱하는 말에도 나는 동요하지 않았다. 내 속을 뒤집어 놓은 것은 내 몸무게에 대한 얘기였다. 나는 사생활을 침해당한 느낌이었고, 화가 났으며, 죽고 싶은 동시에 지금 당장이라도 다이어트를 하고 싶었다. 만약 그가 내 몸무게 얘기를 하지 않았다면 나는 이 인터뷰를 기억조차 하지 못했을 것이다.

어째서 그 모든 시련을 겪고 난 지금까지도 다른 사람의 말에 의해 나 자신에 대한 감정이 결정된단 말인가. 나는 더 이상 사람들의 잔인함과 무감각함에 희생되고 싶지 않다. 그리고 지금 이 순간부터 다른 사람의 판단 따위에는 절대로 영향받지 않겠다고 맹세한다.

〈파일럿〉을 촬영하기 전의 그 끔찍했던 일주일 동안, 병원에서 퇴원하고 난 후로 내 머리 속은 온통 운동 생각뿐이었다. 나는 살을 빼지 못해 방송에 출연하지 못할까 두려웠다. 내 몸을 그토록 수치스러워하고, 앞서 말한 것과 같은 문화적 배경을 가지고 있었으니 그 외에 다른 선택이 없다고 생각했던 것도 당연하다. 나는 운동량을 줄였다. 그래봤자 일주일에 5번이었지만. 마침내 스튜디오에 관객들을 불러놓고 〈파일럿〉 촬영에 들어갔다. 내가 퇴장할 때 관객들은 기립박수를 쳐주었지만 시트콤은 재미가 없었다. 대부분의 사람들이 녹화가 끝나기도 전에 자리를 떴다.

그런 후에 ABC 간부들과 포커스 그룹(*테스트할 프로에 대해 토의하는 소비자 그룹), 그 외에 가을 방송 스케줄을 결정하는 사람들을 대상으로 〈파일럿〉이 상영되었다. 발표가 날 때까지 우리는 숨을 죽이고 기다렸다. 방송사 가을 개편의 공식 발표, 즉 어떤 프로를 방송할 것인지 처음으로 일반인들에게 공개하는 행사는 뉴욕의 카네기 홀에서 열린다.

만약 우리 시트콤이 채택될 경우에 당장 행사장으로 달려갈 수 있도록 나는 뉴욕에 머물면서 결과를 기다렸다. 그 동안 파라마운트 스튜디오도 구경하고, 바니 상점에서 쇼핑도 했다. 전화가 울리자 나는 방을 가로질러 달려가 전화를 받았다. 내 가장 친한 친구 시오반이 나와 함께 있었다. 나는 전화기를 들었다. ABC는 시트콤을 하기로 결정했다.

시오반과 나는 방안을 빙빙 돌며 폴짝폴짝 뛰고 룸서비스를 주문했다. 속속 밀려드는 샴페인과 꽃다발 때문에 문을 활짝 열어두어야 했다. 전화는 쉴새없이 울렸다. 됐다. 드디어 내 운이 트인 것이다. 이제야말로 진짜 내 인생이 시작되는 기분이었다.

다이어트에 대해서는 잊어버렸다. 멍청한 간부들도 잊어버렸다. 재미없는 농담들도 잊어버렸다. 오직 엄마에게 전화하고 싶다는 생각뿐이었다.

그 날은 어머니날이기도 했다. 내가 소식을 전하자 엄마는 우셨다. 전화기 반대편에서 엄마의 울먹이는 목소리를 들으니 나도 눈물이 나왔다.

"이건 정말 생애 최고의 어머니날이구나. 최고의 선물이야. 오, 아냐. 이보다 조금 더 행복했던 어머니날이 있었어…… 그건 네가 태어나기 전의 일이란다! 네 아빠와 나는 클리어레이크에 가서 차를 타고 산을 지나는 중이었어. 그 산 비슷한 데를 올라가기 위해 엄청나게 꼬불꼬불한 길을 가고 있었지. 난 하혈을 하기 시작했어. 자궁에서 핏덩이가 나오는 거야. 상상이 가니? 당장 병원에 가야만 했어. 그런데 네 아버지란 사람은 모처럼 휴가를 즐기러 왔는데 병원을 가게 됐다고 화를 펄펄 내는 거야! 난 상관없었어. 네 아버지가 미웠으니까! 그래서 병원에 갔는데 사람들이 '유산입니다!'라고 하자 내가 '난 미스 캐리(*유산의 miscarry를 Miss Carry로 착각함)가 아니에요. 미스 캐리가 누구예요?' 라고 했단다. 엄마는 그때 영어를 잘 못했거든. 난 너무나 혼란스러웠어! 하마터면 널 유산할 뻔했고, 너도 죽을 뻔했지. 상상이 가니? 하지만 다행히 상태가 호전되어 우리는 집에 돌아왔고, 그 후로 두 달 뒤에 네가 태어났어! 병원에서는 엄마에게 파티를 열어줬단다. 그날이 엄마가 처음으로 맞는 어머니날이었거든. 네가 내 곁에 있어서 이 엄마는 너무나 행복했단다, 상상이 가니? 그날이 바로 조금 더 행복했던 어머니날이야."

나는 카네기 홀의 공식 발표회에 초대받았다. 그곳에 참석하는 사람들은 방송사와 신문사의 모든 간부들, TV 스타들, 광고주들, 전국 각지에 방송국을 소유하고 있는 사람들이었다. 이것은 내 프로가 성공한다는 의미가 아니라 단지 올 가을에 방송될 거라는 의미다. 우리는 13회분을 찍기로 했으니 무슨 일이 있어도 13주간은 방송을 타는 것이다. 내게는 그 기간이 평생처럼 느껴졌다. 또한 이것은 최소한 그 기간만큼은 내가 TV 스타가 된다는 의미다.

나는 이 날의 행사를 위해 검은색 샤넬 정장과 옷에 달 싱싱한 치자꽃을 샀다. 그리고 오늘 첫 시승식에 나서는 10만 불짜리의 쭉 뻗은 하얀색 최신식 리무진에 올라탔다. 가는 길에 가벼운 접촉 사고가 있었다. 비극적인 전조였다.

제12장 난 영원한 스타가 될 거야!

카네기 홀에서 열린 ABC 방송국의 가을 개편 공식 발표 현장은 마치 꿈속에 와 있는 것 같았다. 어딜 봐도 스타들 천지였다. 엘렌 드제너러스, 브렛 버틀러와는 이미 구면이었고, 〈로이스와 클락〉(*슈퍼맨을 주인공으로 한 TV 시리즈)의 딘 케인과 테리 해처를 만났다. 〈코미시〉(*ABC의 TV 시리즈)팀과는 하루 종일 희희덕거렸다. 하지만 날 정말로 뿅가게 한 사람들은 뉴스 진행자였던 바바라 월터스와 휴 다운스(*두 사람 모두 ABC의 간판급 아나운서)였다. 실제로 그들을 만났다는 사실이 꿈만 같았다. 나는 20/20(*바바라 월터스가 진행하는 시사 프로그램)을 보고 자랐으며 그 프로를 종교처럼 떠받들었기 때문에 그들은 나만의 우상이었다.

무대 뒤에서 간단한 인사를 나눈 다음, 모든 하객들이 자리를 잡았다. 우선 방송국 사장의 연설이 있었고, 다음에는 회장, 마지막으로 방송국의 주인님께서 연설하셨다. 마치 브릴크림의 일란성 세 쌍둥이(*〈브릴크림의 소년들〉이라는 영화에서 따온 것)처럼 똑같이 생긴 그들은 나이보다 젊어 보이는 백발 신사들로 양복을 빼입고, 머리는 매끈하게 올백으로 넘겼다. 그들은 '뚜껑을 연다' '가족 프로그램 강화' 그리고 '다양성 추구' 등의 말을 했다.

그들은 〈올 아메리칸 걸〉의 한 장면을 보여주었다. 커다란 스크린에 내 모습이 나왔다. 'TV 사상 첫 동양계 미국인 가정의 이야기'라는 웅장한 목소리가 흘러나왔다. B.D. 왕과 나는 서로 마주보았고, 그가 우는 모습을 보자 나도 가슴이 복받쳤다.

이것은 정말 엄청난 일이었다. 나는 내 평생 이런 곳에, 집에서 몇만 마일 떨어진 연예계의 한복판에 발을 들여놓게 되리라고는 꿈에도 생각지 못했다. 그것도 스크린에 나오는 내 모습을 올려다보는 스타들과 스타메이커들에게 둘러싸인 채.

편집이 잘 된 탓에 예고편은 실제 드라마보다 훨씬 나아 보였다. 실제로 속 알맹이는 빈약했음에도 불구하고 겉보기에는 뭔가 대단한 것이 시작된다는 느낌을 주었다.

나는 언제나 내가 스타가 될 운명이라는 이상하고 특별한 느낌을 가져왔다. 그러나 역할 모델도 없었고 심지어 나와 같은 동양인이 TV에 나오는 경우조차 많지 않았다. 설사 등장한다 해도 늘 시시한 역할만 했기 때문에 내게는 기적이 필요하리라는 것을 알았다.

이제 내 앞에 기적이 펼쳐지고 있었다. 바로 카네기 홀의 저 무대 위에서. 그동안 내가 꿈꿔왔던 모든 것들이 마구, 마구, 마구 이루어지고 있었다. 게다가 나는 사소한 모든 일에 필요 이상으로 감격했다. 음식은 전혀 입에 대지 않고, 끊임없이 운동하고, 너무 허기지고 기운이 없어 늘 신경쇠약 직전의 상태였기 때문이었다.

화장실에 들어가자 테리 헤처와 브렛 버틀러가 담배를 피고 있었다. 마치 고등학교 시절의 불량소녀들처럼. 나도 함께 담배를 피고 싶었지만 그냥 화장실에 들어가 변비 때문에 벽돌처럼 굳어버린 똥이나 싸기로 했다.

발표회 후에는 태번 온 더 그린(*Tavern on the Green 맨해튼의 유명 식당)에서 대규모의 방송 행사가 있었다. 일반인들이 자신이 가장 좋아하는 스타와 사진을 찍는 행사로 경쟁이 치열했다. 나와 사진을 찍고 싶어하는 사람은 아무도 없었기에 나는 딘 케인과 〈아빠, 뭐하세요?〉에 나오는 남자 배우와 사진 찍는 줄에 가서 섰다.

이번에 새로 시작되는 드라마의 주인공들 — 나와, 스티브 하비, 랄프 해리스 — 은 다른 어떤 사람들보다도 긴장한 상태였다. 우리는 방송계의 새 바람으로, 방송계에서 우리의 위치는 아직 불확실했다. 과연 우리도 뜨게 될 것인지 궁금했다.

다음 며칠은 또렷하게 기억나지 않는다. 수많은 인터뷰가 있었다. 내가 주인공을 맡게 되면서 갑자기 모든 면에서의 내 의견이 중요해졌다.

"마가렛, 당신이 생각하는 가장 섹시한 남자는 누구죠?"

"마가렛, 당신에게는 부자가 되는 것과 살을 빼는 것 중에 뭐가 더 쉽습니까?"

"마가렛, 북한의 미래는 어떻다고 생각하십니까? 북한의 기근이 이번 시즌 드라마의 줄거리에 영향을 미칠까요?"

방송국의 한 관계자는 만약 북한의 사정이 호전되지 않는다면 우리의 '백나인' (*골프 코스에서의 두번째 코스를 말함. 여기서는 시트콤이 연장되는 것을 말한다)에 불리하게 작용될 거라고 했다.

우리 모두에게는 인생을 살면서 맞이하는 최고의 순간이 있다. 그것은 우리가 갑자기 죽음을 맞이했을 때 돌이켜보게 될 나만의 인생 필름이며 우리 눈앞에 펼쳐질 이미지들이다. 나는 죽음을 맞이하는 순간, 우리 모두가 과거로 돌아가 눈발이 흩날리는 크리스탈 공 속에 들어온 것 같은 상태로 그 순간을 다시 경험하리라고 믿는다. 내게 그러한 순간은 눈 내리는 겨울이 아니라 센트리 시티에서 열렸던 한 파티가 배경이다. 그것은 데뷔 초창기에 내가 의무적으로 참석해야 했던 파티 중의 하나로 ABC 지방 방송국 직원들을 위한 파티였다. 전국 각지에 있는 지방 방송국의 대표들이 참석했는데 대부분의 사람들에게 이번 파티는 대도시로의 화려한 외출이었으며 그들은 스타들을 만나고 부자나 유명한 사람들과 한잔할 수 있다는 생각에 부풀어 있었다. 나는 페오리아(*미국의 시골 마을)에서 온 노신사들이 자신들의 왼쪽 팔을 움켜쥐고 심장 발작을 일으킬 정도로 쇼킹한 빨간색 드레스를 입었다.

검은 밧줄을 두른 경계선 바깥쪽에는 소규모의 파파라치들이 줄지어 있었는데 내가 매니저인 그리어, 내 오랜 친구 슬레지와 함께 밖으로 나오자 그들은 미친 듯이 내 이름을 불러댔다.

"마가렛, 여기요. 마가렛, 마가렛. 여기요. 여기 좀 봐주세요. 정말 멋져요, 마가렛. 여기 봐주세요. 여기요. 이쪽 좀 봐주세요. 제발, 이쪽 좀 보세요. 마가렛."

지금까지 그들이 내 이름을 부른 적은 한 번도 없었다. 하지만 여기서는 드디어 이런 일이 일어났다. 이제야 내 인생이 제대로 되는 것 같았다. 그리고 태어나서 처음으로 정말 스타가 된 기분이었다. 나는 들고 있던 핸드백을 그리어와 슬레지를 향해 던졌다. 마치 그게 내 부케고, 그들은 내 빛나는 들러리들이고, 오늘이 내 결혼식인 것처럼.

내가 인생의 마지막 순간을 맞이하게 될 때, 내 주위에 흩날리는 것은 눈발이 아니라 그 조그만 빨간 핸드백일 것이다. 공중을 가르며 하늘 위로 떠오르는 빨간 백과 빨간 드레스를 입은 내 모습, 파파라치들과 내 양 옆의 그리어와 슬레지, 그리고 꿈이 실현됐을 때의 그 첫 느낌!

특별히 방송 기자들을 대상으로 한 시트콤의 시사회가 상영되기 바로 전에 기자회견이 열리기로 되어 있었다. 게일과 게리는 몇 주 동안 이 일로 전전긍긍하며 내게 최악의 상황에 대비하라고 했다. 그들은 기자들이 무자비하게 나올 것이며 내게 끔찍한 질문들을 퍼부을 테니 가장 좋은 대응책은 그들의 말에 동요되지 않는 것이라고 했다. 내가 어떤 질문을 받게 될지에 대해서는 말해주지 않았다. 아마 그들도 몰랐을 것이다. 그들은 그저 내게 최악의 상황을 준비하라고만 했다.

나는 게리와 게일을 양 옆에 거느리고 연단 위에 앉아 마음을 다 잡았다. 질문들은 비교적 양호했다. 한 기자가 지루하고 짜증 섞인 피곤한 목소리로 말했다.

"이 쇼가 포르노 테이프를 판매하는 한국인 가정을 모델로 했다고 들었는데 자신들을 그렇게 변태적으로 그리는 것에 대해 동양인들이 어떤 반응을 보이리라 생각합니까?"

우리는 그 질문에 굳이 대답하려고도 하지 않았다.

기자회견이 거의 끝나갈 무렵에 한 기자가 질문했다.

"미스 조, 당신을 주인공으로 한 드라마에서, 그것도 당신 자신의 역할을 연기하기 위해 방송국에서 당신에게 체중 감량을 요구했다던데 사실입니까?"

게일이 내 마이크를 빼앗아 말했다.

"사실 무근입니다."

믿을 수가 없었다. 나는 그녀와 눈을 마주치기 위해 계속 그녀를 바라보았지만 그녀는 내 시선을 피했다.

기자들과 방송국 사람들, 사진기자들로 혼잡스런 방 안에서 나는 철저하고 완전한 고독감을 느꼈다. 또 다른 기자가 게일에게 시비를 걸기 시작했고, 다른 기자가 나서서 그녀를 옹호하는 아수라장이 벌어지자 내가 소리쳤다.

"내 똥배 얘기는 그만 할 수 없어요? 제발요……"

신경질적인 웃음과 건성으로 치는 박수소리가 들렸고, 우리는 회견장 밖으로 안내되었다. 나는 불안하고 불확실한 상태에서 프라이팬에서 나와 화산 속으로 들어갔다.

이 기간 동안 나는 HBO(*미국의 영화 전문 채널) 특집 방송을 녹화했다. 나는 검은색 플레더 바지 정장을 입었고, 객석을 폭소의 도가니로 만들어 놓았다. "이제부터는 모든 게 잘 될 거야." 나는 생각했다. 반짝, 반짝 빛나는 불행이여 안녕……

스튜디오에서 촬영하는 시간은 그리 길지 않았지만 점차 밤과 주말까지도 드라마 속에서 사는 듯한 느낌이 들었다. 빡빡하게 짜여진 언론사와의 스케줄과 대부분의 출연진들이 일이 끝난 후에도 우리 집을 들락거린다는 사실 때문이었다. B.D. 왕은 세탁을 하러, 매디 코어만과 주디 골드는 TV를 보러 왔다. 나는 드라마와 직접적으로 관계된 사람 외에는 아무도 만나지 않았다. 옛 친구들도 거의 연락하지 않았다. 한 친구에게 이유를 따져묻자 그녀는 더 이상 내가 자기를 필요로 할 것 같지 않고, 이제 내게는 다른 할리우드 친구들이 생겼기 때문이라고 했다. 할리우드 친구란 게 뭔지는 모르지만. "명성이 당신 자신을 변화시키지는 않더라도 당신의 주위 사람들을 변하게 한다."는 말은 상당히 일리가 있다. 내가 유명인이 되었다는 사실은 나와 어울리던 내 주변 사람들을 화나게 했다. 내 행동이 특별히 변했다고 생각되지는 않는데도 사람들은 나를 전혀 다르게 생각했다.

시트콤의 첫회는 엄청난 시청률을 기록했다. 우리의 방송을 보는 시청자가 있다는 사실, 그것은 내가 전혀 예상치 못했던 일이었다.

갑자기 유명세를 탄다는 것은 매우 괴상한 경험이었다. 전혀 모르는 사람들이 내게 다가와 자신들의 불만 사항을 토로하기 시작했다.

"TV에서는 그렇게 뚱뚱한데 실물은 어쩌면 이렇게 날씬할 수 있죠?"

"어떻게 한국인도 아닌 사람들이 한국인 역할을 하는 겁니까?"

"당신의 스탠드업 코미디는 재미있는데 드라마는 왜 그 모양이오?"

나는 나에 대한 다른 사람들의 생각을 통제하고 싶은 마음이 간절했다. 그러나 내가 가장 힘들게 얻은 교훈 중의 하나는 그것이 불가능하다는 것이다. 문제는 내가 다른 사람들을 통해 내 정체성을 규명하려 했기 때문에 그들의 인정을 받으려고 안달하는 데 있었다. 사실상 내게는 다른 사람에 의해 주어진 것이 아닌, 나만의 의견이란 것이 없었다. 내가 사랑받으려고 그토록 노력했던 것은 내 스스로를 사랑하는 것이 얼마든지 가능하다는 것을 몰랐기 때문이다.

나와 친하게 지내는 한국인 남녀 기자 두 명이 나에게 그들의 동료인 한 나이든 선배 여기자가 나에 대한 이상한 소문을 퍼뜨리고 다닌다고 했다. 즉 내가 계약서에 시트콤을 녹화하는 동안 세트장에 다른 한국인은 얼씬도 해서는 안 된다는 조항을 집어넣었다는 것이다. 그녀는 스튜디오에서 일하던 한국인들은 내가 그들이 한국인이라는 사실을 알게 된 즉시 해고당했다는 말까지 하고 다닌다고 했다. 그 여자가 왜 그러는지 알 수가 없었다. 그것은 전혀 사실이 아니었고, 나로서는 이해가 되지 않았다. 내 친구들이 거짓말을 할 수도 있겠지만 그런 생각은 들지 않았다. 어째서 그녀는 내게 반감을 품고 있을까. 지금에야 나는 그것이 놀랄만큼 일반적인 현상이라는 것을 알게 되었다. 백인 문화가 주류를 이루는 분야에서 두각을 나타낸 유색인종들은 자신과 같은 배경을 가진 사람들을 박해하는 경향이 있다. 다른 동족의 성공은 자신의 성공이 돋보이는데 방해가 되기 때문이다. 바로 이런 현상들이 인종은 중요하지 않다는 생각, 인종이란 아무 의미도 없기 때문에 그 증거로 자신의 동족을 얼마든지 공격할 수 있다는 생각을 영원히 부추긴다. 이것이야말로 지독한 인종주의다. 바로 이런 생각 때문에 우리가 진실로 단합하여 힘을 발휘하지 못하는 것이다. 무엇보다도 가장 나쁜 것은 이것의 교활함이다. 이제 내가 이 일로 그녀를 비난한다면 나는 내 동기가 의심스러울 것이다. 내 동기가 불순한 것은 아닐까? 만약 그렇다면 어떻게 해야 그만둘 수 있을까? 어디쯤에서 그와 같은 동족을 향한 인종주의를 멈춰야 할까?

나로서는 그저 내게 있었던 일을 가능한 정직하게 이야기하는 수밖에 없다.

그들에게 그런 얘기를 들은 뒤로 나는 그냥 넘어갈 수 없었다. 그 여자가 뭐라고 떠들어대든지 내버려뒀어야 했다. 그녀가 어떤 사람인지 알아봤어야 했다. 하지만 당시의 나는 지금과 달랐다. 그 시절에는 오직 '눈에는 눈' 뿐이었다. 그들의 충고를 귓등에 흘려버린 채, 그녀의 전화번호를 알아낸 나는 그녀에게 전화했다. 나는 그녀의 음성사서함에 내가 들은 이야기에 대해 말하며 기자로서 쓸데없는 거짓말을 퍼뜨리는 대신 기사 쓰는 일에나 더 신경쓰라는 강한 협박투의 메시지를 남겼다. 그리고 이 일에 대해 더 이야기하고 싶으면 내게 전화하라고 했다. 즉시 전화벨이 울렸다. 그녀는 불같이 화를 내며 누구에게서 그런 이야기를 들었는지 말해보라고 했다. 그녀는 분노를 이기지 못해 씩씩거렸으며, 나는 잘난 척하고 차분한 태도로 그녀에게 맞섰다. 나는 그 나이에 그렇게 화를 내는 것은 위험한 일이며 진정하지 않으면 동맥경화라도 일어날 거라고 했다. 그녀는 전화를 끊어버렸다.

나는 그녀를 너무 화나게 한 것 같아 두려웠다. 또한 이 일이 너무나 재미있어 두렵기도 했다. 하지만 즉시 미안한 마음이 들었다. 분명 도가 지나쳤다.

잠시 후, 그녀가 다시 전화했다. 내가 전화를 받지 않자 그녀는 내가 직접 사인한 정식 사과장을 보내라는 메시지를 남겼다. 그녀는 '당신이 한국어를 이해하지 못할 경우를 생각해서'라며 자기 이름의 철자를 또박또박 불러주었다. 그녀는 또다시 전화해 만약 24시간 내에 사인이 된 정식 사과장을 받지 못하면 내게 '무척 유감스러운' 일이 벌어질 거라고 했다.

나중에 나는 그 한국인 기자들에게 이 일을 이야기했다. 그들은 그녀로부터 대체 누가 내게 그런 얘기를 했는지 기필코 알아내겠다는 전화를 받은 상태였다. 내가 아는 한 그들은 내 편을 들지 않았다. 그들은 그녀를 두려워했으며 그녀의 눈에 거슬리는 행동은 원치 않았다.

　나는 큰 외로움을 느꼈다. 이상한 일이긴 했지만, 내가 그런 행동을 한 데에는 그들의 인정을 얻고 싶은 마음도 있었다. 내가 내 소신을 위해 싸운다는 것을 그들에게 보여주고 싶었다. 하지만 불행히도 그들의 지지를 얻지 못하자 그것은 치기어린 행동으로밖에 보이지 않았다.

　다음날 나는 사인을 하지 않은 사과장과 함께 그녀에게 꽃다발을 보냈다. 그녀는 받지 않았다.

　그후 몇 달 동안, 그녀는 신문사에서 자신이 차지하는 지위를 이용해 내가 교포사회에 미친 악영향에 관한 기사들을 엄청나게 써댔다. 그녀는 원래 연예부가 아닌 사회부 기자였지만 나를 파멸시키겠다고 작정을 한 것 같았다.

　그녀는 숱한 사람들을 인터뷰하고 다녔으며, 나는 기사를 읽어보지 않았기 때문에 그들이 뭐라고 했는지조차 몰랐다. 그녀가 내게 얼마나 큰 손해를 미쳤는지도 몰랐다. 그 시점에서 누가 내게 그 이야기를 해주겠는가? 그것은 정말로 무의미한 일이었다. 나는 이미 사람들로부터 미움받는다고 느끼고 있었으므로 이번 일은 그러한 고통스런 사실의 반복일 뿐이었다. 일의 결과가 이렇게 되었고, 누군가가 날 벌주기 위해 그토록 애를 쓰고, 결국 그 모든 것이 애초에 그녀를 엿먹인 내 잘못이라는 사실이 날 슬프게 했다.

　백인 중심의 세상에서 각자의 자리를 차지하기 위해 그토록 치열히 싸워온, 성공한 한국 여성이라는 우리 두 사람이 온 힘을 다해 서로를 금방이라도 잡아먹으려 했다는 것은 끔찍한 일이다. 유감스럽게도 어떤 의미에서 그녀는 지금의 내 행동 또한 그러하다고 생각할 것이다. 오랜 세월이 흐른 뒤 나는 그녀에게 직접 사인한 공식 사과장을 보냈다.

당시에는 내가 철이 없었으며 그녀가 어떤 사람인지 또한 내 자신이 어떤 사람인지도 몰랐다고 썼다. 그때도 지금처럼 그녀에 대해 깊은 존경심을 가졌어야 했다. 그 존경심은 그녀가 내게 한 짓 때문이 아니라 그녀가 나와 너무도 닮아 있다는 깨달음에서 우러난 것이다.

나는 이제 그녀와 같은 편이며 이제야말로 한국인을 이해한다고 말할 수 있다.

시트콤이 평론가들과 주요 언론사로부터 호된 공격을 받는 상황이었기에 미국내 동양인 사회로부터의 냉담한 반응은 더욱 받아들이기 어려웠다. 우리 시트콤을 좋아하는 사람은 아무도 없는 것 같았다. 우리 작품의 실제 주인공인 동양계 미국인들로부터 버림받는다는 것은 수용하기 버거운 현실이었다.

나는 어떤 비평이든 점잖게 넘겨버리지 못했다.

내 친구 하나는 미국의 양대 신문사 중의 한 곳에 동양계 미국인으로서 〈올 아메리칸 걸〉에서 자신의 삶이 희화되는 것에 큰 모욕감을 느꼈다는 기사를 썼다. 그는 우리 시트콤이 다문화주의 형성에 대단한 폐해를 가져오고 있으며 드라마 제작진들의 노력이 긍정적인 쪽보다는 부정적인 쪽이 훨씬 많다고 했다. 그는 내가 무척 좋아하던 친구였기에 그 기사는 내게 큰 상처를 주었고, 나는 걷잡을 수 없는 복수의 욕망에 사로잡혔다.

나는 그에게 전화해 가능한 아무것도 모르는 듯한 목소리로 그 기사의 복사본을 팩스로 보내줄 수 있겠냐고 물었다. 그는 초조한 듯이 그 기사에 대해 뭐 들은 얘기가 없냐고 물었다. 나는 상냥한 목소리로 대답했다.

"아니, 전혀. 난 신문에 실린 내 기사를 전부 스크랩하고 싶거든. 물론 네 기사도 포함해서지. 특히 넌 내 좋은 친구니까."

기특하게도 그는 정말로 팩스를 보냈고, 그 뒤에 곧장 미안하다는 편지가 뒤따라왔다. 나는 몇 년 동안 그 친구와 연락을 끊고 지냈다. 얼마 전, 나는 그에게 전화해 그런 짓을 한 것에 대해 미안하다고 사과했다. 그 당시에는 심한 배신감을 느꼈으며 오로지 분노밖에 표현할 길이 없었다고 설명했다. 그는 신문사에서 그 자신의 생각보다 훨씬 더 비판적인 기사를 쓰라고 강요했다고 말했다. 그 한국 여성이 내게 악의를 느낀 것과 같은 이유에서였다.

흥미롭게도 당시 나는 동양인 비평가들에게는 얼마든지 전화해 욕을 퍼부었지만 '주류' 비평가들에게는 한번도 그런 짓을 하지 않았다. 나는 이것을 가족 문제라고 생각했다.

〈올 아메리칸 걸〉에 대한 미국내 동양인들의 반발을 다룬 기사에서 언론계의 한 한국인 인사는 내가 '위험한' 인물이며 우리 드라마를 철저히 모니터해 여차하면 항의하겠다고 말했다.

나는 한국판 코트니 러브(*여성 4인조 펑크 록 밴드 홀의 리더이자 영화배우. 자신을 귀찮게 하거나 해를 끼치는 사람에게 직접 폭력을 행사해 여깡패라는 별명이 붙었다)처럼 행동했다. 그에게 전화를 해 당신이 얼마나 멍청한 사람인지 아느냐고 앞뒤가 안 맞는 말을 퍼부어댔다. 그가 즉시 당황하며 쩔쩔매자 나는 더욱 신바람이 났다. 내가 '교포사회'를 위해 얼마나 많은 일을 했는지 아느냐(사실 당시로서는 거의 없었다), 당신의 그 머저리 같은 말 때문에 내가 얼마나 큰 피해를 입을지 아느냐고 떠들어댄 뒤 나는 전화를 끊어버렸다. 그는 그 후로 계속 전화해 당신이 당신 말대로 그토록 교포사회를 '염려' 한다니 이런 일들을 좀 도와달라는 메시지를 남겼다. 그의 메시지는 언제나 빈정거리는 투였고, 같은 동족에게만 느껴지는 그런 증오심이 교묘히 감춰져 있었다.

가장 가슴 아픈 비난은 내 집에 배달되는 신문의 사설란에 실린 한 편지였다. 그것은 12살짜리 한국 소녀의 편지였는데 'TV에서 마가렛 조를 봤을 때 난 큰 수치심을 느꼈어요.' 라고 씌어 있었다.

왜? 왜? 이제는 그 이유를 알고 있다. 그들은 나와 마찬가지로 재미교포의 역할 모델을 본 적이 없기 때문이다.

나는 바이올린을 연주하지 않았다.

나는 우디 알렌과 자지도 않았다.

나는 그냥 나였다. 아니, 사실 그것은 내가 아니었는지도 모른다. 〈올 아메리칸 걸〉은 나와는 한참 다른 내 모습을 그려낸 우스꽝스런 드라마였기 때문이다. 첫회에서 스탠드업 코미디를 하며 나는 공개적으로 내 가족을 웃음거리로 삼았다. 첫회가 끝나고서야 나는 정신을 차렸고, 두 번 다시 그런 짓을 하지 않겠다고 맹세했다.

당시 내가 사귀고 있었던 쿠엔틴 타란티노는 내게 전화해 소리쳤다.

"그들은 네 목소리를 빼앗아버렸어! 절대로 그냥 둬선 안돼! 너는 공개적으로 네 가족을 망신시켰다고!"

비난의 대상은 내가 아니었지만 나는 내가 비난받는 느낌이었다. 그 드라마는 나와 별개였는데도 나는 그렇게 생각했다. 나는 전혀 내가 아니었다. 갑작스런 명성과 평론가들의 비평, 사람들의 비난, 다이어트, 스케줄, 이런 것들이 날 미치게 하기 시작했다.

제13장 짝사랑

　나는 우리 드라마 작가 중의 한 남자에게 홀딱 빠져버렸다. 그것은 다소 갑작스런 일로 당시 나는 심각한 절망의 늪에 빠져 있는 상태였다. 드라마가 방영된 지 두 달이 지났다. 출발은 요란했지만 한 주, 한 주가 지날수록 시청률이 떨어졌다. 다이어트 약으로 인한 두통과 메스꺼움도 서서히 날 죽여가고 있었다. 언론의 혹평과 동양인 사회의 반발은 내 가슴을 찢어놓는 동시에 날 화나게 했다. 더 이상 방송 외의 일로 만나는 친구는 하나도 없었기에 드라마가 곧 내 현실이 되어 버렸다. 북한의 상황은 점점 악화되고 드라마의 앞날이 불투명한 시점에서 이 모든 일을 떨쳐내기 위해 결국 나는 누군가, 무언가가 필요했고 존을 발견했다.
　나는 그를 짝사랑하기로 마음먹었다. 짝사랑은 우리로 하여금 자신에게서 벗어나 스스로를 짝사랑의 시각에서 보게 한다.
　종종 짝사랑의 실제 대상은 다른 사람이 아니라 우리 자신, 그리고 우리가 생각하는 세상 속에서의 내 모습이다. 다른 사람을 통해 우리 자신의 환영을 봄으로써 우리는 실제적인 자긍심 없이 자기

애에 도달할 수 있으며, 자신을 숭배한다는 사실을 인정할 필요없이 스스로를 숭배할 수 있게 된다.

짝사랑은 현실과 환상의 충돌로서 내 환상 속의 나와 현실 속의 내가 경합을 벌이는 것이다. 사실 이 일에서 다른 사람은 별 상관 없다.

짝사랑에 빠지면 나는 많은 시간을 내 외모를 가꾸는데 보낸다. 옷을 사고, 운동하고, 그 사람이 좋아하는 스타일에 빠져든다. 상대가 좋아하는 것들에 둘러싸이면 그와 훨씬 가까워지리라 생각한다. 그것들이 내 안에 내재되어 있던 그러한 특성들을 개발시켜 상대로 하여금 내게 친근한 가운데 더욱 매력을 느끼게 할 것 같은 느낌이 든다. 이것은 또한 그에게 거부당할 위험을 감수한 채 실제로 말을 걸어야 한다거나, 현실의 그로부터 내 상상 속의 그와 일치하지 않는 말을 듣게 되는 일 없이 상대방을 알아가는 방법이기도 하다. 빈약한 사실과 사소한 일들을 재료로 삼아 여기에 그가 한 말을 섞고, 그에 관해 내가 개인적으로 알아낸 사실들을 첨가하여 영양가를 높이고, 그의 프로필을 잘 측정하여 약간만 집어넣으면 짠 하고 탄생하는 것이 바로 짝사랑이다! 그것이 기존의 내 방식이었다.

나는 무엇보다도 그러한 도피처가 필요했다. 비록 실제 일어났던 일들과 내 상상 속의 일들이 헛갈리기는 하지만 아마 존도 그랬을 것이다. 남자에게 그런 지독한 사랑을 느낀 것은 처음이었을 뿐 아니라 내 행동은 그 어느 때보다도 광적이었다. 그 일은 내게 시사하는 바가 컸다.

존은 잘생기거나 섹시한 타입이 아니었으며 어느 모로 봐도 특별한 매력이 있지는 않았다. 그때 그는 개인적으로 힘든 시기를 겪고 있었다. 그를 아버지처럼 길러준 삼촌과 그의 형이 일주일 간격으로 암에 걸려 사망했다. 존은 주말마다 고향인 동부를 다녀왔으며 녹화장으로 돌아오는 월요일에는 언제나 슬프고 지쳐 보였다.

그는 나와 얘기를 하고 싶어했다. 그는 작가 일을 그만둘 참이었다. 그에게는 시간이 필요했다. 가족들이 계속 울기만 해요, 그가 말했다. 언제 만나서 얘기나 해요. 언제 시간이 나면요.

그는 새로 빌린 할리우드 힐의 내 집에 찾아왔다. 빨간 소파 위에 앉은 그는 별로 말이 없었다. 상황이 내게 불리하게 돌아가서 유감이라고 했다. 게리의 극본이 재미있지 않아 정말 유감이라고 했다. 그는 다 이해한다는 표정을 짓고 있었다. 그의 의도가 뭔지는 알 수 없었지만 난 그가 날 구해주러 온 것이기를 바랐다.

나는 절망과 현실 부인(否認) 상태를 오락가락했다. 〈올 아메리칸 걸〉은 취소될 위기에 처해 있었다. 나는 그 드라마가 싫었고, 세상 사람들 모두 그런 것 같았다. 나만이라도 그 드라마를 지지해야 했다. 내가 그것을 외면한다는 것은 난파선 속에 나를 버려둔 채 떠나야만 한다는 의미였다.

두 사람 모두에게 힘든 시기였고, 그 결정타가 바로 존과 그에 대한 나의 집착이었다. 이제는 그것이 전혀 존 때문이 아니었다는 것을 안다. 나는 그 상황에서 벗어나야만 했고, 그는 내가 계속 키스를 해대던 개구리였다. 나는 늪 속에 빠져들어가고 있었고, 그는 내가 쥐고 있던 메마르고 뒤틀린 나뭇가지였다. 그것도 내 손아귀에 들어온 즉시 부러지고 쪼개져버리는.

그는 나름대로 묘하게 다른 사람을 설득시키는 재주가 있었다. 그에게는 여자를 사로잡는 구석이 있었는데 늘 뒤로 빼는 그의 태도 때문이었다. 그는 마치 일본의 기생이나 빅토리아 시대의 순진한 처녀처럼 감질날 정도로만 자신의 속내를 보여주었다. 이것은 날 화나게 했으며 나와 같은 많은 여자들을 완전히 미치게 만들었다. 그는 자신의 그런 성격을 자랑스러워했으리라.

그는 옛날에 상담 전화에서 자원봉사를 한 적이 있다고 했다. 정신 장애가 있는 한 여성이 그에게 강박 증세를 보였고, 그는 그녀로부터 벗어나기 위해 그녀의 전화는 모두 다른 사람에게 넘겨버렸다. 그녀는 화를 내며 사고를 칠 거라고 위협했지만 그는 믿지 않았다.

마침내 그와 전화가 연결되자 그녀는 자신이 눈을 뽑았다고 말했다. 성경에 만약 그녀의 눈이 신을 노하게 하면 그것을 뽑으라고 했다며 자신이 한 일을 그에게 알려주기 위해 전화했노라고 했다. 그녀는 쇼크 상태였고, 소름끼칠 정도로 차분했으며 아직 통증을 느끼지 못했다. 그러더니 별안간 통증이 밀려오기 시작했는지 전화기에 대고 무시무시한 원시적 비명을 질러댔다. 그녀가 소리치는 내내 그는 구급차를 보내기 위해 그녀의 주소가 어딘지 알아내려고 노력했다. 그리고 구급차가 도착할 때까지 그녀와 계속 이야기를 나눠야만 했다. 그는 그 사건이 지금까지 살면서 가장 무서웠던 일이라고 한다.

시간이 흐른 뒤, 두 사람은 만났다. 그녀는 물론 장님이었고 수녀가 되어 있었다. 나는 그들이 만나는 모습을 상상해봤다. 그녀는 그의 얼굴이 무척이나 궁금했을 것이다. 아마 그녀는 손으로 얼굴을 만져보게 해달라고 부탁했을 테고, 그는 매사에 그렇듯이 마지못해 승낙했을 것이다.

그에게서 이 이야기를 들었을 때, 마치 그 여자와 비교하니 그에 대한 내 강박증이 초라해지기라도 하는 것처럼 나는 내가 한수 아래라는 생각이 들었다. 그가 우리 집에 왔을 때 나는 그에게 키스하고 싶었지만 그가 허락하지 않았다. 그는 이미 약혼녀 몰래 우리 드라마 팀에서 일하는 다른 여인과 양다리를 걸치고 있었기에 사각 관계로까지 발전시키고 싶어하지는 않았다.

내가 그에게 끌렸던 가장 큰 이유는 그가 다른 사람과 달리 날 염려해준다고 생각했기 때문이다. 그것이 나를 그의 포로로 만들었다. 나는 그가 키스해주기를 간절히 바랐고, 그는 내게 키스하다가 나를 바닥으로 밀어내고 떠나버렸다. 지금도 그 자리에 앉으면 온몸에 전기가 흐른다. 훗날 그가 그리울 때면 나는 그 자리에 앉아 내 몸에 닿던 그의 손길을 추억하곤 했다.

집에서 나간 직후, 그는 차에서 내게 전화해 우리 사이가 어색해지지 않으면 좋겠다고 했다. 그는 미안하다고 했지만 정확히 무엇이 미안한지는 모르고 있었다.

그는 두세 달에 한번씩 전화해 절대 실현되지 못할 계획을 막연하게 세우거나, 날 애태우거나, 다정하게 대하거나, 전화해 달라는 메시지를 남기지만 막상 자신은 일이 있어 늘 내 전화를 받지 못함으로써 점점 더 나를 강박증 속으로 밀어넣었다. 옷을 차려입은 채 전화를 기다리는 날들이 늘어갔지만 전화는 결코, 한 번도 울리지 않았다. 단 한 번도.

화장을 한 채 앉아 기다리고 있노라면 어느새 태양이 하늘을 가로질러 반대편으로 사라졌다. 마침내 누군가에게서 전화가 오거나 만나서 무슨 일을 하기에 너무 늦은 시간이 되어도 나는 계속 그에게서 전화가 올 거라고 생각했다. 나는 마약에 취한 상태에서 침대 옆의 전화기가 울리기를 기다렸다. 그러다가 옷을 입고 화장까지 한 채로 침대 커버 위에서 잠들어 버린다. 눈을 뜨면 어느새 아침이고, 새가 지저귄다. 나는 기다리느라 또 하루를 낭비했다는 가슴 아픈 깨달음과 함께 숨을 들이키며 깨어난다. 어젯밤 집안 곳곳에 켜둔 전등불은 여전히 밝혀져 있고, 나는 내가 이 세상에 존재하는지 관심조차 없는 남자를 기다리며 또 하루를 보냈다는 생각에 부끄러움과 절박한 심정으로 자리에서 일어난다. 그리고 똑같은 일을 반복한다.

13회까지의 촬영이 끝난 후, 〈올 아메리칸 걸〉은 휴지기에 들어갔고 나는 그를 만날 준비를 하며 시간을 보내는 일 외에는 할 일이 없었다. 나는 금은방에서 은으로 된 예쁜 보온병을 사서 거기에 글씨를 새겨달라고 했다. '우주 비행사, 영화 배우, 정치가. 당신도 이 안에 낄 수 있었을 텐데……' 이것은 말하자면 나만의 농담으로 극히 사적인 의미이기 때문에 오로지 나만이 이해할 수 있다. 즉 나는 이런 유명한 남자들로부터 사랑을 받았고, 만약 당신도 이 사람들만큼이나 성공한 남자였다면 기꺼이 날 사랑했을 거라는 식의 바보 같은 뜻을 담고 있는 암호문이었다. 중간에 나는 이것이 미친 짓이라는 것을 깨닫고 그에게 보온병을 주지 않았다. 사실 그 후로 그를 본 적이 없으니 줄래야 줄 수도 없었다. 다시는 그렇게 미친 짓을 하지 않겠다는 사실을 상기시키는 차원에서 나는 그 보온병을 우리 집에서 가장 눈에 잘 띄는 곳에 전시해두었다.

나는 완전히 맛이 갔고, 그에 대한 환상을 지속시키기 위해 엄청나게 많은 마약에 손을 댔다. 그는 딱 한번 오프 바인에 데려가 저녁을 사주었다. 식사하는 동안 어떻게든 그를 유혹하려고 내 손가락에 묻은 와인을 혀로 핥기까지 했지만 그는 눈도 깜짝하지 않았다.

그는 좌석에 흉측한 양가죽이 씌워진 자신의 초라한 아큐라 비거(Acura Vigor)로 나를 집까지 태워다주었고 가는 길에 바인으로 드라이브를 했다. 훗날 내가 그에 대한 과대망상과 절망에 사로잡혀 있을 때, 난 혼자서 차를 몰고 그곳에 가서 특별한 감회에 젖곤 했다. 이것을 사는 거라고 할 수 있을까?

그것은 죽은 거나 다름없었다. 그러한 기다림과 갈망은 2년 동안 계속됐다. 나는 거기서 헤어나지 못했다. 소문에 듣자하니 그가 약혼녀와 헤어졌다고 했다. 나는 《재활용》지에 존의 약혼녀가 실은 광고를 보았다. '웨딩 드레스-800불에 팔겠음. 한 번도 입지 않은 새것. 리스 S.-에게 전화 바람.'

그 광고를 보자 영화 〈뮤리엘의 웨딩〉에서처럼 웨딩 드레스를 입어보고 싶었다. 나는 어떤 드레스를 입어도 예뻐 보이지 않았다. 하지만 그 일이 즐거운 이유는 웨딩 드레스 샵의 직원들이 다들 너무도 친절하기 때문이다. 그곳은 세상에서 가장 행복한 장소다. 드레스를 입는 여자들과 누구든 탈의실에서 나오기만 하면 언제라도 눈물과 탄성을 터뜨릴 준비가 되어 있는 주변의 여자들. 그곳이 그토록 유혹적인 것은 바로 그런 즐거움 때문이다. 드레스 샵을 나설 때는 내가 정말로 존과 결혼할 것이며 그가 그것을 깨닫는 것은 오직 시간 문제일 뿐이라고 생각하게 된다.

'결혼하는 환상'은 가장 오래고도 질긴 내 백일몽이었다. 그것의 시작은 푸른 눈의 텍사스 출신 애인이었던 T.숀과 사귀던 시절까지 거슬러 올라가야 한다.

그때 내 나이 겨우 스무 살이었다. 나는 그와 라스베가스에 가서 날림 결혼식을 올리는 모습을 상상했다. 싸구려 핑크색 실크로 만든 60년대식 원피스를 입고, 담배를 입에 문 채 초조하게 발을 계속 바닥에 두드려 대고, 가볍게 떨리는 장갑낀 손에는 장미 봉오리로 만들어진 조그만 부케가 들려 있다.

신기하게도 나는 우리의 가상 결혼이 파탄나고, 내가 술에 취한 채 그가 다른 여자와 사귀는 것을 미행하는 상상까지 했다. 아침 일찍 알몸에 모피 코트와 진주 목걸이만 걸치고 부서진 샴페인 잔을 움켜쥔 채 그의 집 현관에 취해 쓰러져 있는 나를 그가 재혼해서 얻게 된 어린 아들이 발견하는 상상도 했다.

"저 아줌마는 엄마와 결혼하기 전에 아빠가 처음으로 결혼했던 여자란다. 남자들하고 헤어지는데 문제가 좀 있지. 어서 구급차를 불러라, 얘야. 어서! 어서! 어서!"

한때 잠깐 사귀었던 컨트리 가수 주드와의 상상은 너무도 또렷했다. 우리의 특별한 결혼식은 한 포도주 마을의 돌로 지어진 교회에서 열린다. 모든 것이 컨트리 웨스턴풍으로 신발까지 하얀 카우보이 부츠다. 마을의 치안판사는 샌더스 대령이고, 우리의 결혼식을 주관하는 사람도 물론 그분이다. 주드는 내게 노래를 불러주고, 모든 여자들은 그 낭만적인 광경과 이제 그가 영원히 다른 사람의 남편이 된다는 생각에 눈물짓는다.

가장 끔찍했던 내 최근의 남자친구 마르셀과 결혼하는 환상은 훨씬 더 리얼했다. 우리는 남프랑스의 프로방스 지방으로 갈 것이다. 그곳은 몇 년 전에 마르셀이 친척의 결혼식에 참석했던 곳이다. 결혼식의 테마는 세기말의 농부들이고, 피로연에는 소박한 수프를 내놓을 것이다. 바이올린이 연주되고, 〈마농의 샘〉(*프랑스 국민작가인 마르셀 파뇰의 소설을 각색한 영화. 프랑스 남부 프로방스를 배경으로 한다) 스타일로 자연스럽게 헝클어진 내 머리 위에는 작은 들풀로 만든 화환이 얹혀진다. 옛날 은행가들처럼 검은 조끼에 회중시계를 찬 남자들이 육중한 떡갈나무 테이블을 들판에 옮겨놓으면 사람들은 그곳에서 밤새 춤추고 술을 마신다.

　이 행사에 부모님을 등장시킨 적은 한번도 없었다. 부모님은 끔찍한 진실, 고약한 현실을 의미하기 때문이다. 부모님이 끔찍하다거나 고약하다는 것이 아니라, 단지 그분들이 너무나 현실적이어서 나로서는 도저히 그 현실을 견뎌낼 수가 없기 때문이었다. 그분들은 내 존재의 새까만 수박씨와 같고, 나는 그저 내 인생의 맛있는 부분인 씨없는 달콤한 살만을 먹고 싶을 뿐이다.

　나는 이 환상에 깊이 빠져들어 〈1900〉에도 가봐야겠다고 생각했다. 그곳은 메인 가에 있는 고급 부티크였는데 예약 손님만 받았다. 그곳에 가서 고풍스런 무명 드레스가 얼마 정도인지, 내 환상을 실현시킬 만한 드레스가 어떤 것인지 살펴보고 싶었다. 많은 어린 신부들처럼 나중에 웨딩 드레스 일로 골머리를 썩이고 싶지 않았다. 훑어봐야 할 새로 나온 잡지들도 많았다. 《신부》며 《현대적 신부》 등등, 다들 목표와 방향이 확실한 웨딩판 《보그》지였다. 잡지에 실린 드레스들은 하나같이 흉측하고 잔뜩 부풀려 있었다. 언제나처럼 나는 구형 스타일을 찾아보든지 아니면 내가 직접 디자인을 해야만 한다는 것을 깨달았다.

　나는 들러리들의 드레스도 생각했다. 커다랗게 부풀려 틀어올린 헤어스타일에 70년대 깁슨 걸 스타일(*옷 전체의 실루엣이 S자를 이루는 스타일로 구식 디자인이다)과 비슷한 레몬색의 촌스런 드레스가 될 것이다. 다른 곳에는 못 입고 다닐 테지만 무슨 상관인가? 들러리 옷을 또 입는 사람은 아무도 없다. 나는 섬세한 하얀색 레이스가 달리고 역시 하얀색 거즈로 만들어진 빅토리아풍의 드레스를 입고, 데이지꽃으로 만든 부케를 들 것이다. 들러리인 내 친구들, 시오반과 애비, 마르셀의 동생 루이즈는 데이지꽃의 한가운데 부분과 어울리는 노란빛 드레스를 입겠지.

별안간 이것은 더 이상 환상이 아니라 완벽한 계획이 되어 버렸다. 후에 마르셀과의 관계가 틀어지고, 그가 꼴보기 싫어졌을 때도 난 여전히 그와 헤어지려 하지 않았다. 이 환상에 공들인 시간이 너무 많았기 때문이다. 나는 내 환상의 포로나 다름없었다. 나는 기꺼이 스스로를 이 비참한 관계에 몰아넣고 내가 싫어하는 사람과 함께 지냈다. 나와 눈이 마주칠 때마다, 내게 말을 걸 때마다, 손이 닿을 때마다 나를 괴롭히는 사람과. 상상 속에 존재하는 단 하루의 즐거움을 위해 평생을 지옥 속에서 보내려 한 것이다!

다음에 누군가를 짝사랑하게 되면 아무리 힘들어도 다시는 결혼하는 환상에 빠지지 않을 것이다. 현재 어쩌면 앞으로도 영영 존재하지 않을 미래의 행복을 위해 살지는 않겠다. 나는 현재를 위해 살 것이며 더 이상 내 시간을 낭비하지 않을 것이다. 내가 사는 매 순간이 환상만큼이나 아름다울 수 있다. 인생의 매순간이 소중하다. 나는 내 인생을 악몽으로 만들어버리는 이런 헛된 꿈에 시간을 낭비하지 않겠다고 맹세했다. 나는 순간에 살고, 순간을 유념하며, 순간에 정신을 집중하고, 매순간을 내 가슴에 꼭 끌어안겠다고 맹세했다. 흘러가는 매초마다.

당시에는 드레스 샵에서 누릴 수 있는 레이스가 달린 순백색의 감동과 부드럽고 여성스러운 손길을 그리워하지 않도록 마음을 다스리기가 너무도 힘들었다. 내게 전화조차 해주지 않는 누군가와의 결혼을 준비하며 웨딩 드레스를 입고 다니는 것은 미친 짓이었다. 나는 완전 정신병자였다. 그러나 가게의 점원들은 그 사실을 몰랐다. 그들은 그저 나의 특별한 하루, 평생 잊지 못할 그 하루를 준비하도록 도와주었다.

그날도 나는 드레스를 입어보았는데 늘 그렇듯이 내게 그다지 어울리지 않았다. 나는 밖에 나가 슬레지가 데리러 오기를 기다렸다. 신기하게도 슬레지는 내가 하는 일이라면 뭐든지 당연하게 생각했다.

나는 벤츄라 대로의 모퉁이에 서 있었는데 차를 몰고 가던 한 남자가 나를 바라보더니 자신의 차를 주차시키고 내게 걸어왔다. 그는 내게 말을 걸기 시작하며 내가 매력적이라는 둥, 직업이 뭐냐는 둥 물어보았다. 나는 한참이 지나서야 그가 나를 창녀로 착각하고 있다는 것을 깨달았다! 요란한 소리를 내며 슬레지가 그의 아큐라를 끌고 나타나자 나는 그의 차에 올라탔다. 그는 미친 나를 집으로 데려다주었다.

제14장 재건에 돌입하다

　　드라마는 대대적인 재건 작업에 들어갔다. 미국내 동양인 사회로부터의 반발이 거셌기 때문에 드라마를 보다 '사실적으로' 만들려는 노력이 진행되었다. 동양인 고문이 고용되어 배우들의 악센트를 고쳐주거나 풍수지리에 맞춰 세트장을 설치해야 한다고 주장했다. 배우들에게는 아무 문제도 없었기 때문에 이것은 한층 모욕적인 처사였다. 문제는 '사실성'이 아니라 무감각하다는 데 있었다. 미국내 동양인들의 삶에 대해 오직 하나의 '사실적인' 정의만 있다는 식의 발상은 실재하는 다양성을 깡그리 무시하는 태도였다. 그것은 진실이 여러 가지일 수 있다는 사실을 도외시하며 우리를 인종의 거미줄 속에 가둔다. 진정한 인종 차별이란 오직 하나의 가능성만을 인정한다는 데 있다는 맥락에서 볼 때, 우리 드라마는 동양계 미국인 가정의 삶을 '사실적으로' 그리지 못했으므로 인종 차별적이라는 비난을 받았다.

　　물론 방송국 사람들에게는 인종이나 문화에 대해 토론할 시간이 별로 없었다. 그들은 드라마를 가족 중심에서 X세대의 삶에 초점을 맞추기로 결정했다. 중간에 가족들이 계속 등장하기는 하지만 초점은 내 사생활로 옮겨졌다. 이것은 내 본래 모습에 더 다가서는 것이기는 했지만 올바른 해결책은 아니었다. 드라마는 보다 '나' 다운 캐릭터를 만드는 쪽으로 급격하게 진행되었으나 내가 대본 작업에 참여하는 것이 허락되지 않았고, 내가 집어넣은 대사들은 막판에 전부 편집되었기 때문에 결과는 여전히 나빴다.

당시는 20대들의 고뇌를 다루는 것이 유행이어서 우리는 〈프렌즈〉의 시류에 편승했다. 극중의 내가 집에서 독립해 지하실로 이사가고, 의미없는 섹스는 하지 않으며(실제의 나와는 거리가 아주 먼 일), 다시 아파트로 이사해 두 여자 친구와 함께 사는 내용이 몇 회에 걸쳐 방영되었다.

우리는 심지어 〈리얼 월드〉(*1992년 이래 MTV에서 방영되는 프로로 초면인 일곱 명이 합의하에 함께 살며 그 실생활을 그대로 방송에 보내는 일종의 엿보기 프로그램)를 패러디하기까지 했다.

그러던 중 작가 두 명이 해고되었다. 레인과 셔만은 우리 팀의 젊은 멤버들로서 나하고도 친한 사이였다. 작가들의 일에 대해서는 관여할 수 없었으므로 나로서는 그들이 무슨 잘못을 했는지 알 수가 없었다. 하지만 그들의 갑작스런 해고는 날 화나게 했다. 그 사소한 일로 왜 그러는지 알 수 없었지만 어쨌든 나는 무력감을 느꼈다.

나는 드라마의 주연으로서 내가 가진 모든 힘을 이용해 그들을 다시 고용했고, 이 일은 모두를 놀라게 했다. 왜냐하면 그것은 완전히 뒷북을 치는 행동이었기 때문이다. 내게 그만큼의 힘이 있는 줄은 전혀 몰랐다.

나는 내가 스타라는 생각을 한 번도 하지 못했다.

나는 방송국 사람들에게 살을 빼고 싶지 않다고 말할 수도 있다는 생각을 한 번도 하지 못했다.

나는 이 사람들이 여기 있는 이유가 모두 나 때문이라는 생각을 한 번도 하지 못했다.

우리 시트콤의 제목이 〈올 아메리칸 걸〉이라면 그 모든 것을 전혀 깨닫지 못했던 나는 〈올 아메리칸 애스홀(*멍청이라는 뜻)〉이었다. 레인과 셔만을 재고용한 것은 어쨌든 아무 소용도 없게 되었다. 곧 모든 작가들이 해고되었기 때문이다. 화가 머리끝까지 난 게리도 포함해서.

게리의 글은 너무나 재미가 없었지만 그는 정말 열심히 노력했기 때문에 나는 그가 가엾었다. 내가 다이어트 약 때문에 밤새 뜬 눈으로 지새다 마약과 허기로 인한 광란 상태에서 그의 사무실로 쳐들어가 『천상의 예언』을 본 뜬, 전혀 앞뒤가 맞지 않는 스토리를 주절거리며 어서 받아적으라고 행패를 부렸을 때도 그는 그런 나를 이해해줬다. 『천상의 예언』은 읽지는 않았지만 제목이 무척 근사하게 들린다고 생각했던 책이다.

마지막으로 우리는 새로운 〈파일럿〉을 녹화했다. 나와 '할머니' 역할을 맡았던 에이미 힐을 제외하고는 처음에 나왔던 등장인물이 모두 빠졌다. 나는 이제 세 남자와 살았고, 그곳은 '게으름뱅이의 천국'이었다. 재치있는 농담이 아닌 단순한 말장난을 구사함으로써 극은 당연히 빈정거리고 시니컬해졌으며 코미디적 요소는 완전히 사라졌다.

그것은 야심찬 시도였고, 최소한 내 자신의 감성에 더 다가서려고 했다는 점에서 나는 그 드라마가 마음에 들었다고 말해야 옳을 것이다. 거의 대부분의 가족이 사라졌다는 것은 정말 불행한 일이다. 내가 생각하기에는 드라마에 대한 동양인들의 반발이 너무 거세자 방송사 측에서 자신감을 잃은 것 같았다. 아니면 북한과의 갈등이 정말로 시트콤의 연장에 영향을 미쳤는지도 모른다.

회의실에서는 아마도 이런 말들이 오가지 않았을까.

"동양인들이 너무 많아."

"수준있는 동양인들만 써야 해. Q 채널(*다큐멘터리 전문 채널)처럼 말이야."

새로운 〈파일럿〉에 대한 반응은 냉담했다. 전혀 새로운 인물들이 등장함으로써 기존의 드라마에 익숙해져 있던 시청자들에게 혼란만 가중시켰다. 모두가 실망했고, 드라마를 연장할 것인지 중단할 것인지에 대해 아무 언급없이 마지막 회가 끝났다.

나는 집에 돌아가 결코 울리지 않는 전화를 기다렸다. 마약상에게 삐삐를 쳤을 때를 제외하고는 결코 울리지 않는 전화를.

그때가 1995년 여름이었다. 나는 뉴욕으로 가 클럽의 공연을 하고 다니며 불안한 미래 속에 자리잡았다. 친구들과 어울려 쏘다니고 마약을 하는 것만이 내가 할 수 있는 일의 전부였다. 엑스터시와 잭 다니엘스, 마리화나, 말보로 라이트와 함께 한 많은 밤들이 진가를 발휘해 나는 공연도 제대로 하지 못했으며 어느 날 일어나 보니 목소리가 나오지 않았다.

병원 진료실에는 친필 사인이 있는 모리세이(*영국의 록 그룹으로 명성을 떨쳤던 더 스미스(The Smith)의 리더)의 사진이 걸려 있었는데 그것을 보니 크게 안심이 되었다. 의사가 내게 코티존을 주사하자 다시 말이 나왔다. 도뇨관 사건 때처럼 이번에도 내 목구멍 속으로 카메라를 집어넣어 성대에 붙은 하얀 점을 잡아냈다. 지난번의 방광 필름과 함께 이 필름을 가질 수 있다면 좋으련만. 대단한 작품

이 나올지도 모른다. '마가렛 조 속으로' — 개봉 박두 — '속속들이 탐사'

의사의 명령은 아주 단호했다. 담배를 완전히 끊을 것. 휴식을 취하고 조심한다면 아마도, 아마도 모든 것이 호전될 것임.

나는 담배를 너무도 사랑했기 때문에 담배를 끊기란 내가 지금까지 해야만 했던 일 중에서 가장 어려운 일이었다. 나는 담배의 모양, 냄새, 맛을 사랑한다. 담배 피우는 행위도 사랑한다. 푸른 연기를 빨아들였다가 그것이 회색이 되어 내 몸 밖으로 나가는 것을 지켜보는 일은 내게 명상이자 내 존재의 확인이었다. 그것은 위안이자 직업, 마약, 일상 습관, 기분전환이었으며 먹지 않기 위한 수단, 주의를 기울이지 않기 위한 수단, 느끼지 않기 위한 수단이었다. 내게는 이 모든 것들이 필요했기에 나는 삶에 매달리듯 담배에 매달렸다.

요즘도 누군가 말보로 라이트의 뚜껑을 열면 나는 가지런히 놓여 있는 하얀 담배들을 탐욕스런 눈길로 바라본다. 마치 나로서는 그 태고의 불길을 영영 떨쳐내지 못할 것이며 아직도 내 심장은 매일 그 불길에 타고 있다는 듯이.

나는 담배뿐 아니라 마리화나도 끊어야 했는데 이것 역시 내게는 불가능에 가까운 일이었다. 아직 용단을 내리지 않은 채로 나는 친구 에비를 끌고 암스테르담 행 비행기에 올라탔다. 그리하여 마리화나를 안 피우는 대신 해시 봉봉과 스페이스 케이크를 엄청나게 먹어댔다. 이런 단 과자들은 마약에 대한 욕구를 음식에 대한 욕구로 돌려놓았다.

그것은 천국에 있는 기분이었으며 나는 자유로움과 행복감, 광기를 느꼈다. 당분간 드라마를 촬영하지 않아도 된다는 사실에 마음이 홀가분했다. 우선적으로 내가 할 일은 내 목구멍 속에서 커져 가는 정체불명의 존재로 인한 비극적 상황을 마음껏 탐닉하고 흡연자로서의 내 삶을 애도하는 것뿐이라는 생각에 완전 도취되어 있었다. 그리하여 더 많이 먹을수록 기분이 좋아질 거라는 생각에 환각제와도 같은 달콤한 과자를 계속 입 안으로 밀어넣었다. 정말 역겨운 짓이었다.

집에서 떨어져 있으니 존의 생각을 덜 하게 되었고 한동안은 내 강박증도 호전되었다. 나는 더 이상 마약에 취하지 않았다. 단지 절망감에 빠졌다.

우리는 암스테르담을 떠나 영국으로 갔다. 담배를 피면 안 된다는 통보를 받기 몇 주 전에, 나는 품질 좋은 마리화나를 한 꾸러미 사두었다. 우리는 그것을 냉동실에 넣어두고 왔다.

네덜란드에서는 마약이 합법이었으므로 우리는 한번도 그 일에 대해 생각하지 않았다. 하지만 마약이 엄격하게 금지되어 있는 영국에 오자 그 물건이 그리워지기 시작했다. 에비와 나는 엽서라도 보내고 싶은 심정이었다.

'마약에게. 네가 여기 있었으면 좋겠어……'

스스로를 달래기 위해 우리는 펍에 가서 스크럼피 잭 사이다(*영국산 사이다)를 마시고, 축제에서 공연하는 닉 로우(*1970년대의 인기 가수)의 콘서트를 보러 케임브리지에 갔다. 거의 모든 사람이 담배를 피워대는 통에 나는 미치는 줄 알았다. 옥스퍼드에 가서 〈뮤리엘의 웨딩〉을 보고 난 후에는 거의 사흘 동안 내 하나뿐인 사랑, 존을 생각하며 울었다. 내가 이토록 사랑하건만 내게는 전혀 마음을 쓰지 않는 존을 위해.

어느 날, 에비와 나는 더 이상 마약 없는 생활과 서로의 존재를 견디지 못할 지경에 이르렀다. 나는 캠든 타운에 있는 다리 아래에 가서 한 라스타파리안(*헐렁한 레게풍의 옷차림을 한 사람)으로부터 작은 봉지에 든 마약을 구하는데 성공했다. 이 더러운 갈색 봉지로, 나는 남은 여행 동안 우리의 우정을 보존할 수 있었다.

마약 친구에게는 우스운 점이 있다. 그들은 당신과 마음이 꼭 맞는 최고의 친구가 될 수 있다. 하지만 둘 사이에 마약이 없으면 두 사람은 남남이 되고 만다. 내 인생에는 그런 사람들이 수도 없이 많다. 함께 자라며 평생을 알고 지내왔지만 함께 마약을 하거나 술을 마시는 것 외에 나는 그들에 대해 아는 것이 아무 것도 없다. 에비와 나는 제정신일 때도 친구로 지내기 시작하며 서로에 대해 전부 다시 알아가야만 했다. 그리고 그것은 멋진 일이었다. 그녀는 진정한 친구였고 내 인생 최고의 선물 가운데 하나였다. 하지만 만약 우리가 사탄의 풀을 좋아하지 않았더라면 나는 결코 그녀를 만나지 못했을 것이다.

여기서도 내 드라마가 한두 개 정도 방영됐기 때문에 이따금씩 런던 거리에서 나를 알아보는 사람들이 있었다. 하지만 날 만족시킬 정도는 아니었다. 나는 전에 누리던 허울뿐인 명성이 그리워지기 시작했다. 귀국하면 모든 일이 전과 같을 거라고 생각했지만 그렇지 않았다.

돌아온 후에도 드라마의 연장방송이나 중단에 대해 아무런 대답을 듣지 못했다. 내 생각은 점점 어두운 쪽으로 흘러갔다. 매니지먼트 회사에서는 걱정할 것 없다, 드라마는 이제 시작 단계고 앞으로는 내게 더 크고 좋은 역할들이 줄을 설 것이라고 말했다. 그러나 내가 내 마약 친구들에게 전에 산 그 커다란 마약 덩어리를 나눠주는 동안에도 전화는 울리지 않았다. 전(前) 마약 중독자가 자신이 몰래 숨겨두었던 마약을 다른 사람에게 나눠주는 것보다 아름다운 장면은 없으리라.

마침내 그리어가 비버리힐스의 레드 식당으로 날 데려갔다.

파라다이스 아이스 티와 중국식 치킨 샐러드를 앞에 두고 그가 말했다.

"아, 그건 그렇고, 드라마는 취소됐어……"

나는 마치 전부터 알고 있었다는 듯이 "아…… 그래……"라고 대답했고, 그는 두 번 다시 그 이야기를 꺼내지 않았다.

그 후로 내가 전화를 걸 때마다 그는 자리에 없었고, 나는 그의 비서와 이야기해야만 했다. 그녀는 항상 그리어가 눈코뜰새 없이 바쁘다, 하지만 당신한테 다시 전화할 거다, 라고 말했다. 물론 그는 절대 전화하지 않았다.

술은 담배와 마약 없는 긴긴 밤의 고통을 덜어주었다. 나는 어느 모로 보나 술을 잘 마시는 타입이 못되었다. 얼굴은 온통 새빨개지고, 머리가 터져버릴 것 같은 통증을 줄이기 위해서는 아스피린을 한 웅큼 삼켜야 했다. 얼굴은 꼭 방울뱀에게라도 물린 것처럼 부풀어올랐다. 그런 이유로 나는 가능한 술에 취하려고 했다. 그러면 몸에 독이 퍼져가고 있다는 느낌이 들지 않기 때문이다.

내게 남은 일이라고는 가능한 한 술을 많이 마시는 것뿐이었다. 그리고 아침이 되면 게슴츠레한 눈으로 일어나 운동으로 몸에 남아 있는 알코올을 짜내려고 애쓰며 술기운에서 깨어났다. 매니저에게서는 전화가 오는 법이 없었다. 녹화 때마다 찾아오고, 매주 꽃과 함께 대본을 보내주던 '천하무적'의 새 에이전트 집단들 역시 내 전화에 응답조차 하지 않았다.

옛 에이전트인 카렌은 지금 무슨 일을 하고 있을지 궁금했다. 한

번은 술에 취해 그녀의 사무실에 전화한 적도 있었다. 근무시간이 끝났기 때문에 나는 그녀의 전화에 메시지를 남겼다.

"카렌 말이 다 맞았어……"

파티나 모임, 공연이 없을 때면 가끔씩 옷을 차려입고 멜로즈에 있는 작은 바, 스몰스에 가서 혼자 춤을 췄다. 더그라는 남자도 거기서 만났다. 그는 내게 "당신은 세상에서 가장 슬픈 여자야."라고 말했다. 나는 그 자리에서 그를 내 남자친구로 삼았다.

보드카는 날 어처구니없을 정도로 솔직하게 만들어 나는 시트콤이 취소된 일에서부터 어린 시절 친구들로부터 괴롭힘을 당한 일까지 내 인생의 괴로운 사건들을 더그에게 모두 줄줄 털어놓았다. 더그는 그 모든 이야기를 기억하고 있을 테니 언젠가 그것을 내게 불리한 방향으로 사용할 수도 있을 것이다. 나와 섹스를 하면서 그는 이렇게 말했다.

"이렇게 하니까 어렸을 때 널 괴롭히던 아이들이 떠오르니?"

나는 그 잔인한 관계를 몰아낼 만큼 정신이 온전하지 못했다. 그것이 더그에 대해 내가 할 수 있는 유일한 변명이다. 또한 완전히 맛이 간 상태였기 때문에 피임에도 신경쓰지 못했다.

에비와 나 둘 다 월경이 늦어지고 있었다. 우리는 룸메이트였고 주기가 똑같았기 때문에 그것은 약간 이상한 일이었다. 일주일마다 하는 장보기를 하며 우리는 장난스럽게 하지만 불안한 마음으로 임신 진단 시약 두 개를 집어들어 커피, 시리얼과 함께 카트에 넣었다.

나는 내가 임신했다는 사실을 이미 알고 있었다. 그냥 알 수 있었다. 내가 혼자가 아니라는 이상한 기분이 들었다. 그것은 전혀 불쾌한 감정이 아니었다. 그때가 크리스마스 무렵이었고 나는 참가자들이 모두 모여 마약을 하는 한 파티에 참석했었다. 나는 마약을 하지 않았는데도 여전히 어질어질한 기분이었고, 뱃속의 아기와 우주적 대화의 장에 갇혀버린 것 같았다. 그것은 마치 내 안에서 작은 세상이 열리는 느낌이었다.

나는 많이 먹었으며 몸무게가 늘었지만 왠지 그때만큼은 별로 대수롭지 않게 여겨졌다. 그러나 아직 확실한 건 아니었다. 내 생각이 틀릴 수도 있었기 때문에 나는 그러한 환상을 마음껏 즐겼다.

나는 위층 욕실에서, 에비는 아래층 욕실에서 테스트를 했다. 우리 둘의 시험지가 밝은 핑크색으로 물들자 우리는 동시에 "안돼!" 하고 비명을 질렀으며 할리우드 힐 전체에 그 비명이 메아리쳤다.

임신의 현실은 내가 키워오던 아름다운 꿈과 비할 바가 못되었다. 내 자신도 간신히 돌보는 처지인 내가 어떻게 다른 사람까지 돌본단 말인가. 게다가 당시 나는 에비의 생활비까지 책임지고 있었기 때문에 그렇게 되면 먹여야 할 식구가 네 사람이나 된다는 말이다! 나는 더그가 싫었기에 이 아기를 낳고 싶은 마음은 추호도 없었다.

내가 임신한 사실을 말하자 그는 "그게 내 아이이긴 한 거야?"라고 물었다. 물론 다른 남자를 만나고 다니기는 했지만 잠자리에서만큼은 신중을 기했다. 콘돔 없이 나와 잘 수 있었던 남자는 더그뿐이었다. 아, 진정한 사랑이여!

우리가 생각한 유일한 해결책은 낙태였다. 그 방법밖에 없었다. 에비와 나는 웨스트우드의 한 병원에 예약을 했다. 나는 에비와 함께 간다는 것, 그녀와 이 모든 일을 함께 겪는다는 것에 너무나 감사했다. 그것은 이 상황을 조금은 덜 비극적으로 만들었으며 마치 30년대의 스크루볼 코미디(*재치있는 희극적 대사에 의존하는 영화 장

르. 두 남녀가 만나 사랑을 느끼다가 우여곡절 끝에 결합하는 소재가 대부분이다) 같았다. 굳이 제목을 붙이자면 〈아기를 떼러 왔어요〉쯤 될까.

　병원에서의 진단 결과 임신이 확실했고, 우리의 수술 날짜는 다음 주로 잡혔다.

　그로부터 며칠간, 나는 임신으로 인한 호르몬 분비가 가져다 준 몽롱한 달콤함과 바다 속에 들어간 것 같은 평온함을 느꼈다. 그것은 불안하면서도 아름다운 느낌이었다. 나는 이 느낌이 계속되지 않으리라는 사실을 알고 있었고, 거기에 생각이 미치자 정말로 끔찍했다. 내 안의 무언가가 살아 있다는 느낌, 그것은 영원할 것 같았다. 나는 아홉 달 동안 그런 느낌 속에서 지내다가 마침내 아기, 내 아기가 태어나고 내 안에서 솟아날 그 큰 사랑, 세상 무엇과도 비교할 수 없는 그 사랑을 상상해보았다.

　하지만 그때 현실이 끼어들었다. 내 인생에는 나를 위한 공간도 충분치 않았다. 하물며 모든 것을 백지 상태에서 시작해야 할 아기를 위한 공간은 더욱 없었다.

　그 기간 동안 나는 천천히 죽어가고 있으며 내게는 생명을 탄생시킬 권리가 없다는 느낌에 사로잡혔다. 그럼에도 모성애의 부드러운 손길이 나를 감쌌고, 나는 그 따뜻한 품을 느끼며 매일 밤마다 고사리 같은 손을 꿈꿨다.

　우리는 아침 일찍 병원에 갔다. 병원에 도착하자 마음이 차분히 가라앉았다. 명단에 이름을 적고, 대기실에 앉아 우리는 커다란 수족관에서 바닷물고기가 헤엄치고 돌아다니는 것을 말없이 바라보았다.

　내가 등자처럼 생긴 진료대에 눕자 의사가 고무장갑을 낀 손가락을 내 안에 집어넣으며 말했다.

"그 TV 시트콤은 코미디언으로서의 당신 재능을 제대로 살려내지 못하는 것 같더군요. 또 드라마를 하게 된다면 그때는 방송사 측과 싸워서라도 당신의 창조성을 발휘할 수 있는 권한을 얻어내셔야 할 겁니다."

내가 대답했다.

"그러죠. 이제 제 아기나 죽여주시겠어요?"

수술이 끝나고 눈을 떠보니 그 느낌은 사라지고 없었다. 나는 다시 혼자였다.

간호사가 들어와 자신은 내 HBO 특집 방송을 녹화해두었다고 했다. 뿐만 아니라 병원에 근무하는 많은 사람들이 내 병실에 찾아와 내가 이곳에 입원했다는 사실에 흥분을 감추지 못했다. 그것은 끔찍한 일이기도 했지만 한편으로는 즐거운 일이었다. 나는 병원에 걸어둘 수 있도록 내 사진에 사인을 해서 주고 싶었지만 이곳이 어디인지를 깨닫고 그만두기로 했다.

나는 오렌지 쥬서기 속에라도 들어갔다 나온 것처럼 속이 텅 빈 느낌이었다. 수술은 엄청나게 고통스러웠으며 내 몸의 그 부분을 두번 다시 쓰지 못할 것 같았다. 마치 몸 속에 블렌더를 집어넣어 한바탕 돌리고 난 기분이었다. 어째서 보다 용이하고 몸에도 덜 해로운 초기 단계의 대안이 없는지 이해할 수 없었다.

이 나라에서 RU-486(*먹는 낙태약. 임신 49일 이내에 복용하면 95% 낙태가 유도된다)이 아직 시판되고 있지 않다는 것은 정말 분통터지는 일이다. 당신의 견해가 어떻든 간에 낙태는 절대 할 짓이 못된다. 낙태를 선택하는 사람들조차도 하고 싶어서 하는 것이 아니다. 단지 다른 대안이 없기 때문에 그 방법을 선택할 뿐이다.

우리가 '타락한 여인'이기 때문에 의료계의 미숙한 발전에 대한 벌이라도 받아야 한단 말인가? 가슴에 낙태(abortion)를 의미하는 주홍글자 A라도 새기고 다녀야 한단 말인가? 아기가 태어나지 못하고 죽은 것은 슬프지만 내 인생의 그 시점에서 아기에게 생명을 줄 수 없었다는 사실은 그다지 애통하지 않다. 그토록 눈부신 기술의 발전을 이루고도 우리는 왜 아직까지 고통받아야 하는가? 나이든 남자들이 인터넷으로 비아그라를 구입하는 판에 우리는 왜 아직도 이토록 많은 피를 흘려야 한단 말인가?

에비와 나는 진통제가 든 작은 봉지를 받아들고 병원을 나왔고, 기다리고 있던 친구가 집으로 태워다주었다. 지금 상황에서 그 정도 약으로는 어림도 없었다.

지금은 예외적인 상황이라고 정당화시키며 나는 다시 달콤한 마약의 세계로 빠져들었다. 집에 돌아온 우리는 빨간 소파에 자리를 잡고 빵 한 덩어리만한 크기의 마약을 한 봉지 주문했다. 건강을 회복한답시고 그렇게 한달 동안 집에만 틀어박혀 때로는 우리의 고약한 운명에 걷잡을 수 없는 웃음을 터뜨리기도 하고, 마약으로 몽롱한 기분에 빠져 지내기도 하고, 쓰레기 같은 영화를 보기도 하고, 우리의 아이들이 어떻게 생겼을지 궁금해하기도 하고, 그 아기들을 죽여야만 했다는 사실에 울기도 했다. 그리고 대개는 반(反) 베이비 샤워(*임신을 축하하는 파티)를 하며 지냈다.

진저리나는 남자친구는 내 곁을 떠났고 나는 그를 치워버렸다는 사실이 너무도 기뻤다. 인생의 어려운 시기를 헤쳐나갈 때마다 나는 늘 여성들, 그리고 물론 게이 남성들에게 의지했다. 주체가 남자이든 여자이든 나는 여성성의 에너지로 인해 기운을 차렸으며, 간신히 살아남을 수 있었다.

여성들과 게이 남성들은 갈망과 상실감을 이해했으며 사회적 요구의 무게로 인한 육신의 고통을 이해했다. 우리 모두 마녀이자 마법사, 치료자, 신이자 여신이며 서로를 일으켜주기 위해 우리는 힘을 모아야 한다.

나는 점차적으로 기분이 나아졌고, 다시 한번 마약을 끊어야겠다는 생각이 들었다. 와인이 마약에 대한 상실감을 덜어주었으며 매일 두 잔씩 마시는 레드 와인이 콜레스테롤 수치를 낮춰준다는 요상한 이론을 신봉하며 나는 다시 좋지 못한 습관을 키워나갔다. 임신과 유산, 회복기를 거치며 몸무게는 엄청나게 불어 있었고, 드라마를 찍을 때 몰래 챙겨두었던 옷들은 이제 전부 맞지 않았다.

다이어트 약도 효과가 없었으므로 나는 더 많은 약을 복용하기 시작했다. 다시 살들이 깎여나가기 시작했고 나는 남자친구와 헤어져도 될 만큼 자신감을 얻었다.

또 다른 연인, 게인스가 날 바로잡아 주었다. 그는 샌프란시스코에 살았는데 화요일 밤 토스카에서 그를 만나기로 약속했었다. 나는 절대 혼자서 데이트하는 법이 없었으므로 슬레지를 데리고 일찌감치 그곳에 나가 있었다. 나는 헤라두라 테킬라 여러 잔을 서둘러 들이켰다. 바 끝에서 게인스가 걸어오는 것이 보였다. 그는 언제나처럼 조심스럽고 키가 훤칠해 보였다. 갑자기 열이 올라 가만히 앉아 있을 수가 없었다.

나는 양해를 구하고 화장실로 가서 중국 음식을 흥건히 토해놓은 채 대략 한 시간 정도 화장실 구석에 처박혀 있었다. 웨이트리스가 나를 찾아 화장실에 들어왔고, 이내 나는 슬레지와 게인스의 부축을 받으며 샌프란시스코 엘리트들을 지나 불법 주차를 해둔 게인스의 차로 갔다. 내 몸은 멍들어 있었고, 땀에 흠뻑 젖은 채 시큼한 냄새를 풍겼다. 나는 다시는 헤라두라를 입에 대지 않겠다는 맹세를 중얼거렸다.

그들은 나를 범죄 현장의 주무대인 놉힐 램번 호텔(*샌프란시스코 근교의 최고급 호텔)로 데려갔고, 어찌어찌하여 나를 차에서 침대로 옮겼다. 간신히 한쪽 눈만 떠보니 게인스의 긴 다리가 매트리스 근처를 서성이는 것이 보였다. 이윽고 그는 바지를 벗어 가지런히 개켜둔 다음, 폭신한 담요 아래로 들어와 내 옆에 누웠다.

전자 시계는 9:46 p.m.으로 되어 있었다. 바보가 된 기분을 느끼며 알코올의 멍한 기운 때문에 앞뒤로 흔들거리는 머리 속으로 좀전의 끔찍한 기억을 재생시키고, 너무 아픈 나머지 고통을 덜기 위해 술을 더 마실 수조차 없고, 필사적으로 아무렇지도 않은 척 애썼다. 이 모든 생각들이 소용돌이치는 상황에서 누군들 재미를 볼 수 있겠는가?

게인스와 나, 우리는 많은 과거, 많은 역사를 공유하고 있었다. 그의 옆에 누워 나는 그것에 대해 생각했다. 오래 전 펀치 라인에서 게인스를 처음 봤을 때 나는 그를 가져야만 한다고 생각했다. 내 탐색의 기간은 끝났으며 내가 기다리던 사람은 바로 저 남자였다. 게인스가 그 결말이라고 생각했다.

나는 그에게 집착하며 끊임없이 노력했고 마침내 그를 갖게 되었다. 그러나 나는 만신창이가 되어 있었다. 더럽고, 술취한, 역겨운 만신창이. 그런데 기적적으로 게인스는 나를 원했다.

내가 술로 벌겋게 달아오르고, 마룻바닥 위를 질질 끌려다니고, 숙취로 고생하다 다시 마셔대고, 불안정하고, 다른 남자와 사귀고, 그를 함부로 대하고, 그를 멀리하고, 그의 전화에 답하지 않고, 어느 날 아무 이유없이 그를 미워하기로 작정하고, 내 재킷에 달려 있던 그의 캥거루 핀을 내동댕이쳐 어디로 갔는지 잃어버리고, 사랑을 잊고, 잊고, 잊으려고 했음에도 그는 아직 나를 원했다.

 아직까지도 그의 마음 한 구석에서는 나를 원하고 있으리라는 생각이 든다. 그건 기적이다. 바위처럼 단단한 그의 사랑, 그것은 불멸의 사랑이다. 오, 게인스. 정말 미안해. 그때 난 나 자신을 사랑하고 있지 않았어. 그러니 어떻게 너처럼 좋은 사람을 사랑할 수 있었겠니?

 당시에는 술마시는 것이 내 일이었고, 샌프란시스코는 그 일을 하기에 더할 나위 없이 좋은 동네였다. 여기서는 운전을 하지 않았기 때문에 LA에서 거의 매일밤 그랬던 것처럼 음주운전을 할 위험이 없었다. 아무래도 교통사고 충돌 테스트를 당하는 마네킹 인형이 내 수호 천사인 것 같다. 그 녀석이 나 대신 온몸이 부러지는 덕택에 나는 이렇게 무사하다. 샌프란시스코에서는 내가 운전대를 잡을 위험이 없었다.

 정말로 딱 한번 위험했던 적이 있기는 했다. 월요일 밤 늦게, 힐허스트에 있는 굿럭 바에서 레몬 드롭을 진탕 마신 뒤 갱단의 차를 측면에서 정통으로 들이받은 것이다. 마치 영화 〈대부〉의 한 장면처럼 차 안에서 갱들이 우수수 쏟아져나왔다. 전적으로 내 잘못이었는데도 나는 그들에게 왜 내 차를 박았냐고 소리를 질러댔다. 내가 박아놓고서 말이다! 나는 내 변호사에게 전화를 하겠다고 떠들어댔지만 그는 내 연예사건 담당 변호사였기 때문에 그건 말도 안 되는 얘기였다.

 갱들은 내가 미쳤다고 생각했는지 날 그 모퉁이에 남겨두고 그냥 가버렸다. 다음날, 죄책감을 느끼며 그래도 운이 좋았다는 생각을 하고 있는데 그들 중 한 명이 내게 정중히 보낸 청구서가 와 있었고 나는 그에게 200불을 보내 주었다.

고향인 샌프란시스코에 있을 때는 아무 걱정없이 마실 수 있었다. 어디에서 술을 마시든 게인스가 날 안전히 모셔가기 위해 달려오리라는 것을 알고 있었기 때문이다.

슬레지는 술을 마시면 난리를 피우는 내 주사(酒肆)를 좋아해 나랑 자주 어울려 술을 마셨다. 우리는 노스 비치에 있는 베수비오로 걸어가 테킬라 두 잔을 주문해 바에 선 채로 단숨에 들이켰다. 그리고는 순식간에 기분이 완전히 달라져 상쾌해진 마음가짐으로 다시 거리로 나왔다.

모든 것이 마음가짐의 문제였다. 나는 더 이상 도저히 나빠질 수 없을 만큼의 비극을 경험하고 싶었다. 내가 정말로 그렇게 된다면 그것은 최소한 내 책임일 것이다. 내 인생이 실패로 끝난다면 멋있게 실패할 생각이었다. 단순한 실패가 아니라 기막힌 참사를 당하고 싶었다.

술과 함께 신경 안정제를 삼키자 마치 마릴린 먼로가 된 기분이었다. 부축을 받으며 술집에서 나올 때는 프란시스 파머(*1930년대의 전설적인 여배우. 대스타로서의 생활로 인한 압박감을 견디지 못해 신경쇠약에 시달리다 나중에는 정신병원에 수감된다)가 된 기분이었다. 이런 식으로 죽게 된다면 지구가 멸망할 때까지 나로 분장하는 드래그 퀸들이 있을 거라는 생각이 들었다. 행복하지는 못해도 최소한 불멸의 존재가 될 것이다.

제15장 창고에서 생긴 일

그리고 글렌이 있었다. 글렌은 내 일생 일대의 사랑이며, 내 짝, 무자비한 사람, 죽은 후의 내 영혼이 머무를 사람, 날 잡아끄는 자석이며, 내 양식(糧食), 지퍼 없는 섹스, 시즐러 샐러드바, 내 모든 것이다.

우리는 데이트라든가 가벼운 희롱과 같이 함께 침대에 들어가기 전에 거치기 마련인 그 어떤 전초전도 치르지 않았다. 나는 늘 가던 바에 서 있었는데 그곳은 포도주와 유명인사들로 가득한 할리우드의 음지(陰地)였다. 나는 술에 취했거나 취해가는 중이었다. 뿌옇게 피어나는 담배 연기와 상대의 어깨 너머를 힐끗거리며 이루어지는 무의미한 대화 속에서 우리는 서로를 바라보았고, 그대로 사랑에 빠졌다.

그는 양 손으로 내 다리를 감쌌다. 나는 그냥 보고만 있었다. 그의 목에 내 얼굴을 묻고 깊은 숨을 들이쉬었다. 그는 지금까지 내가 원해왔던 그 모든 것이었다. 우리는 그의 차로 갔고, 이내 차 안에서 바비큐 파티라도 벌어진 것처럼 차창에는 김이 서렸다. 이렇게 순간적으로 남자와 관계를 가진 적은 한 번도 없었다. 너무도 자연스럽고 편안한 느낌이 들었다.

그에게서 몸을 떼면 아플 정도였다. 통증을 멈추는 유일한 길은 그에게 다시 키스하는 것뿐이었다.

그는 또 다른 중독이었으며 나는 이미 그를 향해 빙글빙글 떨어져가고 있었다.

당시는 내가 미니스커트와 레드 와인, 그리고 엄청난 담배에 빠져 살던 시절이었다. 그리고 틈만 나면 "나는 욕망의 화신이야……"라는 선언을 느릿느릿 내뱉고 다녔다.

나는 이런 퇴폐적인 이미지를 계속 연출하며 육욕과 오로지 나만의 고뇌에 빠져 눈을 게슴츠레하게 뜨고, 술집과 차 안을 서둘러 들락날락했다. 그 외에는 갈 데도, 할 일도, 아무것도 없었다. 나는 아주 조금만 먹었고, 허기를 없애기 위해 술을 마셨으므로 대부분의 시간을 취한 채로 보냈다. 나는 터지기 직전의 폭탄이었으며 글렌이 그 도화선이었다.

글렌은 내 신비로움의 포로가 되었으며 그것만이 내게 전부일만큼 권태로운 생활에 빠져 있었다. 우리는 불빛이 희미한 주차장과 어두컴컴한 클럽의 구석 그리고 뒷골목에서 만났다. 우리는 차에서 섹스를 했는데 조금도 불편하다는 생각이 들지 않았다. 나는 마치 15살 소녀가 된 기분이었다. 아니, 15살이었을 때도 이렇게 피 끓는 청춘은 아니었다! 너무나 짜릿했다. 글렌은 지금까지 만났던 그 누구보다도 날 흥분시켰다.

그가 여자친구와 동거하고 있는 상황임에도 나는 그를 원했다.

초반의 열정이 어느 정도 가시고 이제는 만지지 않고도 얘기를 나누거나 혹은 얘기하던 도중에 보다 격렬한 섹스로 진행되는 일 없이 대화다운 대화를 나누게 되자, 그는 죄책감을 느끼기 시작했다. 처음에는 강도가 약했지만 우리가 자주 만나면 만날수록 커져 갔다. 그는 죄책감 때문에 너무 고통스럽다고, 매일밤 그녀 곁에서 잘 때마다 그녀를 속인다는 사실이 괴롭다고 말했다. 그도 점점 더 내게 빠져들고 있었기 때문이다.

우리는 내 집에서 밤늦게 만나기 시작했다. 나는 핑크색 조명을 켜두어 방 안을 섹시하고 뜨겁게 달아오르도록 했다. 집에서의 만남은 주차장에서와는 달리 진지함이 느껴졌다. 나는 그의 극진한 사랑을 받으며 그를 향해 타오르는 사랑에 온몸을 떨었다. 온통 사랑이었다. 그러나 새벽 4시쯤 되면 글렌은 언제나 떠났고, 나는 바보가 된 기분으로 핑크색 불빛 속에 홀로 남아 있었다. 내가 할 수 있는 일은 부엌에 가 샤도네이 와인으로 내 슬픔을 달래는 것뿐이었다.

그때가 96년 여름이었는데 그해의 더위는 지독했다. 몇 달 동안 바람 한 점 불지 않았으며 대기는 사람들의 한탄으로 가득 찼다. 그는 계속 날 찾아왔다. 아마도 습관적으로 그랬을 것이다. 나는 그가 나와 헤어지고 난 후 내가 어떻게 될지에는 관심도 없는 것이 아닐까 두려웠다. 그는 나를 예측 불가능한 존재로 보았다. 아마도 내 강렬한 열정으로 인해 자신이 얼마나 큰 대가를 치르게 될지 두려웠을 것이다. 늘 자기를 따라다니는 내 분노가 언젠가는 자신을 통째로 삼키지 않을까 아니면 최소한 내가 자신의 여자친구를 찾아가 모든 것을 폭로하지 않을까 두려웠을 것이다.

그가 내 안의 뭔가 심오하고 원초적인 것을 깨운 것은 사실이다. 나는 글렌 때문에 많은 눈물을 흘렸고, 그것은 뜨겁고 붉은 내 존재의 한가운데에서 솟구치는 고통스런 흐느낌이었다.

7월 4일, 글렌은 나와 헤어졌다. 그런 날이 올 줄은 알았지만 그로 인한 상실감이 그토록 클 줄은 미처 몰랐다. 생애 처음으로 나는 너무 화가 나서 음식을 입에 댈 수 없는 지경에 이르렀다. 원래 많이 먹는 편은 아니었지만 음식에 대해서는 항상 강한 갈망을 가지고 있었으며 언젠가 실컷 먹게 될 날을 고대하고 있었다. 그런데 별안간 모든 식욕이 깡그리 사라져버렸고, 절망으로 인한 마비상태에서 눈을 떠 뭔가를 먹어야만 한다는 사실 자체가 끔찍하게 느껴졌다. 이런 상태가 사흘간 지속되었다. 이것은 쇼킹한 일이었다. 나는 공황상태에 빠졌고, 식욕을 돋구기 위해 내가 가장 좋아하는 음식들을 주문했다. 눈앞에 칠면조 샌드위치와 피자, 차갑게 식히고 얼린 중국음식이 배달되었다. 나는 약간의 흥분을 느끼며 이대로 수척해지는 게 아닐까하는 생각을 했지만 그런 빌어먹을 행운은 따르지 않았다. 대신 모든 칼로리는 술로 채워졌다. 매일 한 병씩 마시는 제임슨과 멀롯이 하루의 영양분을 공급해주었다.

그가 끝내 오지 않을 것이며 전화도, 아무것도 없을 거라는 사실을 알면서 그를 그리워하기란 견디기 힘든 일이었다. 이런 갈망에는 익숙해져 있었다. 존에게 느꼈던 것과 같은 고통이었다. 존은 영원히 날 전화통 옆에서 기다리게 했다. 내 마음 한구석은 여전히 그를 기다리고 있으며 아마 평생 그럴 것이다. 나는 지금도 존으로부터 완전히 벗어나지 못했다. 조심하지 않으면 누군가가 당신을 그렇게 만들 것이다. 글렌도 마찬가지였다.

아니, 글렌은 훨씬 더했다.

글렌은 코미디언이었다. 나는 밤마다 그가 공연하는 클럽으로 찾아갔다. 낮 동안 할 일이라고는 그를 만날 준비를 하는 일이 전부였기에 나는 한껏 차려입었다. 나는 거울 속의 내 모습을 보고,

또 보았다. 저게 나인지 확실하지 않았다. 나는 혼란스런 마음으로 사방팔방에서 내 몸을 들여다보았다. 너무 왜소해 보이는가 하면 너무 덩치가 커 보이기도 했다. 이 정도면 괜찮다, 심지어는 예쁘다는 생각까지 들었다가 다른 각도에서 보면 소름끼칠 정도로 흉측했다.

우리 집은 더운데다 에어컨까지 고장나 화장이 계속 지워지며 얼굴에서 흘러내렸다. 나는 땀으로 번들거리는 얼굴 위로 화장을 다시 고치려 애를 썼다.

마침내 우리는 밤늦게야 만났다. 하루 종일 그를 생각했고, 생각하는 동안에도 거의 내내 그를 만날 마음의 준비를 하고 있었기 때문에 나는 너무도 신경이 곤두서 있었다. 그에게 말을 붙이기 위해서는 마티니 두 잔쯤은 들이켜야 했다. 어떤 식으로든 내 마음을 표현하기 위해서는 반쯤 취해 있어야만 했다. 대개 나는 너무 취해 버리기 일쑤였고, 계산서가 올 때쯤에는 울고 있었다.

함께 내 침실에 가면 그는 우리가 왜 끝내야만 하는지, 왜 더 이상 날 만날 수 없는지에 대한 이유를 계속 늘어놓았다. 나는 듣고 있지 않았다. 나는 이빨로 그의 바지를 벗기느라 바빴다. 그가 말하고 또 말하는 동안 나는 그가 필사적으로 감아내리려고 애쓰는 연처럼 높이 날아올라 방안을 떠다녔다. 나는 늘 어떡해서든 그를 유혹할 방법을 찾아내 그가 나와 섹스하게 만들었다. 어려운 일은 아니었지만 썩 기분 좋은 일도 아니었다.

나는 당시 늘 입고 다니던 몸에 착 달라붙는 검은색 드레스를 입고 워싱턴 D.C에 갔다. 그곳에서 반이라는 남자와 코네티컷 애비뉴를 거닐게 되었다. 그는 보랏빛 눈동자를 가진 음악가였는데 그 눈이 어찌나 아름다운지 인간 같지 않다는 느낌이 들 정도였다.

반은 내게 키스했고, 나는 딱히 하고 싶지는 않았지만 그냥 내버려두었다. 나는 그저 이 일로 글렌의 질투심을 자극할 수 있다면 얼마나 좋을까 생각했다. 하지만 그것은 불가능한 일이었다. 우리가 3000마일이나 떨어져 있는 것은 물론 글렌이 원하는 것은 오직 자신의 인생에서 내가 빠져주는 것뿐이었다. 나는 내가 집착하는 사람들에게 대단히 미안한 마음이 든다. 나는 그들 머리칼의 모근에 찰싹, 아주 찰싹 달라붙어 절대 떨어지지 않는 껌보다도 더 지독한 존재다.

나는 반이 내게 준 장미 꽃다발로 그를 후려쳤고, 당연히 주말 내내 그는 나를 괴롭혔다. 아무 일도 일어나지 않았다. 나는 여전히 글렌에게 집착했고 아무도 그걸 고쳐줄 수 없었다.

나는 호텔방에 가서 이번 일을 바탕으로 시나리오를 썼다. 지금까지 나와 글렌 사이에 있었던 모든 이야기, 우리가 나누었던 영화 같고 비극적인 사랑에 대해. 그것은 너무도 드라마틱하고 영화 같은 이야기였다. 창의력이 마구 샘솟아 나는 몇 시간 동안 쉴새없이 써내려갔다. 나는 모든 이야기를 하루만에 다 써냈고, 그것을 들고 LA로 돌아갔다. 내게는 나름대로의 계획이 있었다. 즉 이것을 영화로 만들 수 있다면 그 과정에 글렌을 끌어들여 그가 나와 사랑에 빠질 수밖에 없도록 만드는 것이다. 일과 관련된 접근, 그것이 내 사랑의 묘약이 되리라. 손가락이 얼얼할 정도로 타이프를 치며 나는 이 일을 확신했다.

밤을 꼬박 샌 채 동이 트자마자 완성된 시나리오를 들고 매니저의 사무실로 찾아갔다. 내가 그런 강박적인 행동을 한 데에는 이번 일에 잔뜩 흥분한 탓도 있지만 또 한편으로는 당시 그리어의 최고

고객이 마이클 잭슨이었기 때문에 내가 완전 미친 사람처럼 행동하지 않고서는 그가 나를 만나줄 것 같지 않아서였다.

그리어는 시나리오를 맘에 쏙 들어했고 즉시 여러 사람들에게 보내기 시작했다. 내게 액션 영화의 대본도 써보라고 부추겼다.

"이제 보니 당신은 작가였군요!"

그가 말했다.

나는 시나리오를 글렌에게 보여줬고 그도 칭찬을 아끼지 않았다. 그는 우쭐하면서도 아마 한편으로는 겁이 났을 것이다. 나는 여러 사람에게 대본을 보여줬고 다들 좋다고 했다. 다들 그걸 바탕으로 내가 일을 벌이도록 도와주고 싶어했다. 함께 돈을 벌기 위해, 성공시키기 위해.

비록 그 대본은 글렌에 대한 내 철저한 강박적 광기에서 탄생되었지만 그것은 현재의 내 어두운 생활과 알코올 중독, 그리고 절대 얻을 수 없는 것에 대한 갈망에서 벗어날 수 있는 티켓처럼 보였다. 대본은 훌륭했다. 그것은 의심의 여지가 없었다. 작품에는 진실과 고통, 그리고 풍부한 유머가 담겨 있었다. 비교적 짧은 기간에 저예산으로 찍을 수 있었다. 반향을 불러일으킬 만한 일종의 독립 영화였다. 내 유명 인사 친구들을 모두 카메오로 출연시킬 수도 있을 것이다.

나는 그것이 날 구제해주기를 바랐다. 글렌은 내 왕자님이 아니었다. 어쩌면 내 자신이 나의 왕자님일지도 모른다. 〈올 아메리칸 걸〉은 분명 날 구해주지 못했고 오히려 심연으로 깊이 밀어넣었다. 내게는 구조의 손길이 필요했다. 어쩌면 내 대본이 날 구해줄지도 모른다는 생각이 들었다. 내 대본이 왕자님인 것이다.

내 자신이 날 구할 수 있다고 생각한 것까지는 좋았지만 그것은 사실이 아니었다. 나는 대본만으로는 의미가 없다고 생각했다. 이 것은 영화로 만들어져야만 했고, 내게는 재정적인 후원을 해줄 사람이 필요했다. 따라서 내 왕자가 될 제작자가 필요했다.

나는 또 다른 대본 작업에 들어갔고, 내 친구들을 모두 불러 리딩을 시켰다. 밤늦게까지 침대에서 함께 작업하게 되면서 글렌과 나의 관계는 새로운 국면에 접어들었다. 한 손에는 펜과 종이를 들고, 다른 손에는 위스키 잔을 든 채 그의 옆에 누워 있으면 마치 도로시 파커(*시인이자 소설가, 연극 비평가. 위트와 신랄한 비평으로 유명한 그녀는 결혼 후에도 많은 남성들과 로맨스를 즐겼다)가 된 기분이었다.

아주 잠시 동안 나는 내가 이 모든 것, 즉 다들 아양을 떨며 다가오는 이 새로운 프로젝트와 내 침대로 돌아온 글렌을 얻었다는 확신을 가질 수 있었다. 리딩은 대성공이었다. 사소한 작은 일만 제외하고는. 그 자리에 글렌의 여자친구가 온 것이다. 그는 우리를 인사시켰다.

다음날, 나는 춤을 추는 듯한 걸음걸이로 ××영화사의 사무실에 들어갔고, 로만이라는 남자에게 필름을 팔았다. 회의실 탁자 너머로 그가 날 바라보는 시선이 소름끼치기는 했지만 그는 진짜 자본금을 가지고 있었고 이것은 진짜 계약이었다. 그는 필름뿐 아니라 나까지 원하는 눈치였고 나는 그 사실로 인해 더욱 당당해진 것처럼 행동하려고 애썼다.

그리고 회의하는 도중에 정말로 그렇게 되어 버렸다. 로만이 다른 작가에게 대본을 다시 쓰게 하고 싶다고 말하자 내가 외쳤다.

"난 예술가예요. 공동 작가가 아니라구요!"

그는 내 말에 감명받은 나머지 나 혼자서 다시 쓰는 작업을 하라고 했다.

미팅이 끝나고 나는 〈키난〉(Keenan 코미디 클럽)에 가기로 되어 있었다. 격앙된 에너지와 새로 발견된 내 성적 '파워'가 공연에 불을 질러 나는 남성 성기에 대한 얘기로 기립박수를 받았다.

나는 로만이 소유한 회사의 영화 개발 임원인 레인이라는 여자와 함께 일하기 시작했다. 그녀는 내게 스토리 작법이나 영화의 구조에 대해 가르치려 들었지만 그것은 날 지루하게 할 뿐이었다. 그녀의 충고는 별 도움이 되지 않았고, 그녀는 이야기를 더욱더 진부하게 만들려고 했다.

늦은 밤이면 여전히 글렌을 만났지만 나는 그에 대한 흥미를 잃어갔고 대신 작가/감독/스타/창녀로서의 내 새로운 커리어에 관심이 쏠렸다. 로만과 점심을 함께 할 때마다 아직 신체적 접촉까지는 아니었지만 극도로 친밀하게 다가오는 그의 접근에 나는 점점 더 놀라게 되었다.

그는 평일에도 저녁 7시쯤 전화해 자기 집에 와서 같이 〈나인 하프 위크〉를 보자고 하질 않나 초밥을 사가지고 우리 집에 들어오려 했다. 나는 내가 그를 조종할 수 있다고, 내 영화를 만들기 위해서는 무슨 짓이든 할 거라고 스스로에게 되뇌었다.

매니지먼트 회사에서는 벨에어 호텔에 로만과 나의 미팅 스케줄을 잡아두었다. 테이블에 앉아 있는데 그가 갑자기 내 의자를 자기 옆으로 불쑥 끌어당겼다. 그는 이쑤시개로 이빨 사이에 끼어 있는 양고기를 빼며 입술과 잇몸 사이에 낀 실처럼 가느다란 고기조각을 열심히 빼냈다.

우리의 공동 작업에 대한 상황을 보고하기 위해 레인이 잠시 들렀다. 그녀는 대본에서 수정해야 할 사항에 대한 자신의 제안을 내가 전혀 받아들이지 않았다는 사실에 실망을 금치 못했다. 하지만 결국에는 모든 것이 잘 되리라고 생각하는 것 같았다. 로만은 무슨 일이 있어도 이 영화를 만들 거라고 했다. 그의 시선은 내 가슴 사이의 골짜기에서 떠날 줄을 몰랐다.

레인은 테이블에 우리 두 사람만 남겨둔 채 다시 크리스마스 쇼핑을 하러 나가버렸다. 로만과 나는 주차장으로 걸어갔다. 아까 나와 그렇게 신나게 시시덕거렸던 주차원은 나를 보려고 하지도 않았다. 마치 내가 마피아 두목의 여자라도 된 것 같았다.

로만은 호텔 주위로 흐르는 개천을 따라 잠시 호텔 아래 쪽으로 산책하고 싶어했다. 나는 위험한 낌새를 느꼈지만 가능한 차분하게 행동하려고 했다. 그 일은 너무도 갑작스럽게 일어났다. 마치 곰의 습격 같았다. 숲속을 걷고 있었는데…… 그가 내 가슴을 움켜쥐더니 그 위로 자신의 입술을 짓누르며 이렇게 소곤거렸다.

"너랑 자고 싶어."

나는 겁에 질렸다. 이런 일을 원치는 않았지만 혹시 내가 꼬리라도 쳤던가? 나는 머릿속으로 열심히 답을 찾았다. 그가 날 덮치려 했고 나는 빨리 마음의 결정을 내려야 했다. 영화를 만들고 싶기는 했지만 그렇다고 이런 대가까지 치러야 하나? 내가 남자랑 좀 많이 자는 편이라고는 하지만 그래도…… 나는 로만의 불룩한 뱃살과 조그만 손, 헐렁한 바지 속에서 거대하게 부풀어오른 성기를 바라보았다. 그는 다리가 짧았기 때문에 그의 성기가 오히려 길어 보일 지경이었다. 그것은 마치 자전거의 받침대처럼 삐죽 튀어나와 있었다. 난 못해. 아무리 영화를 위해서라도. 그 무엇을 위해서라도 못해. 나는 소리지르기 시작했다.

"싫어. 싫어! 싫어싫어싫어싫어싫어!"

그는 멈추지 않았다. 그는 나를 창고 안으로 떠밀었다. 나는 적당한 말로 그의 행동을 멈추게 하고 싶었다. 그가 나보다 힘이 셀 것 같지는 않았다. 덩치도 내가 훨씬 컸다. 나는 그저 그가 자진해서 이 일을 멈추게 하고 싶었다. 나를 더듬는 이 손길과 이빨 사이에 양고기가 낀 축축한 입, 이쪽저쪽으로 눌러대며 내 몸에 접촉시키는 단단한 성기, 이 모든 것을 멈추게 하고 싶었다. 마침내 내가 말했다.

"날 밀지 말아요. 저 안에는 도끼가 있단 말이에요!"

그것은 적절한 주문(呪文)이었는지 그가 동작을 멈추었다.

그가 내 주차비를 지불한 다음 나는 집으로 갔다. 마치 주차 요금만 내면 살 수 있는 창녀가 된 기분이었다. 사실상 아무 일도 일어나지 않았다 해도 그것은 여전히 구역질나는 경험이었고, 그에게서 멀어져 안전하게 돌아간다는 사실이 다행스러웠다.

어떻게 대처해야 할지 알 수가 없었다. 그저 아무 일도 없었다는 듯이 행동하자고 마음먹었지만 자꾸 신경이 쓰였다. 나는 로만에게 너무나 화가 치밀었다. 내 프로젝트에 대한 그의 관심은 그저 자신의 통통한 작은 손에 날 넣기 위한 책략이었다. 하지만 내쪽에서도 조금은 그것을 부추기지 않았을까? 내 작품에 자신이 없었기 때문에 섹스라도 끼워넣어 팔려고 했던 것은 아닐까?

나는 내 가슴에 닿았던 그의 입과 그 받침대에 대해 계속 생각했다. 점점 더 화가 치밀었다. 그에게 대가를 치르게 할 작정이었다. 나는 대본의 새로운 초안을 제출했다. 하지만 이번에는 도입부에 여주인공이 미팅에 나가 키가 작고 뚱뚱한 괴물 같은 남자를 만나게 되는데 그로부터 성추행을 당하는 장면이 삽입되었다. 그녀는 간신히 도망치지만 남자가 그녀의 가슴을 움켜쥐며 "너랑 자고 싶어."라고 말하는 장면이 나온다.

  이것을 읽는 로만의 얼굴을 보고 싶었다. 그는 꼭지가 돌아버렸지만 이 상황을 어떻게 처리해야 할지 몰랐다. 레인은 우리 사이의 일, 그가 나랑 자고 싶어한다는 사실에 대해 전혀 알지 못했다. 로만은 유부남에 애까지 딸려 있었으므로 그 사실을 누구에게도 알리고 싶어하지 않았다.

  그는 나와 레인, 그리어의 비서인 체드(그리어는 오래 전에 나를 체드에게 내팽개쳤다)를 불러 비버리힐스 호텔에서 비상 미팅을 소집했다. 로만은 이 대본을 '프랑스 배급업자'에게 보여줬는데 그가 마음에 들어하지 않았다는 거짓말을 주절주절 늘어놓으며 그 살찐 작은 손으로 허공 속에서 과장된 제스처를 취했다. 그 '프랑스 배급업자'는 특히 새로 첨가된 미팅 장면을 마음에 들어하지 않았으며 키 작은 남자의 비현실적이고 부당한 묘사에 거부감을 표현했다고 했다. 또한 그 '프랑스 배급업자'는 대본을 보아하니 내가 남자들을 싫어하는 것이 분명하다며 이 바닥에서 계속 일을 하고 싶다면 그런 성격을 고쳐야 할 것이라고 꼬집었다고 했다.

  상황을 전혀 이해하지 못한 레인은 화를 내었다. 모든 것이 기막히게 잘 돌아가는 것 같았는데 로만이 웬 가상의 '프랑스 배급업자' 타령을 하고 있었기 때문이다. 그녀는 우리 사이에 무슨 일이 있었다는 것을 눈치챘지만 거기에 관해서는 로만이나 내게 한 마디도 하지 않았다. 그녀는 그저 영화를 만들고 싶어했으며 대본 밖의 남녀 관계에 대해서는 별 관심이 없었다. 로만은 그녀에게 호통을 쳤다.

"당신이 일을 제대로 했으면 지금쯤 이 시나리오는 완성이 됐을 거야!"

레인도 발끈하여 대답했다.

"전 지금까지 계속 마가렛과 함께 일했지만 마가렛은 제 말을 전혀 듣지 않았어요! 왜 저만 나무라시는 거예요?"

로만은 시나리오의 초안을 다시 쓰는 길 외에 다른 방도가 없다고 했다.

"그건 끝내주는 시나리오여야 해. 왜냐하면 진작에 끝나고도 남았어야 하는 일이니까."

우리는 우왕좌왕했고 나는 계속 로만에게 따지고 들었다.

"그 '프랑스 배급업자'라는 게 대체 누구예요? '프랑스 배급업자'(French distributor)라는 건 또 뭐죠? 프렌치프라이라도 나눠주는 사람인가요(*French는 프렌치프라이의 약자, distributor는 배급업자 외에도 나눠주는 사람이라는 뜻이 있다)?"

그러자 로만의 화가 다시 폭발했다. 미팅은 몇 시간 동안 계속되었고, 그 동안 체드는 단 한 마디도 하지 않았다.

별안간 로만이 나만 빼고 다들 나가라고 했다. 테이블이 정리되자 그가 내 쪽을 향하며 말했다.

"어때?"

"뭐가요?"

로만은 날 빤히 노려보았다.

"방으로 가자구."

내가 "싫어요"하고 어찌나 큰 소리로 말했는지 다른 테이블의 사람들까지 우리를 쳐다봤다. 내가 호텔을 나서자 로만이 따라나왔다. 그는 갑자기 상냥하게 굴었다.

"이봐, 걱정하지 마. 수정본이 만족스럽기만 하면 당신 영화를 만들 거라고."

나는 그를 바라보았다. 어떻게 해야 할지 몰랐다. 로만은 내 손에 있던 주차증을 가져가 주차원에게 돈을 지불했다. 나는 역겨운 기분으로 차를 타고 집에 갔다.

그날 밤 레인이 전화했다.
"어떻게 된 거예요?"
나는 더 이상 참지 못하고 그녀에게 모든 것을 털어놓았다. 그녀가 한숨을 내쉬며 말했다.
"아, 그래서였군요. 로만이 그런 짓을 했다니 믿어지지 않네요. 당신이 그런 행동을 했다는 것도 믿어지지 않고요. 내 말은, 당신들 사이에서 그런 일이 있었고, 또 그 일이 수정본에 들어갔다는 사실 말이에요. 좀 우습네요. 하지만 당신은 정말로 사장님을 화나게 했어요. '프랑스 배급업자' 얘기는 거짓말인 줄 알고 있었어요. 사장님은 거짓말이 서투르거든요. 괜찮아요. 어떻게든 수습할 수 있을 거예요."

우리는 다시 작업에 들어갔다. 수백 번을 고쳐쓴 결과 마침내 그것은 전혀 내가 쓴 대본 같지가 않았다. 그 문제의 장면을 삭제하고, 대신 멍청하고 말도 안 되는 장면들을 집어넣었다. 그래도 나는 여전히 내 영화를 만들고 싶었고 여전히 영화를 만들 돈이 필요했다. 어떻게든 로만에게 내가 미안해한다는 사실을 보여줘야만 했다. 그에게 내 엉덩이를 들이밀지 않는 대신 엉덩이에 땀이 나게 써대야 했다.

로만의 요구사항은 너무도 모호하고 혼란스러워 수정본의 내용은 엉망진창으로 복잡하게 얽혀갔다. 그가 원하는 것은 나로 하여금 이 작품을 망치게 해 결국은 나 스스로 영화화할 수 없겠다고 말하는 일이라는 것을 나도 알고 있었다. 그에게는 그럴 만한 이유가 충분했다.

월요일, 레인은 로만의 사무실로 들어가 그에게 날 내버려두라고 했다. 그녀는 내게서 무슨 일이 있었는지 다 들었으며 나를 성적으로 계속 괴롭힌다면 그 사실을 사무실 사람들에게 전부 폭로할 거라고 말했다고 했다.

로만은 그녀를 해고했다. 적어도 레인의 말에 의하면 그랬다. 이제는 그 말이 사실인지 아닌지 모르겠다. 왜냐하면 이 모든 사건이 지나고 몇 달 후, 그녀와 이야기하게 되었을 때 그녀는 여전히 로만 밑에서 일하고 있었기 때문이다. 무슨 의도로 그가 자신을 해고했다는 거짓말을 했는지 모르겠다. 내게 더욱 겁을 줘 내가 어딜 가든 위험을 피하지 못할 것이라는 확신을 주기 위해서가 아니라면 말이다.

내막이야 어찌됐든 나는 우리가 로만이 원하는 식의 대본을 써내지 못했기 때문에 레인이 해고됐다고 들었다. 처음부터 그는 영화를 만들 마음 따위는 없었다. 그저 어떻게든 나랑 자보려고 시간을 끌었던 것뿐이다.

레인이 내게 계약이 취소되었다고 말했을 때 — 희한하게도 해고되었다는 사람이 여전히 상사의 명령을 전달하고 있었다 — 나는 예상했던 바라고 했다.

나는 곧장 냉장고로 가 앱솔루트 시트론 한 병을 꺼냈다. 그리고는 냉장고 문을 연 채로 그 앞에 서서 한 병을 전부 들이켰다. 어떤 감정도 느끼고 싶지 않았다. 어떤 감정이 밀려올지, 마음의 고통이 너무 커서 그로 인해 죽지나 않을까 두려웠다. 마치 발로 문을 쾅 찼을 때, 이제 곧 통증이 밀려오리라는 사실을 알고서 얼마나 아플지 예상하는 그 잠잠한 몇 초와 같았다. 나는 그 사이를 틈타 완전히 취해버리고 싶었다.

실패자가 된 기분이었다. 성공하기 위해 남자와 자는 일도 못하다니! 어쩌면 비참함과 배신감을 느끼고, 글을 쓰는데 내 모든 마음을 바쳐 이제는 마음조차 남아 있지 않은지도 모른다. 이 모든 것을 글렌을 위해 했건만 그는 대체 지금 어디에 있단 말인가? 사실은 전혀 글렌을 위해서 한 일이 아니라는 생각이 들었다. 레인, 로만과 함께 대본 작업에 들어간 후로는 그를 깡그리 잊어버렸다.

그때 내가 정말로 어떤 심정이었는지 나로서는 결코 알 길이 없다. 보드카와 그로 인해 서서히 죽어가고 있다는 멍한 느낌 외에는 나 자신에게 그 어떤 감정도 허락하지 않았으니까.

로만은 여전히 친구 행세를 하고 싶어했다. 그는 내가 이 일을 무대에서 떠벌리지나 않을까 두려워했다. 내가 어디서 공연할 것인지 알아내기 위해 우리 집 전화기에 메시지까지 남겼다. 이번 사건에서 어느 정도 회복되자 나도 무대에서 이 사건을 이야기할 수 있을 만큼의 여유가 생겼다. 관객들은 혐오감을 느끼기도 하고, 흥분하기도 하며 내 이야기가 꾸며낸 거라고 생각했지만 결국 그렇지 않다는 사실을 알았다. 그들은 로만을 상대로 한 내 작은 승리에 열렬히 환호했고, 계약이 취소된 것에 대해서는 나와 함께 슬퍼해주었다. 누군가가 로만에게 이 사실을 말해주었는지 얼마 후에 그에게서 전화가 왔다. 그는 영화가 어떻게 되었는지, 내가 아직도 그 작업을 하고 있는지 알고 싶다고 했다. 또한 자신은 아직까지 그 작품을 좋아하고 있으며 다시 그 작업에 참여할 수 있는지 가능성을 타진하고 싶으니 언제 기회가 되면 전화를 달라고 했다.

나는 그 후로 몇 년이 지나도록 그에게 전화하지 않았다. 그를 다시 보게 된 것은 내 인생의 비참한 시절이 완전히 막을 내린 뒤였다. 어느 날 밤, 내가 한창 공연을 하고 있던 웨스트베스 극장에 로만이 나타났다. 공연 내용에는 그와 있었던 사건을 적나라하게 밝히는 부분도 있었다.

그날은 금요일 밤이었는데 마치 1999년 뉴욕의 여름이 이날 하루뿐이라는 듯 무더위가 맹렬한 기세를 떨쳤다. 공연은 거의 끝나가는 중이었고, 객석은 사람들로 가득 했다. 소위 대박 터진 날로 나는 너무도 천연덕스럽게 객석을 달궈놓았다. 그러다 객석의 한 지점을 내려다보니 그가 있었다. 술술 풀려나오던 내 입담은 그대로 정지해버렸다. 로만은 맨 앞줄에 앉아 있었다. 후덥지근한 날씨였는데도 나는 뼛속까지 서늘해졌다. 어찌해야 좋을지 몰랐다. 나는 층층이 들어찬 관객들 앞에서 공연하고 있었으며 250명의 관객이 내 손 안에 있었다. 방금 내가 '눈뜨고는 도저히 같이 잘 수 없다'고 했던 남자가 그 중 한 명이었지만 나는 침착함을 잃지 않으려고 노력했다.

나는 그를 바라보지 않으려고 했으나 그의 분노가 지독한 악취처럼 나를 향해 피어오르는 것이 느껴졌다. 놀랍게도 나는 공연을 계속했다. 아무도 내 태도가 달라졌다는 것을 눈치채지 못했다. 나는 그저 그가 앉아 있는 쪽을 바라보지 않았다. 그렇게 하면 마치 그와 그가 내뿜는 분노, 그리고 그가 내게 한 짓으로부터 도망칠 수 있다는 듯이. 그를 만족시킬 생각은 없었다. 그에게 내가 더듬거리고 실패하는 모습을 보여줄 생각도 없었다. 나는 이길 것이다.

충분히 그럴 자격이 있었다.

　마침내 그가 움직였다. 나는 그가 무대 뒤쪽으로 올 거라고 생각했다. 하지만 최소한 그의 모습이 사라지자 나는 그가 떠난 셈치기로 했다. 마음이 좀 편안해졌다. 내가 착각한 걸지도 몰라. 어쩌면 그가 아닐지도 모르지. 내가 무대에서 자기 이야기를 하고 다닌다는 사실을 아직까지 모를 수도 있어. 다 괜찮을 거야…… 나는 분명 제정신이 아니었다. 우습게도 마음이 장난을 치기 시작하면 뭐가 사실이고, 뭐가 거짓인지 구분할 수 없게 된다.

　마음 깊은 곳에서는 그 남자가 정말 로만이라는 것을 알고 있었다. 무대에 서 있던 내내, 그 모든 거짓 위안의 밑바닥 아래로는 꼭 내게 총알이 날아올 것 같은 기분이 들었다. 바로 그 로만이 그 받침대를 달고서 자리에서 일어나 내게 총질을 해댈 것 같았다. 왠지 그에게는 머스켓총(*구식 보병총)이 어울렸다.

　나는 열광적인 공연을 이끄는 것으로 나 자신을 무장하며 환호하는 팬들을 사로잡았다. 공연을 성공적으로 마쳤다는 사실이 믿어지지 않았다. 쇼는 끝났고, 그 정도면 괜찮았다. 아무 일도 일어나지 않았다. 로만은 공연 후 근처에서 서성거리지도 않았으며 무대 출입구 근처에 서 있지도 않았고, 날 죽이려 하지도 않았다. 결국, 나는 무사했다.

　물론 다들 떠나고 한참이 지나도록 나는 위층에 있는 내 분장실에 숨어 있었다. 무대에서 나는 로만의 표정을 보았다. 그것은 살의에 가득 찬 얼굴이었으며, 눈에는 살기가 돌았다. 그는 분명 화가 났을 것이다. 그런 일을 당하면 여성들은 으레 입을 다물기 마련이다. 수치심 때문에 마치 아무 일도 없었던 것처럼 행동하며 예의를 잃지 않는다. 그러나 나는 침묵하기를 거부했기에 일종의 범죄를 저지른 셈이었다.

　나는 다른 여성들에게 경고하는 차원에서, 우리와 똑같은 일을 당한 여성들을 위로하는 차원에서, 우리가 혼자가 아니라는 사실을 보여주는 차원에서 이 일을 한 것이며, 우리 여성들이 그동안 겪은 일을 털어놓고, 우리에게 무슨 일이 벌어졌는지 서로 큰 소리로 말한다면 불현듯 세상은 보다 넓고, 살기 좋은 곳이 되리라고 생각한다.

　가끔씩 사람들은 내게 너무 도가 지나치지 않느냐고, 너무 개인적인 일들까지 드러내 나중에 후회하지 않겠냐고 묻곤 한다. 나는 너무 개인적인 일이라는 건 있을 수 없다고 생각한다. 우리 모두에게는 고통이 있다. 우리 모두에게는 의심과 슬픔, 일어나지 말았어야 할 끔찍한 기억들이 있다. 우리가 그것들을 그냥 덮어둔 채 아무 일 없었다는 듯이 행동하면 우리의 이야기는 잊혀지고 우리의 진실은 거짓이 된다.

　나는 두렵지 않으므로 당당하게 사실을 말한다. 아름다움을 보여주기 위해 추한 이야기를 한다. 그리고 그 추한 이야기는 아직도 많이 남아 있다.

제16장 음주 치료

나는 이번 시나리오 사건에 크게 실망했다. 인생 자체에 대해서도 실망했다. 내 인생에는 이제 아무런 희망도 없고, 세상 모든 사람과 사물들이 나와 어긋나기만 하는 것 같았다. 유일한 해결책은 술을 마시다 죽는 거라고 생각했다.

흥미롭게도 막상 자살을 결심하고 나자 그것은 매우 현실적인 해결책 같았다. 슬픈 느낌은 들지 않았다. 무슨 대단하고, 비극적인 멜로 드라마처럼 느껴지지도 않았다. 그저 마음이 놓였다. 영원처럼 느껴진 그 오랜 세월 끝에, 나는 처음으로 평온했다.

내게는 빌딩에서 뛰어내리거나, 총으로 머리를 날려버릴 용기가 없다는 사실을 알고 있었다. 그러나 도저히 참을 수 없는 지경에 이르렀을 경우를 대비해 마음 한구석으로는 늘 그 방법도 생각해 두고 있었다. 숨이 멎을 때까지 실컷 마실 수 있다고 생각하니 흐뭇했다. 그 정도면 꽤 괜찮은 거래였다.

물론 술을 마시다 죽기까지는 시간이 오래 걸리겠지만 그래도 알코올 덕분에 하루하루를 내 자신으로 살아가는 것을 견딜 수 있었다. 나는 내 자신과 내가 한 모든 일이 싫었다. 그런 나를 벗어버리고, 달아나고 싶었다. 술에 취해 있을 때는 내 자신의 몰락을 어느 정도 낭만적으로 받아들일 수 있었고, 레드 와인과 함께 하얀 알약을 한 웅큼 삼키며 내 자신이 마치 마릴린 몬로 같은 저주받은 운명의 소유자라고 느꼈다. 이 모든 일들이 훗날 내 전기를 쓰는 사람에게는 좋은 소재거리가 될 것이다. 지금 생각하면 웃기는 일이지만 당시에는 정말로 그랬다!

돈은 계속 벌어야 했으므로 공연 요청이 들어올 때마다 수락했다. 하지만 대개 취한 상태로 공연을 했기 때문에 빙글빙글 돌아가는 무대 위에서 중심을 잡기 위해서는 마이크 받침대를 손으로 꼭 쥐어야만 했다. 나는 서서히 영화 〈로즈〉(*요절한 록 가수 제니스 조플린을 모델로 한 79년 영화 주인공은 알코올과 마약, 그리고 섹스에 탐닉하다 생을 마감한다)의 주인공이 되어가고 있었다.

한번은 어번 임푸르브에서 공연을 하고 있을 당시, 나 혼자서 무대를 이끌 자신이 없어 세 명의 코미디언을 더 데려갔다. 이미 같이 하기로 예약되어 있었던 두 명의 코미디언은 제외하고 말이다. 나는 도우미들이 떼거지로 내려간 썰렁한 무대에 맨 마지막으로 올라가 겨우 공연을 마쳤다.

세 코미디언과 나는 너무 취해 LA까지 운전을 하고 갈 수 없어 시내의 한 호텔에 묵었다. 대체 무슨 마음으로 그랬는지, 나는 그 중 한 명과 섹스를 하기 위해 다른 두 명에게 가게에 가서 술을 사오라고 내보냈다.

왜 그런 짓을 했는지 모르겠다. 나는 그를 좋아하지도 않았다. 분명 멋있는 남자였지만 그에게 전혀 끌리지 않았다. 그는 내 위에 올라타 손가락으로 내 안을 더듬으며 계속 중얼거렸다.

"구멍(spot)이 어딨지? 구멍이 어디야?"

나는 아무 느낌도 없었다. 혼란스러웠다. "스팟! 난 주로 길가에다 세워두는데.(*주차할 공간을 의미하기도 한다)"라고 말해야 할까 아니면 "스팟? 난 개가 없어.(*어린이 그림책 시리즈의 주인공인 강아지 스팟을 가리킴)"라고?

다행스럽게도 문을 연 가게가 없어 다른 두 남자들이 빨리 돌아왔고, 우리 넷은 모두 옷을 입은 채로 침대 위에서 잠들었다. 후에 그 남자는 계속 전화해 내가 괜찮은지 묻고, 자기에게 좋은 CD가 있다는 등의 이야기를 하며 또 내 구멍을 찾아볼 수 있는지 기회를 노렸다. 나는 그와 얘기조차 할 수 없었다. 너무 민망스러웠다.

내 행실이 난잡했다고는 해도 섹스광은 아니었다. 그 끔찍한 첫 경험 이후로 나는 섹스를 경멸하는 경향이 있었다. 내게 섹스는 단순한 도피처이자 힘을 얻고 권태에서 벗어나는 수단이었으며 또한 흥미롭게도 진실로 친밀한 관계를 피하는 길이었다.

숙취에서 깨어나는 일은 이제 일상사가 되어버렸지만 '구멍이 어딨지?' 사건 다음날 아침의 숙취는 정말로 지독했다. 나는 그런 아침을 맞는 것이 지겨워 그토록 맹렬히 마약과 술에 빠져들며 언젠가는 이런 숙취도 겪지 않고, 잠에서 영영 깨어나지 않는 요행을 바랐던 것 같다. 결국 그것도 자살 기도의 한 방편이었다.

그날 아침은 아침 햇살보다도 두통으로 인해 잠에서 깨었다. 나는 몇 초 간격으로 토할 것 같은 메스꺼움을 느끼며 한낮에 차를 몰아 LA로 돌아갔다. 집에 도착해서는 머리를 바닥으로 한 채 소파에 매달려 〈아버지의 이름으로〉를 보며 두통을 잊으려 했지만 영화 속의 아일랜드 분쟁도 내 머리 속에서 치고받는 전쟁에는 비할 바가 못되었다. 숙취는 한밤중, 다음날 저녁 공연 때까지 계속

됐으며 다시 그날 밤에 마시는 술로 이어졌고, 그렇게 계속 돌고 돌았다.

어떤 면에서 나는 숙취 상태를 좋아했다. 내 자신에게 친절해지는 유일한 때이기 때문이다. 먹고 난 후에도 자책하는 일없이 스스로에게 기름지고 영양가 있는 음식을 먹게 하는 것은 그때뿐이다. 다시 기운을 차리기 위해서는 칼로리를 보충해야 했다. 나는 큰맘 먹고 육중한 그릇에 담긴 마초볼(*녹말을 첨가한 걸쭉한 수프) 수프를 곁들여 치즈와 아보카도로 속을 채운 큼직한 베이글을 먹었다. 찐득한 녹말 기운이 내 위와 머리에서 새어나오는 통증을 막아주었고, 음식을 먹으니 입안의 쓴내가 사라졌다.

그런 다음에는 극장에 가서 영화를 보거나 하루 종일 집에서 비디오를 보았다. 이것이 마치 나만의 영화 수업인 양 내게 도움이 되는 일이라고 위안하면서.

가끔씩 울렁거리는 것을 피하기 위해 아침에 곧장 마셔야 할 때도 있었다. 처음에는 데이빗 니븐(*영국 출신의 영화배우. 주로 점잖은 신사역할을 맡았다)이 된 기분으로 긴 잔에 담긴 블러디 메리를 마시지만 나중에는 전날 밤에 마신 술만으로도 충분해졌다. 평균적으로 하루에 두세 번씩 숙취가 찾아왔는데 맨 먼저 이른 아침의 숙취를 없애기 위해 마시고, 취해서 곯아떨어지고, 한낮에 깨서 또 마시고, 마시다 보면 또 두통이 왔다.

그러면 어느새 해가 지고, 그때부터 본격적인 음주가 시작돼 밤새 마시고, 다음날 또 똑같은 일이 반복되었다.

나는 주량과 균형을 맞추어 여전히 엄청난 양의 다이어트 약을 먹었는데 세븐 일레븐의 카운터 옆에 두고 파는 '강장제' 미니씬과 함께 먹었다.

다이어트 알약 외에도 푸른색의 다이아제팜을 먹었다. 이것은 벨륨(*신경안정제)의 일종으로 멕시코에 가면 살 수 있다. 또 약국에서 자낙스(*향정신성 약물)를 살 수 있는 소중한 처방전도 있었는데 이것은 금값이나 마찬가지였다.

와인은 마시면 살이 찌고, 다음날 속이 울렁거렸기 때문에 나는 보드카로 종목을 바꿨다. 보드카를 시럽처럼 걸쭉해질 때까지 얼렸다가 하이볼로 써도 될 만큼 커다란 잔에 따라 연거푸 들이켰다. 나는 얼음처럼 차가운 보드카를 단숨에 들이키는 것을 좋아했는데 마치 머리 속에 속속들이 고드름이 생기는 기분이었다.

나는 테킬라, 그 중에서도 빠뜨론을 제일 좋아했다. 테킬라를 마시고 나면 그 짜르르한 뒷맛이 목구멍 뒤를 훑어내리며 몸 전체가 훈훈해졌다. 빠뜨론의 병은 터무니없을 정도로 작아 병을 거의 다 비울 때쯤이 되어서야 그 짜릿함이 느껴져 날 화나게 했다. 값도 비싸서 한 번에 두 병씩 사는 나로서는 최고급 금딱지가 아닌 비교적 싼 은딱지가 붙은 제품을 사는 일이 잦아졌다.

바에서 술을 마시는 일은 일상사가 되었다. 나는 칵테일 만드는 사람들이 출근하기도 전인 오후 6시부터 친구 시오반과 함께 드레스덴에 가 있었다. 그곳은 지저분하고 초라한 술집이었다. 우리는 더블 위스키를 단숨에 들이키며 TV에 나오는 뉴스를 봤다. 그런 다음 비틀거리며 길 건너에 있는 술집 페드로에 가서 좀더 마셨다. 어떤 날은 거뜬히 서로 스무 잔 정도를 해치우기도 했다. 너무 마셔댄 탓인지 시오반은 밤마다 발작을 일으켰고, 그래서 어쩔 수 없이 술을 끊어야만 했다. 난 술친구를 잃었지만 술에 대한 정열은 잃지 않아 친구 몫까지 계속 마셨다. 우리는 여전히 함께 술집을 다녔고, 나는 시오반이 세븐업을 마시는 것을 바라보며 너와 함께 술마시던 시절이 그립다고 했다.

　매일밤마다 술집에 가기는 했어도 내가 제일 좋아하는 술은 밤을 마감하며 집에서 마시는 술이었다. 잠들기 직전에 습관처럼 마시는 술. 그것은 사색의 술이며 그날 하루 동안의 모든 죄를 말끔히 씻어주는 술이다. 그 나름대로의 명상이며 하루를 끝마치는 고요한 몽상이다. 나는 200㎖ 정도 되는 큰 잔에 든 술을 단숨에 비워버리고는 언제나처럼 잠에서 깨지 않고 이대로 죽기를 바라며 고풍스런 중국식 침대로 기어올라갔다.

　나는 분명 한 번 죽었었다. 그날 밤은 이미 위스키에 잔뜩 취한 상태에서 다시 엄청난 마약을 피워댔다. 나는 깊고 나른한 곳으로 둥실 떠내려갔다. 내 영혼은 뜨겁고, 젖은 모래처럼 묵직했다. 나는 기다란 그림자와 좁은 회랑이 펼쳐진 어두운 곳에 도착했다. 벽에는 빅토리아 양식의 초상화가 걸려 있었는데 그림 속에는 한 남자가 타오르는 촛불 옆에 앉아 있고, 화가가 벽에 비친 그의 그림자의 윤곽선을 따라 그린 다음 그것을 마분지에 본떠 잘라내고 있었다.

　죽었다가 다시 살아난 사람들의 말에 의하면 오래 전에 죽은 친척이 나타나 아직은 때가 아니라고 말한다거나, 지금까지 살아온 자신의 생애가 눈앞에 펼쳐지거나, 속세를 초월한 평화에 둘러싸인 기분이었다고들 한다. 별의 휘장이 둘러쳐진 우주의 뒤편을 보기도 하고, 더러는 하느님을 본 사람도 있다. 그러나 내가 본 것은 그림이었다.

　저 아래로 내 육신이 보였지만 나는 돌아갈 수 없었다. 내가 있는 곳으로 몸을 끌어오려고도 했지만 할 수 없었다. 나는 그렇게 그림자 속에 갇힌 채 천장에 떠 있었다. 겁에 잔뜩 질려 있었고, 입으로는 "구급차를 불러"라고 말하려고 했다. 꽤 오랫동안 그 상태에 머무르자 잠시 후에 공포가 가라앉았다. 내가 죽는다는 것을 알 수 있었다. 나쁘지 않았다. 나는 저항하지 않았다.

나는 죽었다.

하지만 죽은 상태로 머무르지 않았다.

나는 내려왔다. 내 몸 안에서 눈을 떴다. 다음날, 머리 속과 입 속은 잔뜩 메말라 버석거렸다. 탈수 현상 때문에 침샘에서 통증이 느껴졌다. 내 몸은 얄팍한 사기그릇처럼 금세라도 깨질 것 같았고, 손은 부들부들 떨렸다. 그러나 기적적으로 나는 살아 있었다.

다음날 밤, 나는 또다시 마약에 취했지만 그런 이탈 현상은 일어나지 않았다. 마치 날 인도해줄 등불을 다 태워버린 것처럼 나는 두번다시 그곳에 가지 못했다.

아침마다 느끼는 울렁증과 충혈된 눈은 점점 지속 시간이 길어졌고, 마침내는 하루 종일 가는 날도 있었다. 나는 요가를 시작했다. 그것만이 기분이 좋아지는 유일한 길이었다. 처음에는 끔찍했다. 수업에 참가해 불가능해 보이는 동작을 하며 몸을 비비꼬고, 반질거리는 나무바닥 위로 보드카에 절은 땀방울을 비오듯 쏟아냈다. 그 후로 나는 내 몸에 있던 알코올 기운을 완전히 짜냈으며 인생을 다시 시작할 수 있었다. 단지 살을 빼기 위해서만이 아니라 매일밤마다 내 몸에 쏟아부었던 독기운을 빼내기 위해 운동했다. 토요일 아침마다 모든 체육관에서 땀냄새가 진동하는 걸 보면 이것은 현대인들의 보편화된 습관 같았다. 나는 요가 시간 직전에 에스프레소를 연거푸 들이켜 효과를 증대시키려고 했지만 오히려 요가 시간이 채 끝나기도 전에 쓰러질 것 같았다.
　재미있는 사실은 비록 죽어가고 있어도 내 몸매는 꽤 보기 좋았다는 점이다. 언젠가 내 머리칼이 몽땅 빠지는 날이 와도 엉덩이는 작아져 있으리라.
　"와! 저 대머리 아가씨 몸매 죽이는데!"
　"다 죽어가는 것 같은데 몸에 셀룰라이트(*피하지방이 뭉친 덩어리)는 없군 그래!"

　나는 밴드의 연주를 들으러 다니는 것을 좋아했다. 음악은 내 고통을 무디게 했지만 자기 혐오는 더욱 강하게 만들었다. 나는 금요일 밤마다 라르고에서 하는 존 브라이언의 공연을 보며 흥청거렸다. 나는 내 자신을 싫어하는 것만큼이나 그를 좋아했다. 그가 부르는 슬픈 노래들은 모두 헤어진 여자친구들, 그리고 자기 의지와는 달리 그들과 사랑에 빠질 수밖에 없었다는 내용이었고, 나는 그의 목소리에 실린 사랑을 느끼며 자기 연민과 위스키 속으로 침잠되어갔다.
　그 시절, 나는 배트라는 후줄근한 가수에게 이상하게 집착하여 그의 공연을 보러 여기저기 돌아다녔다. 그의 관심을 끌고 싶었던 나머지 나는 그에게 잘보이기 위해 술을 동이로 마셔대고는 어떻게든 무법자 행세를 해보려고 했다.
　실제로 몇 번은 정말 그러기도 했었는데, 한 밴드에게 아무 이유 없이 야유를 퍼부었던 것이다. 나는 그들에게 다섯 명의 역겨운 딕(*남성의 성기를 의미하는 속어)이라고 했는데 그 밴드는 네 명뿐이었으므로 그 중 한 명에게 두 개가 달려 있지 않는 한 그것은 틀린 말이었다. 그건 정말 유치한 모욕일 뿐 아니라 사실 나는 그들을 좋아했기 때문에 아주 부당한 짓이기도 했다. 나는 그저 허풍을 떨었을 뿐이다.

스몰스에서 신발이 닳도록 서성이다가 바에서 싸구려 레드 와인을 단숨에 들이켰던 적도 있다. 그리고는 배트를 붙잡고 "내가 매력적으로 보이니?"라고 물으며 마구 덤벼들었다. 그는 겁에 질린 얼굴로 몸을 빼고 도망치며 "물론이죠. 하지만 시간을 갖고 천천히 서로를 알아가도록 해요."라고 말했다.

그 시절의 기억으로 돌아가는 것은 너무도 서글프다. 단지 혐오스러웠던 내 행동 때문이 아니라 당시 내가 스스로에게 느꼈던 감정 때문이다. 나는 지독한 자기 혐오에 빠져 있다가 별안간 과대망상에 사로잡혀 이 술집 안에 있는 어떤 남자든, 혹은 여자까지도 유혹할 수 있다고 생각했다.

도시를 떠나기가 두려웠는지도 모른다. 나는 늘 내가 다른 곳으로 떠나야 한다고 생각했다. 외로움 때문일 수도 있다. 그것은 고약한 질병과도 같았다.

내 행동을 부추겼던 다른 외부적 원인들도 있다. 슬레지는 내 광기를 '대찬성' 했고, 내 격한 행동을 묵인하고, 멋지다는 명목하에 내 미친짓을 찬미했다. 그는 우리가 마치 새로운 시대의 젤다와 F. S. 피츠제럴드(*1920년대 활약한 미국의 소설가로 『위대한 게츠비』가 대표작임. 둘은 문학사상 보기 드문 커플로 온갖 소문을 뿌렸다)나 된다는 듯이 떠들어대며 아무 생각없이 호텔 분수대에 뛰어들고, 우리가 아름다운 사람들이자 저주받은 운명의 소유자라고 생각했다. 사실 우리는 보통 외모에 처량한 인생이었을 뿐인데 말이다. 나도 마음 한 구석으로는 예전의 내 무모함을 숭배한다. 다만 그 밑에 그토록 지독한 슬픔이 깔려 있지 않았다면 좋았을 텐데. 알맹이가 그렇게 썩어 있지 않았다면 좋았을 텐데.

그렇게 무모한 행동을 한 대부분의 이유는 아마도 슬픔 때문이었을 것이다. 나는 내 드라마가 중단되고, 거창하게 그것도 아주 공개적으로 직업적 실패를 겪은 것에 대해 통탄하고 있었다. 무슨 짓을 하든 내 자신이 아무 매력도 없는 뚱보로 느껴졌다. 여전히 아무 희망도 없는 글렌과의 사랑에 빠져 있었고, 그는 나를 사랑하지 않았다. 직접 쓴 영화 대본으로 그 늪에서 벗어나려 했던 계획은 로만과 내 어리석음으로 인해 물거품이 되고 말았다. 내가 한 모든 일이 다 실패로 끝났으며 내게 더 이상의 미래도, 돌아갈 곳도 없다고 생각했다. 더 이상 나빠질 일이 없다고 생각하던 차에 할아버지가 돌아가셨다.

우리 할아버지는 목사님이셨고 내가 처음으로 연예인이 되고 싶다는 생각을 하게 만든 분이셨다. 목사님 복장을 한 할아버지는 엄숙하고 실제보다 키가 커 보였다. 나는 할아버지가 언제나 미소띤 얼굴로 설교하시며 교구민을 사로잡는 모습을 사랑했다. 할아버지는 가끔씩 나와 내 동생에게 이상하리만치 냉담하게 굴다가도 이내 아낌없는 사랑을 퍼부으셨다. 친척들 중에서 누구보다도 영어를 잘 하셨으며 우리가 곁에 있을 때는 늘 우리와 영어를 연습하려고 하셨다. 모자를 쓰지 않고서 밖에 나가는 법이 없으셨고, 오래 전 한국에서 있었던 끔찍한 화재 사건 때문에 머리 둘레와 목에 심한 흉터가 있었음에도 불구하고, 할아버지는 여전히 미남이셨다.

언젠가부터 할아버지는 점점 건강이 나빠지셨고, 엄마는 종종 할아버지의 상태에 대한 소식을 내 전화기에 남겨두곤 하셨다.

"잘 있었니? 엄마다. 할 말이 두 가지 있다. 첫째, 할아버지가 돌아가실 것 같구나. 언제 돌아가실지는 모르겠다. 미리 말해두는 거니까 나중에 할아버지가 돌아가셔도 너무 놀라지 말아라. 할아버지께는 아는 체 말고. 그건 어리석은 짓이야! 할아버지도 알고는 계신다만. 둘째, 내가 보낸 샴푸 받았니? 이 엄마가 모발에 좋은 샴푸를 보냈다. 아주 조금씩만 쓰도록 해. 너무 많이 쓰지 말고! 아주 조금씩만 쓰고 거품을 낸 다음 헹구렴. 두 번은 하지 마! 그건 낭비야. 알았니? 두 번은 하지 마라! 요약하자면, 첫째 할아버지가 돌아가실 것 같고, 둘째…… (삐)"

응답기는 항상 엄마가 말을 다 마치기 전에 끝나버린다.

지난 몇 달간은 할아버지를 별로 뵌 적이 없었다. 대부분의 경우, 가족들과 마주하기란 끔찍한 일이었다. 어른이 된 후로 할아버지, 할머니와 별로 가깝게 지내지는 않았지만 내가 그분들을 얼마나 좋아하는지는 이루 다 표현할 길이 없다. 다만 말썽 많던 내 십대 시절, 가족들과 나 사이에는 깊은 골이 생겼으며 그 후로는 귀찮기도 하고, 내 일에 바빠 굳이 다시 가족들에게 돌아가려 하지 않았다.

내가 할아버지를 마지막으로 본 것은 재팬타운에 있는 할아버지의 조그만 아파트에서였다. 그 집에는 기도실이자 하느님과의 직통 전화 박스이기도 한 성소로 쓰이는 대형 벽장이 있었는데 내 동생과 나는 어렸을 때 그곳에 종종 숨어 있곤 했다.

바닥에 깔린 전기장판 위에 누워 계신 할아버지는 너무 말라 금방이라도 부서질 것 같았다. 나를 올려다보시는 할아버지의 눈동자는 유리알처럼 맑고, 군청색을 띠고 있었다. 할아버지는 내 손을 붙들더니 점점 힘을 가했다. 나는 할아버지의 장엄한 작별인사를 기다렸다. 이 세상을 떠나시기 전에 내게 남기는 어떤 감명 깊은 충고, 내 가슴에 영원히 간직될 할아버지의 유언을.

"네 TV 드라마는 어떻게 된 거냐?"

할아버지는 몸을 축 늘어뜨리고, 눈을 감으며 잡았던 내 손을 서서히 놓으셨다. 그것이 할아버지가 내게 남긴 마지막 말이었다.

집에 돌아오자 엄마는 곧 장의사가 올 거라며 미안해 하셨다.

"약간은 시기상조라는 거 안다. 아직 돌아가신 건 아니니까. 나도 할아버지가 오래 사시기를 바라지만 미리 준비해두는 게 좋지 않겠니. 그럼 나중에 걱정할 필요도 없고."

엄마는 할아버지의 장례식을 치르는 일이 무슨 소풍 바구니라도 싸는 것인 양 말씀하셨다.

"시간도 절약되고, 여러모로 편하지."

나는 십대 시절에 썼던 내 침실로 피신했다. 그리고는 옷장에 붙은 거울에 립스틱으로 씌어진 낙서를 읽었다.

'나는 프린스의 여자라네.' '사랑해요, 듀란 듀란' '아담과 개미들이 세상을 지배할 것이다.'

엄마와 함께 거실에 앉아 있던 장의사가 갑자기 소리를 질렀다.

"딸이다! 딸이야! 그렇다면 네가 '모란'이구나!"

그는 내 스탠드업 코미디 중에서 우리 엄마가 내 한국식 이름을 부르는 장면을 인용하고 있었다. 엄마도 따라하기 시작했다.

엄마가 아래층으로 내려오라고 부르자("모란!") 중국인 게이 장의사가 다시 그 장면을 연출했다. 그는 벽난로 선반 위에 걸린 내 사진을 알아보고, 성실한 장의사의 역할을 집어던진 채 환호하는 십대 팬이 되어 있었다.

나에 대한 과잉 칭찬과 내 수줍은 발걸음, 그리고 더듬거리는 감사의 말이 잠시 오간 뒤, 그들은 다시 묘지를 어디로 할 것인지, 장례식 준비는 어떻게 할 것인지에 대해 의논했다.

"이번 일도 분명 당신 코미디의 좋은 소재가 될 겁니다!"

집을 나서며 그가 쾌활하게 말했다.

이번 사건은 전체적으로 상상을 초월할 만큼 우울하고 당황스러웠지만, 엄마의 진가가 한껏 발휘되는 기회이기도 했다.

엄마는 내게 있어 인생의 문을 열어준 사람이지만 할아버지에게는 죽음의 문을 닫아준 사람이었다. 할아버지가 아파서 누워 있는 동안에는 능률적이면서도 상냥한 태도로 성심 성의껏 할아버지를 돌보았다. 가족 모두가 자기 고민에 빠져 뿔뿔이 흩어져 있는 동안, 엄마는 계속해서 밥을 짓고, 약을 빻고, 할아버지를 모신 채 병원을 오가고, 늙고 부드러운 피부 위에 시원한 손을 얹어주셨다.

할아버지가 돌아가셨을 때, 엄마가 얼마나 환한 표정이었는지 기억한다. 전화를 하는 엄마의 목소리는 명랑하고, 피곤이 묻어 있었으며, 더 이상 할아버지가 고통받지 않아도 된다는 사실을 기뻐하고 있었다. 지쳤지만 한껏 흥분한 산파와도 같은 목소리였다. 나는 엄마가 할아버지를 돌보는 일을 일종의 소명으로 받아들였다는 것을 알았다. 다들 원치 않는 일이었지만 엄마는 그 일을 기쁘게 받아들였다. 그것은 다른 식구들이 먹고 남긴 수북한 생선 가시 위에 놓인 하얀색의 탱글탱글한 생선 눈알을 처리하는 것과 같았다.

장례식에서 죽은 할아버지의 관이 닫히기 전에 엄마는 할아버지에게 키스하고 또 키스했다. 차갑고, 뻣뻣하고, 숨이 멎은 상태였지만 그래도 여전히 할아버지였다. 엄마에게는 두려움도 슬픔도 없었다. 오직 할아버지에 대한 사랑뿐이었다. 나도 엄마를 흉내내려 했다. 그러나 최대한 가까이 다가가 붙잡은 할아버지의 손은 마치 플라스틱 같았다. 뻣뻣한 가죽만 남은 할아버지를 보자 나도 모르게 진저리가 쳐졌다. 할아버지를 그토록 사랑했는데도 말이다.

나는 숨죽여 울었다. 그 울음은 너무도 가슴 깊은 곳에서 흘러나와 흐느낄 때마다 통증이 느껴질 정도였다. 그럼에도 나는 할아버지가 무서웠다. 할아버지의 죽은 모습과 열린 관, 공포영화에 나올 법한 분장한 얼굴, 영원히 닫혀 있을 두 눈과 입, 분명 할아버지가 틀림없는데도 전혀 할아버지로 느껴지지 않는다는 사실이 무서웠다. 그때 나는 엄마가 용감한 사람이라는 것을 알았다. 그리고 엄마가 우리들 중 어느 누구보다도 할아버지와 가까웠다는 사실도. 엄마는 할아버지가 죽음을 맞이하도록 도와주셨다. 내게 삶을 주었듯이 할아버지에게는 죽음을 주셨다. 갑자기 엄마가 신비롭게 느껴졌다. 엄마는 내게 늘 신비로운 존재였다.

고모 두 분도 묘지까지 오셔서 할아버지가 묻히는 광경을 지켜보았다. 엄마는 두 분의 조그맣고 마른 체구에 감탄하셨다.

"네 고모가 그러는데 저렇게 날씬한 몸매를 유지하는 비결은 아주 아주 천천히 먹는 거래. 그러니까 다른 사람이 먹을 동안 혼자 우두커니 앉아 있을 필요가 없지. 그리고는 다른 사람이 식사를 마치면 그때 자기도 그만 먹는 거야. 정말 대단하지? 이 엄마도 그럴 수 있다면 좋으련만."

하지만 그날 두 분은 너무도 기운이 없어 서로에게 의지한 채 걸어가야만 했다.

장례식에는 혼자서 비석들 근처를 서성이는 꼬부랑 할머니도 한 분 계셨다. 등이 어찌나 굽었는지 턱이 바닥에 닿을 지경이었다. 나는 생각했다. '저 할머니에게 이곳은 너무도 낯익은 공간이겠지. 땅 속에 있는 자신의 죽은 친구들을 위해 이제 또다시 마흔 번째쯤 되는 친구를 묻어주었을 거야.' 할머니는 바람을 타고 묘지 위를 굴러다니는 쓰레기를 줍고 다니셨다.

나는 예전에 꾸었던 꿈 생각을 했다. 꿈에서 나는 공동묘지를 마구 달리고 있었는데 아무리 해도 묘지를 빠져나갈 수 없었다. 나는 달리고 또 달렸고, 내 발 아래, 등뒤, 눈앞, 하늘 위로 비석이 끝없이, 무지막지하게 펼쳐졌다. 그대로 대리석에 치여 죽을 것만 같았다. 그러나 이렇게 묘지에 둘러싸인 채 자그마한 고모 두 분이 타박타박 길을 따라 걸어가는 것을 바라보고 있는 지금은, 전혀 그런 기분이 들지 않았다.

아빠의 친구분이 우리를 집까지 태워다 주셨다. 내 에스코트를 맡은 슬레지가 그 아저씨에게 자동차의 헤드라이트가 켜져 있다고 말하자 아저씨는 빙긋 웃었다. 슬레지는 백인이고 백인들이 뭐라도 사주지 않는 한 한국인들이 그들에게 웃어 보이는 경우란 거의 없는데도 말이다. 아저씨는 헤드라이트를 끄고 우리 고모들에게 다가갔다. 그리고는 내게 자신은 갓난아이일 때부터 고모들을 쭉 지켜봐왔다고 말씀하셨다. 큰고모가 말했다.

"내 동생도 한때는 아기였는데 이제는 할머니가 되어 버렸군 그래."

그러자 아저씨가 대꾸했다.

"그래도 내게는 늘 아기예요."

난 남녀가 시시덕거리는 것도 때로는 가슴 저리도록 아름다울 수 있구나 생각했다.

나는 할아버지에 대한 존경의 표시로 술을 끊기로 결심했다.

제17장 룸서비스와 랄프

    그것은 그다지 좋은 생각이 아니었다. 장례식 동안 내 손은 덜덜 떨렸고, 입은 바싹바싹 말랐다. 슬픔과 후회가 동시에 밀려왔다.
    나는 그날 밤까지 버티다가 친구들을 만나러 카페에 갔다. 그 중 한 명이 내게 술이 필요한 것 같다고 말했다. 내게 필요한 건 오직 그것뿐이었다. 그날은 메스꺼움을 떨쳐내기 위해 백포도주 한 잔만 마셨다. 하지만 다음날 밤에는 다시 술을 마셨고, 그 다음날 밤에도 마셨으며 그 후로 한동안은 술을 끊겠다는 생각을 다시 하지 않았다.
    어떤 날은 아침에 눈을 뜨면 기분이 너무 나빠 다시는 술을 마시지 않겠다고 맹세하지만 고작 몇 시간밖에 참지 못한다. 대개는 여행중에 결심이 무너진다. 정신을 쏙 빼놓을 정도의 두통과 입에서 느껴지는 쓴내 때문에 술 없이는 시차와 고도의 차이를 견디기가 힘들어진다. 이른 아침의 비행과 시내 버스 수준의 기내 서비스도 마찬가지다.
    전국 각지를 돌던 장기간의 순회 공연이 막바지에 이르던 무렵의 어느 날, 나는 몸이 너무도 안 좋아 꼭 죽을 것만 같았다. 마지막 공연은 루이지애나주 몬로의 한 대학교였는데 뉴올리언스에서 그다지 멀지 않은 거리였다.

몸에 남아 있던 알코올과 마약 성분 때문에 혈액 순환이 원활하지 않아 나는 잔뜩 가라앉은 기분으로 도착했다. 호텔에 체크인을 한 후, 운동을 해서 맑은 정신으로 에너지를 재충전하기로 했다. 나는 비장한 각오와 열정을 품고서 호텔의 땀내 나는 헬스클럽으로 돌격했다. 한 걸음씩 내딛을 때마다 기분이 나아지며 내 미래가 밝고 환하게 빛나는 것 같았다.

강당은 800명 정도의 학생들로 만원을 이루었다. 내 앞서 있었던 한 카우보이 코미디언의 공연은 우레와 같은 기립박수를 받으며 끝났다. 조짐이 좋아 보였다. 그러나 현실은 그렇지가 못했다.

내가 거대한 무대 위로 올라가자 강당은 쥐죽은 듯 조용해졌다. 학생들은 내가 누군지도 모르는 것 같았다. 날 선생님으로 착각했는지도 모른다. 두서너 개의 첫 농담은 비교적 양호했다. 그리고는 그들을 놓쳐버렸다. 그건 그나마 좋게 표현한 것이다. '놓쳐버렸다'고 한다면 한때는 그들을 사로잡았다는 얘기인데 실은 그렇지 못했다. 나는 그들을 사로잡을 수 없었다. 상황은 점점 더 나빠졌다.

사람들로부터 으레 폭소와 박수갈채를 이끌어냈던 농담들이 그날은 그저 공기 중에 둥둥 떠다니기만 했다. 갑자기 강당 아래쪽에서 비웃음 소리가 들렸고, 모든 학생들이 그 소리에 호응했다! 그들은 날 비웃는 아이를 따라 같이 웃고 있었다.

그리고는 우우 — 하는 소리가 시작되었다. 객석에서는 야유가 터져나왔고, 내가 말을 하려고 할 때마다 비웃음 소리가 내 말을 중단시켰다. 이내 야유와 우우 소리, 하이에나 같은 웃음소리가 뒤섞인 교향악이 울려퍼졌고, 학생들은 썰물처럼 강당을 빠져나갔다. 어두운 객석에서 내게 보이는 것은 그들의 다리선뿐이었다. 멀리서 그것을 보고 있노라니 어느 더운 여름날, 개미떼들이 내 싱크대를 공격했던 일이 기억났다. 그 많던 개미들의 우글우글하고 반질거리던 새까만 다리와 오직 둘뿐이던 내 다리. 그때와 똑같이 아찔한 기분이 들었다.

이대로 무대를 떠날 수는 없었다. 나는 점잖게 내 실패를 인정한 채 내려가고 싶지 않았고 그로 인해 상황은 한층 더 나빠졌다.

나는 무대 위에 한참을 서서 어떻게든 미친 관객들을 달래보려고 했지만, 그들은 아예 노래까지 지어불렀다.

"나나나나나나나, 헤-헤-헤이-굿바이!"

이런 상황은 30분이 넘도록 계속되었으며 내가 채우기로 한 공연 시간도 지나 있었다. 나는 떠들썩한 기립박수를 받으며 무대를 내려왔다. 내가 좋아서가 아니라 더 이상 야유를 보내는 일에 싫증난 관객들이 내가 무대를 내려간다는 사실에 기뻐해서였다. 다음 사람의 공연이 계속되었고, 그들은 관중을 포복절도하게 했다.

무대 뒤로 오자 좀전까지만 해도 내게 그렇게 친절했던 사람들과 날 학교로 데려다 주었던 학생들이 이제 내 손에 800불을 쥐어주며 아무 말도 하지 않았다. 심지어 눈조차 마주치려 하지 않았다.

리무진 옆에 서 있던 여학생 두 명은 마구 울기 시작하며 자신들이 내 팬이라고 했다. 그리고는 이번 일이 너무 충격적이며 루이지애나 주를 대신하여 자신들이 사과한다고 했다.

나는 카우보이 코미디언과 함께 호텔로 돌아갔다. 그는 자기 같앉으면 그런 창피는 도저히 견딜 수 없었을 거라고 계속 떠들어댔다. 그러나 당시에는 이상하게도 그 일이 그다지 모욕적으로 느껴지지 않았다. 오히려 비현실적으로 느껴졌다. 나는 망연자실했지만 창피하지는 않았다. 그들은 내게 기회조차 주지 않았다. 내게 주어진 시간을 다 채우고, 그 시간이 끝난 후에야 무대를 내려감으로써 그들을 화나게 한 것이 내가 할 수 있는 일의 전부였다.

그때는 인정하지 않았지만 그날 밤은 내 자존심에 치명타를 가했다. 지난 십몇 년 동안 무대에서 그런 야유를 받은 적은 한 번도 없었다. 그것은 내게 절대 일어나지 않을 일 같았다. 나는 성공한 코미디언이었으며 이미 그만큼의 대가도 치렀다. 그들은 정말 내가 누군지 몰랐단 말인가? 모든 일에서 실패했지만 스탠드업 코미디만큼은 내게 남은 마지막 보루라고 생각했다. 그런데 이제 그것마저 사라지는 느낌이었다. 내 TV 드라마처럼, 내 시나리오처럼, 내 할아버지처럼. 나는 절대 그런 절망감을 느끼도록 허락할 수 없었다. 절망감이 오리라는 것을 알고 있었으므로 대책을 세워야만 했다. 나는 고통에 대비해 스스로를 무장했다. 마치 짧은 사면 기간을 얻은 것처럼 아직은 고통스럽지 않았다. 나는 술로 어느 정도 위안을 얻을 때까지 내 고통을 미루었다. 분명 오늘은 술을 끊겠다고 결심하기에는 시기가 좋지 않았다.

나는 서둘러 테킬라 네 잔을 보내달라고 룸서비스로 주문했다. 평상시 같았으면 공연 후에 마실 술을 벌써 방에 마련해 놓았을 것이다. 잡지 구독 카드로 덮여진 술잔 여러 개가 내가 돌아오기만을 기다리며 탁자 위에 가지런히 놓여 있었을 것이다. 그러나 그날 아침에는 술을 끊기로 결심한 터였다. 홀리데이 인 호텔은 방에 미니바가 없었고, 그렇다고 바에 내려가서 혼자 홀짝이기도 창피했으므로 그나마 룸서비스가 있다는 것이 천만다행이었다.

단숨에 넉 잔을 들이키자 기분이 좋아지며 오늘밤의 공연에 대해서도 한층 긍정적으로 생각하게 되었다. 어쩌면 그냥 사고였는지도 몰라. 나중에 좋은 이야깃거리가 될지도 모르지. 나는 명랑한 목소리로 다시 테킬라를 주문했다. 유감스럽게도 웨이터는 바가 문을 닫았다며 죄송하다는 말과 함께 전화를 끊었다.

나는 당황하며 내 짐 속에 혹시 발륨이 있지 않나 뒤지기 시작했다. 아니면 가방 어딘가에 실수로 떨어진 자낙스나 페코단이라도. 내가 핸드백 속에 든 내용물을 모조리 엎어내고 있는데 노크 소리가 났다. 좀전의 룸서비스 웨이터였다. 그는 근무 시간이 끝났는지 가죽 재킷을 입고, 여전히 나비 넥타이를 달고서 '나 이제 한가해요' 하는 미소를 짓고 있었다. 한 손에는 호세 꾸엘보 1800이, 다른 손에는 스티로폼 컵 두 개가 들려 있었다. 내 어찌 그를 거부할 수 있으리요.

그는 남부인의 슬픔을 간직한 귀여운 남자였다. 술병을 비우며 그는 자신이 몸담고 있는 게이/레즈비언 극단에 대해 말해주었다. 우리는 에디스 워튼(*20세기 초에 활동했던 미국의 여류 작가. 뉴욕의 상류사회를 배경으로 한 작품을 주로 썼으며 대표작으로 『순수의 시대』가 있다)에 대해, 특히 동성애자들에게 몬로가 얼마나 끔찍한 동네인지 이야기를 나누었다. 나는 그에게 내 공연이 얼마나 비참했는지 이야기했고, 그는 전혀 놀라지 않았다. 술기운이 오르자 나는 캘리포니아에 있는 슬레지에게 전화해 우리 파티에 참가시켰다. 전화는 내가 받고, 웨이터는 구내 전화로 연결시켜 셋이서 통화했다. 그 이후의 일이 전혀 기억이 안 나는 걸 보니 전화통을 붙잡고 침대에 그대로 뻗어버린 것이 분명하다.

나는 다음날 늦게 잠에서 깼다. 침대가 젖어 있었지만 숙취가 너무 심해 그냥 무시한 채 마른 쪽으로 몸을 굴려 다시 잠들었다. 한참 후에 잠에서 깼을 때는 집으로 돌아가는 비행기 시간까지 겨우 30분이 남아 있었다.

나는 오줌으로 젖은 내 옷을 배낭에 밀어넣으며 수치심과 참회의 눈물을 흘렸다. 옷에서는 내 어린 시절의 냄새와도 같은, 묘하게 친밀한 냄새가 났다. 공항으로 가는 동안 나는 죽어가는 기분이었다.

나는 내가 술을 끊을 수 없다는 사실을 깨달았다. 내가 정말로 죽어간다는 사실도 깨달았다.

몇 주 후, 그 룸서비스 웨이터에게서 전화가 왔다. 처음에는 그가 누구인지 생각하느라 한참을 헤맸다. 솔직히 말해 그런 식의 유흥을 함께 즐긴 사람들, 룸서비스 웨이터들이 수두룩했기 때문에 그들을 일일이 기억하고, 거기다가 이름과 얼굴을 연결시킨다는 것은 여간 어려운 일이 아니었다. 내 무모한 음주 경력 속에서도 나는 항상 운이 좋게 예의바르고 사려깊은 게이 남자들과 어울리게 되었다. 그들은 내 수호천사들로 날 돌봐주었으며 그 사실에 행복해했다. 그들로 인해 나는 하느님을 믿게 되었고, 하느님은 게이일 거라고 생각하게 되었다.

내 이기적인 성격과 거의 치매에 가까운 기억력 때문에 나는 한번도 그들에게 감사를 표시하거나 다시 연락하려는 수고를 한 적이 없었다. 이제는 시간도 흐르고, 거리마저 멀어 그 일은 영영 불가능해지고 말았다. 그렇다고는 해도 그 웨이터는 정말 좋은 남자였다. 나는 그가 아직도 루이지애나의 몬로에 있는지, 그가 그토록 사랑한다던 남자친구와 같이 살고 있는지 궁금하다. 그들의 사랑은 남부에서는 일종의 금지된 사랑으로, 와튼의 소설 속에 등장하는 뉴욕 상류 사회를 배경으로 한 손가락질받는 로맨스나 마찬가지였다. 그가 속해 있다는 그 게이/레즈비언 극단에서 이번 시즌에 무슨 작품을 공연할지도 궁금하다. 나라면 뮤지컬 〈애니〉의 드래그 퀸 버전인 〈트래니〉를 만들어보겠다.

"태양은 반드시 떠오른다네, 내일⋯⋯ 염병할."

다들 나가떨어지겠지.

집에 오니 언제나 그렇듯이 기분이 나아졌다. 최소한 집에 돌아온 직후에는 그랬다.

하루는 무슨 마음에서였는지 다소 충동적으로 동물 보호 센터를 찾아갔다. 나는 개를 사랑했다. 어렸을 때는 개가 너무도 키우고 싶어 아빠에게 '인간의 가장 좋은 친구'로서 개가 갖는 장점에 대한 제안서를 쓰기도 했다. 그것은 일종의 계약서로 앞서 말한 그 '친구'를 나 혼자 돌보기 위해 이런저런 일들을 기꺼이 하겠다는 내용이 대략 씌어 있었다. 그 외에도 덤으로 이제부터 좋은 성적을 받겠다거나, 방을 늘 깨끗이 하겠다거나, 기도를 열심히 하고 심지어는 TV도 보지 않겠다는 식의 부수 조항이 줄줄이 딸려 있었다.

아버지는 내 글에 감명을 받으신 나머지 개를 키우도록 허락하셨다. 우리는 버릇없는 잡종 양치기 개 한 마리를 샀는데 녀석은 채 일 년도 못되어 옴으로 죽고 말았다. 우리들보다도 엄마가 더 녀석을 예뻐하셨다. 수의사가 개를 데려가 묻어주기 위해 집에 왔을 때, 엄마는 침대에 누워 오랫동안 펑펑 울어대셨다. 엄마는 녀석의 이름을 소리쳐 불렀다.

"럭키! 럭키! 정말 미안하다, 럭키야!"

그애에게 럭키라는 이름은 정말 어울리지 않았다. 나는 럭키의 달콤하면서도 고약한 그 개 특유의 냄새를 기억한다. 동물 보호소에서 다시 그 냄새를 맡자 나도 모르게 눈가에 눈물이 맺혔다.

웨스트 벨리 동물 관리 센터는 한마디로 '멍멍이 사형장' 이었다. 이곳에 있는 개들의 표정은 하나같이 우울하고 슬펐으며, 철창 너머로 사람을 빤히 바라보는 그 큰 눈동자는 자신들의 운명을 익히 알고 있었다. 또한 사람들이 자신에게 관심을 보일 리가 없다는 사실도 알고 있었다. 늙은 개들은 희망을 잃고 낙담한 듯이 보였고, 아직 상황을 잘 모르는 어린 개들은 서로 날뛰며 사람들의 관심을 끌려고 싸움을 벌인다.

그 중 한 우리는 비어 있는 것 같았다. 그냥 지나치려는데 뭔가가 움직이는 것이 보였다. 내가 철창 앞에 가만히 서 있자 어둠 속에서 조그만 점 하나가 나타났다. 점은 나를 향해 다가왔다. 그것은 1.5kg 정도밖에 되어 보이지 않는 조그만 강아지였다. 그 강아지는 코도 뭉툭하고 다리도 짧아 강아지라기보다는 아기곰처럼 보였다.

우리는 신기해하며 서로를 바라보았다. 강아지는 철창의 막대를 물어뜯었다. 아마도 이가 나기 시작해서 그랬겠지만 나한테는 꼭 내게 좀더 다가오려고 애쓰는 것처럼 보였다.

동물의 새끼들이 늘 그렇듯이 이 강아지도 아름답고 신비로웠으나 머리 꼭대기에 커다란 상처가 있었다. 그 상처에서 나오는 피가 귀 사이로 흘러내렸다.

그곳에서 일하는 자원봉사자 아가씨가 우리에서 그 강아지를 꺼내주었다. 그녀는 이 강아지가 상처를 입기는 했어도 착한 강아지라고 했다. 나는 강아지를 안아보았다. 강아지는 너무 부드럽고 조그마했으며 나를 두려워했다. 갈색 눈동자는 한없이 빨려들어갈 것 같았다. 나를 바라보는 시선이 어찌나 사랑스러운지 다시 돌려주기가 힘들었다. 우리에 달린 카드에는 내일 아침 7시 이후에 데려갈 수 있다고 적혀 있었다. 나는 이 강아지에게 다른 형제가 있는지 물었다.

"아뇨. 혼자뿐이에요."

나랑 똑같구나, 나는 생각했다.

그날 밤, 나는 동양인 게이 댄스 클럽인 부다 라운지에 갔다. 내 친구들이 댄스 플로어에서 동양인 게이들을 낚는 동안 나는 밤새 이레이저의 음악을 들었다.

코스모폴리탄을 마시며 지구가 멸망할 때까지 우주의 왈츠에 맞춰 내 아기곰과 춤추는 모습을 그려보았다.

다음날, 나는 (당연히) 숙취를 느끼며 느지막이 일어났다. 너무 늦게 일어난 것에 놀라 곧장 보호 센터로 향했다. 아기곰은 우리 안에 없었다. 나는 아무도 원치 않는, 버려진 개들이 길게 늘어선 복도를 걸어내려갔다. 어떤 개들은 성이 나서 짖어대는가 하면, 슬퍼하며 울어대는 개들도 있고, 자신들의 운명을 포기한 채 철창에 등을 돌리고 조용히 앉아 있는 개들도 있었다. 이곳에 한번 들어온 개들은 겨우 나흘에서 일주일 사이에 주인이 찾아가거나 누군가 데려가야 한다. 아무도 데리러 오지 않으면 그들은 영원히 잠들게 된다. 강아지들은 멍청하지 않다. 가장 가슴 아픈 일은 강아지들도 그 사실을 알고 있다는 것이다. 그들은 여기가 어디인지, 자신들이 죽으리라는 사실도 알고 있다.

방 끝에 꼬물거리는 강아지들로 가득 찬 커다란 우리가 있었다. 내 아기곰도 눈을 감은 채 우리의 한쪽 구석에 조용히 앉아 있었다. 머리의 상처는 더 악화되었는지 벌어져 또 피가 흘러나왔다. 내가 우리 앞에 서자 아기곰을 공격하던 다른 개들이 공격을 멈추고 내 관심을 끌려 했다. 나는 두근거리는 가슴으로 내 아기곰을 꺼내 달라고 했다.

내 품에 안기자 녀석은 빠져나가려고 꿈틀거렸다. 우리는 사무실로 갔다. 강아지는 아주 작아 생후 6주를 채 넘지 않은 것 같았다. 털은 까맣고, 조그만 발톱은 마치 부츠를 신은 것처럼 거뭇했다. 녀석은 책상 위를 마음껏 뛰어다니며 자원봉사자 한 명이 먹다 둔 프렌치 프라이를 집으려고 했다.

자원봉사자가 강아지를 쓰다듬어 주었다.

"영특해 보이는 이 눈 좀 보세요."

강아지는 깊은 사색에 잠긴 표정이었으며 눈동자 역시 진한 아픔이 깃들어 있었다.

"넌 끔찍한 일을 많이 겪었나보구나. 세상이 이렇게 어린 네게 벌써 몹쓸 짓을 많이 했어."

내가 말했다. 그 영특해 보이는 눈을 바라보고 있자니 꼭 내 자신의 모습을 보는 것 같아 목놓아 울고 싶어졌다. 이 개를 사랑할 수 있다면 나 자신도 사랑하게 되리라.

그때 보호소에 한바탕 큰 소동이 일어났다. 처량맞아 보이는 한 할머니가 역시 처량맞아 보이는 늙은 푸들을 버리고 간 것이다. 주인이 떠나자마자 푸들은 구슬프게 울기 시작했다. 말로는 도저히 표현할 수 없는, 지독히 고통스런 울부짖음이었다. 자원봉사자가 말했다.

"저 개는 여기에 버려진 거예요. 주인이란 사람이 자기 개가 죽도록 버리고 가는 거죠. 개는 앞으로 자신이 어떻게 될지 알고 있어요. 주인이 자신을 죽게 했다는 것도 알고 있어요. 정말 부끄러운 짓이에요. 저 개를 원하는 사람은 아무도 없을 거예요. 인간으로서 할 짓이 아니죠. 사람들은 생명에 대한 존중심이 없어요."

푸들은 계속 울어대며 바닥에 온통 오줌을 갈기고 다녔다. 자원봉사자는 내 아기곰이 이런 애처로운 장면에 놀라지 않도록 어서 데리고 나가라고 했다. 나는 콘크리트 빌딩의 시원한 그늘 아래로 나가 내 귀염둥이를 품에 안았다. 강아지는 경외와 놀라움이 섞인 눈초리로 날 올려다보며 내게 잠자코 몸을 맡긴 채 조용히 있었다. 나는 강아지의 크고 순수한 눈동자를 바라보며 말했다.

"맹세코 이 순간부터 넌 아름다운 집을 갖게 될 거야. 내가 널 돌보고, 영원히 사랑할 거야. 넌 내 아이가 되는 거고, 난 네 엄마가 되는 거야. 난 생명을 존중하거든. 네 고생은 이제 끝났어. 네가 그 고생을 모두 이겨냈기 때문에 우리는 이렇게 함께 있을 수 있는 거야. 그 사실을 절대 잊지 않을게."

강아지는 곧장 잠에 빠졌고, 나는 곧장 사랑에 빠졌다.

나는 강아지를 상자에 넣어 집에 데리고 왔다. 강아지는 겁에 질려 애처롭게 낑낑거리며 상자 안에서 나오려고 했다. 강아지가 상자에서 나오지 못하도록 하기 위해 집으로 오는 동안 나는 몇 번씩 차를 세워야 했다.

집에 도착하자마자 나는 즉시 강아지를 싱크대에 올려놓고, 털에 말라붙은 핏자국을 씻어냈다. 물에 젖으니 강아지는 햄스터만 해졌다. 강아지는 물을 싫어했지만 나는 깨끗해질 때까지 계속 씻겼다. 씻은 다음에는 키친 타월로 물기를 닦아주고 마룻바닥 위에 내려놓았다.

강아지는 거대한 회색 카펫 위로 걸음을 옮기며 마치 허락이라도 구하듯 머뭇머뭇 뒤돌아 나를 바라보았다. 그리고는 한 걸음씩 옮길 때마다 점점 자신감을 얻어 집안 구석구석을 샅샅이 돌아보았다. 강아지는 이제야 상황을 이해한 것 같았다. 마치 내 사랑을 느낄 수 있고, 그 사랑이 진실이며 또한 그 사랑이 늘 자기 곁에 머무르리라는 사실을 깨달은 것처럼 곧 안도감을 느끼기 시작했다.

강아지는 내가 벗어둔 두 개의 커다란 신발 사이로 풍당 들어가더니 그대로 잠이 들었다.

강아지가 너무 많이 잤기 때문에 나는 동물병원에 데려갔다. 처음에는 강아지들이란 원래 잠을 많이 자는 법이니까 별일 아닐 거라고 생각했다. 하지만 이 강아지는 지나칠 정도로 잠이 많았다. 친절한 수의사는 강아지를 보더니 단번에 물었다.

"얼마나 주고 사셨습니까? 물리실 수 있겠어요?"

"왜요?"

"이 개는 곧 죽을 겁니다."

대단하군, 나는 생각했다. 함께 죽을 수 있겠어.

나는 내가 제일 좋아하는 배우 랄프 파인스의 이름을 따서 개의 이름을 랄프라고 지었다. 〈잉글리시 페이션트〉가 막 개봉된 때여서 나는 상처입은 가여운 강아지 랄프를 돌보는 간호사 줄리엣 비노쉬 역할을 하리라고 생각했다. 매시간 정해진 분량의 약을 준비하고, 그의 가슴에 내 머리를 누인 채 거칠고 험한 세상에 대한 그의 이야기를 듣는 것이다. 그가 겪은 슬픈 일들과 나쁜 일들, 광기와 거칠음에 대해. 매일 약간 이상한 발음으로 ― '레이프' ― 강아지의 이름을 되풀이해서 부를 수 있는 것도 좋았다. 랄프는 내 무릎에서 잠이 들었고, 나는 앱솔루트로 병나발을 불다가 함께 잠이 들었다. 랄프는 전혀 먹고 마시지 않았기 때문에 매일 동물 병원에 데려가 영양 주사를 맞혀야만 했다. 병원에 갈 때마다 직원들은 딱하다는 눈초리로 나를 바라보았다.

 나는 이 일을 핑계로 하루 종일 집에 박혀 있었다. 내 스탠드업 공연도 점차 횟수가 뜸해졌고 무대에서 멍한 상태에 빠지는 때가 많았다. 내 명성에도 금이 가기 시작했다. 몬로에서의 공연이 내 자존심에 너무도 큰 치명타를 가해 공연을 계속할 자신감이 사라진 것 같았다. 나는 은퇴를 생각했다. 죽어가는 개를 돌보며, 가끔씩 글렌이 올 때마다 즐겁게 해주고, 이지러지는 내 존재 속으로 빠져드는 것이다.

제18장 마르셀

다소 재미없는 일련의 사건들을 거쳐 나는 마르셀을 만나게 되었다. 죽기 위해 사는 남자와 이미 오래 전에 죽은 여자의 만남이었다.

마르셀은 오랫동안 나를 사랑했고, 나를 만난 지 얼마 되지도 않았을 때 내게 청혼하기도 했다.

"서로를 알기에 가장 좋은 방법 아니야? 잘 될 거라구! 일단 나랑 결혼한 다음에 서로를 자세히 알아가는 거야……"

내게는 무척 매력적인 제안으로 느껴졌다. 그는 랄프에게는 손톱만큼의 관심도 두지 않았다. 마르셀이 오면 랄프는 가능한 늦게까지 깨어 있으려고 했다. 아마도 내가 자기 털에 얼굴을 묻고 울지 않으리라는 것을 알고 그랬을 것이다. 대신 나는 마르셀의 털에 얼굴을 묻고 울었다. 슬픈 일이지만 나는 한번도 마르셀을 사랑하지 않았다. 그는 재미있고 멋있었지만 내게는 그저 글렌으로부터 마음을 돌리기 위한 수단이었다. 글렌은 이제 내 손이 닿을 수 없는 존재가 되어버렸다. 나는 다른 사람과 어울림으로써, 자기 만족에 빠짐으로써 글렌을 벌주고 싶었다. 여자친구와 여전히 함께 살고, 날 사랑할 자격도 없으면서 여전히 날 사랑하는 글렌의 태도는 나를 단단히 화나게 했다. 그것은 공정치 못한 처사였고, 나는 똑같이 부당하게 굴기로 했다. 글렌이 아닌 마르셀에게.

나는 마르셀에게 끌리지 않았지만 과거의 내게 그것은 조금도 중요한 사항이 아니었다. 나는 늘 내 자신이 너무 못생겼다고 생각했기 때문에 남자로부터 관심을 받을 때마다 그것에 보답해야만 한다고 생각했다. 설령 내가 그 남자에게 아무런 호감이 없다 해도. 나란 인간은 사랑받을 자격이 없기 때문에 어쩌다 사랑을 받게 되면 그 기회를 절대 놓쳐서는 안 된다는 어리석은 생각을 가지고 있었던 것이다. 이 얼마나 끔찍한 생각인가. 나는 내 십대와 이십대의 대부분을 그렇게 보냈다. 지금도 내가 딱히 끌리지 않는 어떤 남자가 나와 친해지고 싶어하면 나는 일부러 시간을 내서 그에게 전화를 하거나, 이야기를 나누거나 심지어는 다정한 데이트까지 한다. 게다가 그와 자주지 않으면 죄책감까지 느낄 것이다! 그래도 전보다 많이 나아진 셈이다. 예전에는 그것도 모자라 입으로 서비스까지 해줘야 한다고 생각했으니까.

자신을 존중하기 위해서는 어떻게 해야 할까? 나는 우선 고통에 대해 이야기하고, 함께 나누고, 거기에 빛을 비춰야 한다고 믿는다. 그리하여 마치 그림자가 사라지듯 그것 역시 빛 속으로 사라지게 하는 것이다.

마르셀은 날 사랑했다. 그는 '운명적 사랑'이란 말을 입에 달고 다녔다. 자신이 아는 모든 사람들에게 이것이 운명적 사랑이라고 떠들고 다녔다. 나는 질식할 것만 같았지만 이 편이 더 빨리 죽을 수 있을 것 같았다. 술로 죽는 것은 시간이 너무 오래 걸린다. 또한 마르셀의 계획에 점차 마음이 끌리기도 했다. 내 직업에도 환멸을 느끼고 있었으므로 그의 계획이 새로운 방향을 제시해주는 듯했다. 그의 말은 무척 그럴싸했다. 결혼해서 뉴욕으로 이사가 아기를 낳고, 가죽 안락의자에 나란히 앉아 노후를 보낸다. 아이들에게는 이렇게 말하겠지.

"엄마는 이 아빠를 만나기 전에는 코미디언이었단다. 신기하지? 그래, 사실 꽤 유명했어. 하지만 그 모든 것을 포기했기에 이렇게 너희들이 태어날 수 있었던 거야……"

아이들은 옛날 신문에서 내 기사를 찾아낼 수도 있을 것이다. 그러니 내가 마르셀을 사랑하지 않는다 한들 그게 무슨 대수란 말인가? 침대 위에서 그가 구사하는 흥미진진한 기술들을 내 손이 닿지 않는 연인 글렌에 대한 총받이로 쓴다 한들 뭐가 잘못이란 말인가? 그것은 좋은 생각인 듯했다. 새벽마다 숙취에 시달리며 사회봉사를 하러 가야 하는 마르셀을 발로 차 깨우면서도 나는 그렇게 믿었다.

마르셀은 술에 취해 다른 사람의 벤츠 안에서 잠든 벌로 법원으로부터 24일 동안 할리우드 미화 팀에서 일하라는 명령을 받았다. 가엾은 내 신랑.

그는 나처럼 지독한 알코올 중독이었으며 자신을 한심하게 생각하는 것도 나와 똑같았다. 나는 그런 짓을 하지 말았어야 했다. 사랑에 빠진 척하는 것은 대단한 범죄이며 그로 인해 고통은 몇십 배로 커진다. 그 모든 것이 이기적인 이유에서였다. 나는 엉망진창이 된 내 인생에서 쉽게 벗어날 방법이 필요했다. 새로운 직업이 필요했다. 코미디언이라는 옛 직업을 사랑했지만 더 이상 하기에는 너무 망가져 있었다. 글렌에게 복수하고도 싶었다. 날 이해해줄 누군가가 필요했다. 나는 그저 가만히 바라기만 할 뿐, 내가 뭔가를 해볼 생각은 하지 못했다.

 내가 가장 좋아하던 놀이는 공상과 현실 부정하기였고 거기에 음주, 자기 집착, 완전 바보짓하기가 첨가되었다. 자신의 인생을 망치기란 꽤 쉽다. 나는 불행했으며 거기서 빠져나오고 싶었다. 그때 나와 사랑에 빠진 마르셀이 나타났고, 그것은 넝쿨째 들어온 호박인 셈이었다.

 가엾은 마르셀. 그는 날 사랑한 죄밖에 없다. 그는 예전에 자기가 사귀었던 여자들에 대해 끊임없이 떠들어댔고, 나는 그들에게 질투가 났다. 그의 애인이어서가 아니라 그와 헤어졌다는 사실에. 그가 자기 부모를 만나자고 성화를 해대는 바람에 나는 그분들을 만나야만 했다. 피할 도리가 없었다. 아들과 그토록 가깝다는 부모들이 어떻게 내게 그토록 친절할 수 있었는지 이해할 수가 없다. 자신의 아들을 바라보는 내 시선에서 내가 그를 싫어한다는 것을 알아차리지 못했단 말인가? 자기 아들이 날 돌아버리게 만든다는 사실을 몰랐단 말인가? 난 언제부터 그런 노련한 거짓말쟁이가 된 걸까? 아마도 늘 뭔가를 하고, 계획을 세우고, 밝고 빛나는 미래와 거기에 매달릴 사람을 필요로 했던 마르셀의 요구 때문이었을 것이다. 그는 늘 사랑에 대해, 우리가 어떻게 사랑에 빠졌으며, 한눈에 상대를 알아보고, 내가 바로 운명의 여인이며, 자신은 그 사실을 확신한다고 떠들어댔다. 그는 많은 시간을 우리가 빠져 있다는 사랑에 대해 이야기하며 보냈다. 나로서는 그 사랑이란 것이 대체 언제 시작됐는지도 모르는데 말이다. 내가 아는 사실은 그저 우리가 취했다는 것뿐이다. 밤이면 밤마다 빠뜨론과 앱솔루트를 병째 비우고 멀롯, 보드카 마티니, 버본 스트레이트를 셀 수 없이, 끝도 없이 마셔댔다. 그리고 끔찍한 아침이 돌아오면 그가 우리의 사랑과 죽은 대학 동창들에 대해 이야기하는 동안 나는 화장실에서 연신 토해댔다.

아, 사랑이여. 우리는 사랑에 너무도 많은 희망과 꿈과 기대를 달아놓는다. 마치 맨 꼭대기에 어울리지 않는 별이 달린 볼품없는 크리스마스 트리의 장식물처럼.

이 참변이 한창 진행될 무렵, 우리는 마르셀의 부모님을 만나기 위해 짐을 꾸려 동부로 갔다. 플로리다에 있는 마르셀의 부모님 집에서 찍은 사진을 보면 나는 더위와 술로 인해 얼굴이 벌개져 있다. 사진은 경직되어 보이며 그 속의 우리는 뚱뚱하고 불편해 보인다. 그날 나는 그의 가족들과 함께 그의 부모님이 회원으로 가입해 있는 '백인 전용' 컨트리 클럽에 갔다. 마르셀의 부모님들은 인종주의자가 아니었고, 클럽의 그런 방침에 대해 끔찍하다고 생각은 했지만 일부러 나서서 항의할 정도는 아니었다. 그분들은 이 클럽, 즉 시대착오적이며 내게 못마땅한 눈초리와 인색한 미소를 보내는 이 구시대의 유물에 많은 돈과 시간을 소비했다.

나는 순수한 호기심에서 그리고 실제로 한번쯤 쫓겨나보고 싶다는 다소 뒤틀린 바람으로 그 클럽에 가보고 싶었다. 마르셀도 내가 함께 가기를 바랐지만 막상 가게 되자 내 복장에 대해 안절부절 못하며 내가 입고 있던 T셔츠와 반바지를 랄프 로렌의 버튼다운 옥스퍼드와 J.크루의 카키색 긴 바지로 갈아입게 했다. 그 옷들은 빨지 않아 더러웠지만 마르셀은 상관하지 않았다.

그가 무척 신경이 예민해져 있다는 것을 알았지만 나는 뭐라고 말해야 할지, 또는 어떻게 해야 할지 알 수가 없었다. 마르셀과 그의 아버지, 그리고 종양학자라는 아버지의 친구와 함께 어울려 골프를 치고 싶은 마음은 추호도 없었으므로 나는 풀장에 남아 사람들의 뜨거운 시선을 받으며 수영을 했다. 날 쫓아내지는 않았지만 뭔가 이상했다. 그것은 아주 미묘했지만 동시에 총소리처럼 또렷했다.

엄마들은 아이들이 내 곁에 못가도록 했다. 마치 내가 아이들을 유괴해서 중국집 종업원으로 팔아넘기기라도 한다는 듯이. 나는 그들을 피하기 위해 풀장 안에서 계속 수영하며 내 누런 살갗이 잘 드러나지 않는 물 속 세계에 머물러 있었다. 그러자 여기에 대해서도 뭔가 쑥덕거리지 않을까 하는 생각이 들었다. ("정말 오래도 잠수하네요. 진주조개를 채취하고 살아서 그런가봐요! 제 말 무슨 뜻인지 아시죠?")

나는 배고픔을 느끼며 물 속에서 나왔다. 풀장 주위의 가족들에게 웃는 얼굴로 서빙을 하고 다니는 클럽 직원들에게 샌드위치를 주문하고 싶었지만 그들은 내 시선을 피한 채 자신들의 권한을 한껏 의식하며 풀장 주위의 다른 모든 사람들에게 헤프게 웃고 다녔다. 나를 제외한 모든 사람들에게.

내 괜한 상상이 아니다. 나는 느낄 수 있었다.

마르셀이 돌아오려면 아직 한 시간이나 남아 있었다. 나는 풀장 의자에 뻣뻣하게 앉아 비참한 심정으로 그가 돌아오기를 기다렸다. 나랑 눈이 마주치기만 해봐라 하는 심정으로 직원들을 노려보면서. 그들은 나를 조롱이라도 하듯 일반적인 수준의 웨이터들보다 훨씬 능숙한 솜씨로 메뉴판을 건네고, 주문을 받고, 스테이크 프라이와 자그마한 다이어트 코크가 담긴 커다란 둥근 쟁반을 들어올리고, 모든 백인들에게 더 필요한 건 없는지 묻고 다녔다.

나는 화가 치밀어오르며 수치심을 느꼈다. 나는 계속 생각했다. '나는 백인이나 다름없어. 백인 못지않게 훌륭해. 백인을 능가한다고.'

머리 속으로는 한바탕 난리를 피우거나 멋지게 복수할 수백만 가지의 방법들을 생각했다. 내가 새 영화 프로젝트 건으로 일류 디자이너의 드레스를 입고, 레터만 쇼(*데이빗 레터만이 진행하는 인기 토크쇼)에 출연해 저들의 행위를 낱낱이 고발하는 일을 생각해보았다. 저 녀석들은 아마 에어컨마저 고장나 플로리다의 더위로 후끈 달아오른 좁아터진 아파트에서 실밥이 풀린 매트리스 위에 누워 TV를 보다가 움찔하고 놀라겠지. 후회하는 마음으로 나를 알아보고는 자신들의 인종주의를 반성하고, 내 빛나는 인생과 아무도 알아주지 않는 자신들의 무명 인생을 비교해볼 것이다. 또 다른 상상도 했다. 퉁명스러운 태도로 메뉴판을 가져다 달라고 했다가 거절당하면 최소한 내 쪽을 바라보기라도 하는, 저 눈썹 숱이 많고 덩치가 큰 까무잡잡한 여직원을 올림픽 사이즈의 풀장에 밀어넣어 버리는 것이다. 검정 공단으로 만들어진 그 나비 넥타이까지 물에 흠뻑 젖겠지. 내 상상에 너무도 몰두한 나머지 나는 마르셀이 바로 앞에 서 있는 것도 몰랐다.

"이봐, 당신 괜찮아?"

"응. 배고파 죽겠어. 어서 가자."

나는 메뉴판을 달라고 했어야 했다. 나도 다른 사람들처럼 당당하게 굴었어야 했다. 당장 마르셀과 헤어져야 했다. 하지만 나는 그 어느 것도 하지 않았다. 나는 그냥 입을 다문 채 술을 너무 많이 마시지 않으려고 주의하며 집에 도착할 때까지 얌전히 있었다.

그곳에서 생활한 지 며칠이 지났을 때 나는 내 집 전화의 자동응답기 메시지를 확인해보았다. 비디오 가게에서 테이프를 돌려달라는 음성이 남겨져 있었다.

"〈타오르는 밤〉의 테이프 대여 기간이 지났으니 되도록 빨리 돌려주십시오."

떠나기 전, 우리는 술에 취한 내가 섹스 도중 잠들어버리지 않도록 포르노 테이프 몇 개를 빌렸었다. 우리는 비행 시간이 달랐고, 나는 다른 도시에서 공연을 마치고 가는 상황이었기에 마르셀에게 테이프를 대신 가져다주라고 부탁했었다. 그런데 마르셀이 돌려주지 않았으니 이제 비디오 가게에서는 필경 내가 그 테이프를 보며 자위행위를 하는데 정신이 팔려 제때 반납하지 못한 것으로 생각할 것이다.

전화를 끊자 마르셀과 그의 아버지가 바로 옆에 서 있었다. 물론 그 비디오의 제목은 말하지 않은 채 마르셀에게 자초지종을 설명하자 그가 화를 내며 말했다.

"내가 그런 시시껄렁한 일이나 하리라고 기대하지 마. 아직까지도 날 몰라? 나한테 기댈 생각하지 말라구."

옆에 있던 그의 아버지가 거들었다.

"우리 아들은 다른 사람을 위해 뭔가를 한다는 게 불가능한 애야. 그래야 내 아들이지."

그들은 한동안 좋다고 웃어댔고, 나는 그들이 미워 죽을 지경이었다.

마르셀을 미워하는 만큼 나는 내 자신을 더욱 미워했다. 그는 사실 아무 잘못도 하지 않았다. 그도 다만 인간이었을 뿐인데 나는 그 사실을 받아들이지 못했다. '어떻게 감히 날 사랑하는 거지? 내가 얼마나 가치없는 인간인 줄 모르는 거야?' 나는 그렇게 생각했었다.

　나는 어떻게 해야 그와 헤어질 수 있을지 몰랐다. 어떻게 해야 그와 가까워질 수 있을지도 몰랐다. 그저 화학 작용으로라도 그의 존재를 잊기 위해 술을 마시고 음식을 먹어댔다. 배가 부르고, 술에 취해 있으면 마르셀은 그저 나와 섹스를 하고 싶어하는 덩치 큰 아기로만 보였다.

　한때 술을 끊었던 마르셀이었지만 지금은 더욱 열심히 마셔댔다. 맨정신으로 지낸다는 것은 그를 너무도 불행하게 했으므로 이제 그는 완전한 행복을 추구하며 사는 셈이었다.

　다시 LA로 돌아온 우리는 시험삼아 술을 끊어보기로 했다. 하루는 술마시지 않고 섹스를 해보기로 했다. 나는 겁이 났다. 지금까지 살아오면서 맨정신으로 해본 적은 한 번도 없었다. 그는 내 위로 올라갔고, 격렬한 감정에 휩싸여 평상시와 똑같은 말을 중얼거렸다. ("너무나 사랑해…… 넌 내가 평생 찾던 여자야……") 반면 나는 온몸이 차갑고 뻣뻣해졌다. 머리 속으로는 계속 '난 아무것도 느끼지 못해. 난 사랑할 수 없어.' 하는 생각만 계속 떠올랐다. 나는 그냥 자려 했고, 금주의 결심 따위는 잊어버렸다. 마르셀도 결국에는 술을 마셨다.

　우리는 지옥 같은 악순환을 되풀이했다. 술을 마시는 동안에는 우리 관계의 문제나 감정적 장애도 사라졌고 마약에 취하면 더욱 친밀감을 느꼈다가, 깨어나 숙취를 느낄 때는 완전 남남이 되었다. 그는 아침이면 어쩔 수 없이 사회봉사를 하러 나갔고 오후에는 완전히 지쳐 짜증나고, 풀이 죽은 상태로 돌아와 한시바삐 술에 취하고 싶어했다. 할리우드 미화 팀의 본부가 내 집에서 불과 몇 분 거리에 있었으므로 그는 내 집에 들어와 함께 살기로 결정했다. 취해 있을 때는 좋은 계획으로 들렸다. 그런데 하루 종일 그 끔찍한 오디션을 보고 집에 돌아와 자욱한 마리화나 연기와 집이 떠나갈 듯 쩌렁쩌렁 울리는 록음악 속에서 내가 제일 싫어하는 남자가 내 거실에서, 내 헬스기구로 운동하는 것을 보자 완전 돌아버릴 지경이었다.

우리는 사이가 좋지 못했지만 그는 늘 그렇지 않았다고 우겼다. 나는 혹시 내가 누군가와 가까워지는 것을 두려워하는 게 아닐까 생각했지만 사실은 그저 그가 꼴보기 싫었을 뿐이었다.

그는 내게 당신은 배가 나왔다, 그러니 그런 현실에 대처해야만 한다, 신체에 대한 내 이미지가 왜곡되어 있다, 배가 나왔다는 사실로 나 스스로를 지옥에 몰아넣고 있다고 말했다.

화를 내며 내가 20파운드쯤 더 쪘으면 좋겠다고 말한 적도 있다. 처음에는 농담인 것처럼 굴더니 나중에는 악담한 것임을 인정했다.

그는 내게 500불을 빌려가 아직까지도 갚지 않고 있다.

마르셀, 마르셀.

내가 이 모든 것을 참았던 이유는 내 자신이 그런 대접을 받아도 싸다고 생각했기 때문이다. 그래도 마르셀은 나보다는 내게 더 친절했다.

내 친구 시오반의 생일 파티 때 일이 터졌다. 우리는 그날 하루 술을 마시지 않기로 약속했다. 그런데 막상 도착하자 그는 약속을 어겼다. 그는 몹시 불안해했고 내 유명 인사 친구들에게 자신이 평가받는 듯한 기분을 느꼈는지 곧장 맥주를 마시기 시작했다. 그리고는 한 잔씩 비울 때마다 점점 목청이 커지며 말없는 죄책감과 반항심이 뒤섞인 눈길로 나를 바라보았다. 나는 너무 화가 치밀어 나만은 그 약속을 지키리라 결심했다. 그에게 앙갚음을 하기 위해, 그가 할 수 없는 일을 나는 할 수 있다는 것을 보여주기 위해, 내가 더 우월하다는 것을 보여주기 위해서였다. 머리 속에서는 온갖 신경이 맞물려 돌아가는 듯한 통증이 밀려왔다.

집으로 돌아가는 길에 너무도 싸워대는 바람에 우리는 차를 세워야만 했다. 나는 왜 내 친구 제인에게 관심을 보였냐고 반쯤 넘겨짚어 따져물었다. 그런데 그가 유달리 과민반응을 보이자 내 짐작이 맞았다는 확신이 들어 더욱 화가 났다.

화가 잔뜩 나 있는 상태에서 나는 차를 세워둔 동안에 빠뜨론 두 병을 사가지고 왔다. 우리는 집에 도착해 즉시 한 병을 비웠다. 상황은 잠시 진정되었다.

마르셀은 마리화나를 피고 싶어했는데 아무리 찾아도 자신의 마리화나를 찾을 수가 없었다. 한참을 뒤진 후에야 우리는 마룻바닥 위에 텅 빈 비닐봉지가 뒹굴고 있는 것을 발견했다. 가엾은 강아지 랄프가 먹어버린 것이었다!

마르셀은 랄프를 쫓아 온 집안을 뛰어다니며 랄프에게 으름장을 놓기도 하고, 마약을 먹은 기분이 어떠냐는 조롱 섞인 질문을 던졌다. 랄프는 너무 약했기 때문에 나는 혹시 저러다 랄프가 정말 죽으면 어떡할까 두려웠다. 내가 마르셀에게 소리지르기 시작하자 그는 단지 장난 좀 쳤을 뿐이라는 듯이 행동했다.

"왜, 내가 정말 무슨 짓이라도 할 거라고 생각했어? 진정해, 자기. 우리 사이가 그것밖에 안 되는 거야? 난 당신 개를 해치지 않아. 그냥 장난이었어."

하지만 나는 그렇게 생각하지 않았다.

우리가 한 병을 마저 비우는 동안 랄프는 우리를 피해 숨어 있었다. 얼마 후, 둘 다 침대 위에 곯아떨어졌다.

아침에 일어나보니 침대가 젖어 있었다. 드문 일은 아니었지만 이번에는 오줌 자국이 한가운데 있었다. 둘 중 누가 한 짓인지 알 수가 없었다.

나는 내 자신에게 신물이 났다. 이렇게 사는 데도 신물이 났다. 죽는 타령을 하는 데도 신물이 났다.

나는 내가 죽고 싶어하지 않는다는 것을 깨달았다.

나는 술을 끊고 싶었다.

무엇보다도 나는 마르셀에게서 벗어나고 싶었다. 왜 내 자신에게 이런 짓을 한단 말인가? 왜 마르셀에게 이런 짓을 하는가? 왜 내 인생이 이런 아수라장이 되어버린 걸까? 어떻게 해야 여기서 벗어날 수 있을까?

마르셀은 내가 금주에 대해 진지하게 생각한다는 것을 알았다. 온전한 정신에 대해, 그리고 인생에 대해서도. 그는 부엌으로 가 값비싼 와인과 먹다 남은 빠뜨론, 심지어는 김빠진 사파이어 진과 옛날 윔블던 파티에서 얻어온 핌까지 술이란 술은 모조리 뚜껑을 열고 엄숙한 태도로 싱크대에 쏟아부었다. 나는 마치 내 자신이 하수구로 떠내려가기라도 하는 것처럼 서럽게 울어댔다.

나는 마르셀의 새로운 면을 보았다. 내가 술을 끊자 그는 자신도 끊을 수 있게 되었다는 사실을 기뻐했다. 그는 내 바위이자, 버팀목이었으며 그 길고 지루한 초저녁을 이겨내도록 도와주었다.

처음 사나흘은 지난 몇 년간의 숙취가 사라지지 않았다. 내가 맨 처음 느낀 것은 시간이 훨씬 더 느리게 흐른다는 것이었다. 그 다음에는 술김에 곯아떨어지는 것이 아니라 잠이 드는 법을 알게 되었다. 운동을 할 때 땀이 흘러도 눈이 따갑지 않다는 사실을 알게 되었다.

술에 취하지 않은 그 맑은 정신이라는 것은 정말 놀랄 만한 것이었고, 덕택에 끊일 새가 없었던 마르셀과의 싸움도 잠잠해졌다. 우리는 뉴욕에 갔고 무더운 도시의 여름밤에도 손을 꼭 잡은 채 거리를 걸었다. 나는 그가 날 구했다고 생각했으며 물에 빠진 사람이 구명 조끼에 매달리듯 그에게 매달렸다. 그 모든 것이 너무도 낭만적이었다. 술을 마시지 않자 그는 완전 다른 사람이었다. 사랑이 충만하고, 이성적이며 한없이 강인한 남자였다. 더 잘생기고, 섹시하고, 훌륭해 보였다.

나는 캐럴라인에서 공연하는 중이었는데 일에서도 새로운 정열을 느꼈다. 관객들의 눈에도 내가 더 재밌고, 생동감이 넘치며 행복하게 비쳤다. 전에는 가끔씩 내 직업이 싫다는 이유로 술을 마셨었다. 하지만 나는 내가 이 일을 사랑한다는 것을 깨달았다. 늘 술에 취해 있어 공연을 제대로 할 수 없었기 때문에 이 일을 싫어했던 것이다. 물론 쉬운 일은 아니었다. 게다가 캐럴라인은 하룻밤에 공연을 여러 차례 하는 것이 보통이었으므로 나는 늘 힘에 부쳤다.

한번은 토요일 밤에 마르셀이 자기 친구들을 몽땅 데리고 내 공연을 보러 왔다. 그리고는 좁은 분장실에 있던 나를 소개시켜 주기 위해 다들 무대 뒤로 데리고 왔다. 나는 목이 아프고 지쳐 있었다. 그리하여 저녁 9시부터 다음의 자정 공연이 있을 때까지 그의 친구들을 즐겁게 맞이하며 상냥한 여자친구의 역할을 해야 했을 때 다소 무뚝뚝할 수밖에 없었다.

좁은 분장실에 대략 열 명 정도의 사람이 있었던 것 같다. 그곳은 고작 8평 정도밖에 되지 않았고, 다른 출연자들의 휴게실로 쓰이는 것은 물론 직원들의 라커실이자 휴게실이기도 했다. 그의 친구들은 떠날 생각을 하지 않았고, 마르셀은 내게 계속 뭔가 얘기해 보라고 했다. 나로서는 이들을 몽땅 쫓아내고 거울을 깨서 부서진 유리 파편으로 내 손목이라도 그어버리고 싶은 심정이었다.

마르셀은 내가 화났다는 것을 알고 어떻게 해야 할지 몰라 당황했다. 나는 그의 죄책감을 부추기기 위해 최대한 지친 표정을 지으려고 애썼다. 내게는 주위 환경 속으로 몸을 감추기 위해 피부색을 바꾸는 파충류와 같은 능력이 있는 것 같다. 내 경우에는 주위에 동화되기 위해서가 아니라 다른 사람을 조종하기 위해서였지만. 나는 눈 아래에 검은 그림자까지 생겨나게 했다. 마르셀은 잔뜩 화가 나 친구들을 모두 이끌고 가까운 술집에 술을 마시러 갔다.

"그렇게 피곤하시다니 함께 술 마시러 가지 그래."

마르셀의 말이 가슴에 꽂혔다. 그만이 알고 있는 내게 모욕감을 주는 방법이었다. 나 역시 술이 마시고 싶었지만 그의 말을 가슴에 새기며 내가 더 우월하다는 것을 보여주리라 마음먹었다. 나는 그가 자기 친구들을 데리고 분장실을 나가는 것을 지켜보았다. 그리고는 뱃속의 아련한 통증을 느끼며 쉰 목소리로 자정의 공연을 마쳤다.

마지막 공연이 끝난 후 마르셀은 맥주와 후회의 냄새를 풍기며 날 데리러 왔다. 나는 이 일에 대해 더 이상 아무 말 하지 않았다.

LA에 돌아왔을 때 마르셀은 다시 뉴욕으로 이사가겠다고 했다. 그는 내가 곧 뒤따라오리라 생각하고 있었다. 나는 한시라도 그와 헤어져 이 자기 학대의 고리를 끊어버리고 그의 곁에서 벗어나고 싶어 견딜 수가 없었다. 그럼에도 여전히 그와 헤어지겠다는 생각은 하지 못했다. 그에 대한 내 판단이 틀렸음을 인정해야만 한다는 것이 두려웠을 것이다. 내 모든 결혼 계획이 수포로 돌아간다는 것이 두려웠을 것이다. 그렇게 결혼할 것처럼 행세하고 다녔으면서 이제 와서 친구들에게 우리가 결혼하지 않는다는 말을 해야만 한다는 사실이 두려웠을 것이다. 또한 사랑에 빠진 연인들에게 쏟아지는 관심을 잃는다는 사실이 아쉬웠을 것이다. 세상 사람들은 연인을 가장 부러워한다. 행복한 젊은 커플이야말로 가정의 초석이고, 가정은 미래로 가는 길목이기 때문이다. 사람들은 감탄하는 눈초리로 그들을 바라본다. 잘 모르는 사람과 얘기하던 도중이라도 내가 '제 약혼자인 마르셀'이라고 얘기하는 대목에 이르면 다들 대화를 멈추고 나를 축하해준다. 나는 약혼한 여자들이 받기 마련인 아련한 혹은 부러운, 즐거운, 냉담한 시선을 받았다. 나로서는 자진해서 그런 특권을 포기하고 싶지 않았다. 그로 인해 어떤 대가를 치르게 된다 해도. 다들 내가 운이 좋은 여자라고 생각했고 나 역시 언젠가는 그렇게 되리라고 확신했다.

우리가 LA로 돌아온 이유는 마르셀이 채워야 할 사회봉사 일수가 아직 많이 남았기 때문이다. 그는 지금까지 오랫동안 일해온 것을 아까워했고, 다시 감옥에 돌아가게 될까 두려워했다. 평상시처럼 나는 발로 그를 깨우며 일어나라고 구슬리거나 사정을 했고, 그가 일어나 나갈 때까지 포도주병으로 수도관을 쳐서 요란한 소리를 냈다.

다행히 그는 무사히 기간을 다 채웠고, 뉴욕으로 돌아갈 계획을 세웠다. 나는 석방을 기다리는 죄수와 같은 심정으로 하루하루를 보냈으며 곧 그 날이 왔다. 그는 낙담하고 속상해했으며 공항으로 가는 내내 저기압이었다. 공항 앞에 그를 내려주었을 때, 그는 마치 어린아이처럼 울었다. 네가 보고 싶을 거야, 그가 말했다. 이젠 모든 게 전과 같지 않겠지, 라고도 했다. 제발 그렇게 됐으면 좋겠어. 나는 속으로 그렇게 생각했지만 입 밖으로 뱉지는 않았다. 나는 춤을 추는 가슴을 끌어안고 집으로 차를 몰았다. 나 역시 울었다. 슬퍼서가 아니라 이제 자유라는 순수한 기쁨과 환희에서였다. 나는 그가 두고 간 셔츠 몇 벌 외에 그의 흔적이라고는 하나도 없는, 깨끗이 비어 있는 집으로 돌아왔다. 앙상하게 여윈 채 부들부들 떨고 있는 병든 랄프를 껴안으며 완전히 새로 태어난 기분을 느꼈다.

나는 뉴욕으로 가지 않을 작정이었다. 마르셀이 떠난 직후 그에게 전화해 그렇게 말했다. 그 말을 하기 위해서는 내 안의 용기를 모두 짜내야 했다. 마침내 내가 나 자신을 구하기 위해 실시한 최초의 행동이었다. 그 일을 하게 될 줄은 나 자신도 몰랐다. 나는 '해야 할 일'의 목록을 만들고 있던 중이었다. 거기에는 '비디오 테이프 반환하기, 드라이 클리닝, 랄프를 동물 병원에 데리고 가기……' 등의 일이 씌어졌고 맨 마지막에 가서는 나도 모르게 이렇게 썼다. '용기를 내서 마르셀과 헤어질 것.'

내가 이렇게 썼다는 것을 믿을 수 없었다. 몸에 소름이 끼쳤다. 나는 혹시라도 마르셀이 볼까봐 얼른 종이를 구겨버렸다. 내가 자기를 배신하려 한다는 사실을 그가 알게 될까 두려웠다. 하지만 그 일이 있은 후, 나는 결코 예전으로 돌아갈 수 없다는 사실을 깨달았다. 아무리 그가 매일밤마다 전화해 몇 시간이고 우리의 사랑과 미래의 계획에 대해 떠들어댄다 해도 그의 시대는 이제 끝났다.

그가 떠난 후, 나는 한층 더 마음이 안정되고 행복해졌다. 술을

제18장 마르셀   277

끊는 것도 어렵지 않았다. 어떤 것도 억제할 필요가 없었다. 어른이 된 후로 거의 매일 마약에 취해 지냈기 때문에 맑은 정신으로 지내는 것 자체가 새로웠다. 살면서 이보다 더 기분 좋았던 적은 없었다. 이제 마르셀마저 떠났기 때문에 나는 날아오를 채비가 되어 있었다.

하지만 매일 늦은 밤마다 걸려오는 그의 전화가 여전히 내 날개를 꺾었다. 이쯤해서 끝내야만 했다. 마침내 나는 결혼에 대한 환상을 떠나보냈다. 내가 늘 그토록 불행했던 이유는 끊임없이 다른 사람의 행복을 내 행복보다 우선시했기 때문이라는 사실을 깨닫기 시작했다.

나는 마르셀을 찾아가 우리 관계를 매듭짓기 위해 뉴욕으로 갔다. 하지만 본의 아니게 다른 계획들 속에 말려들고 말았다. 바비 플레이(*유명한 식당 메사 그릴의 요리사로 최근 뉴욕에서 가장 주목받는 게이 요리사)가 메사 그릴에서 저녁식사를 하며 뮤지컬 〈렌트〉를 관람할 수 있는 초대권을 보내주었다. 또한 크리스마스가 다가왔기 때문에 선물도 사러 다녀야 했다. 정직한 대화의 시간을 갖기에는 모든 상황이 여의치가 않았다. 그는 여전히 날 미치게 했다. 이따금씩 그의 곁에 있는 것에 너무 지쳐 마치 기면병 환자처럼 저절로 잠이 드는 경우도 있었다. 그리고는 악몽에 시달리다 몇 시간 후에 깨어났다.

우리가 헤어진 이후로 그는 술을 완전히 끊기 위해 피나는 노력을 했다. 그리하여 이제 맨정신에 집착할 만한 다른 대상이 없어진 그는 늘 나와 섹스를 하고 싶어했다. 나로서는 도저히 불가능한 일이었다. 나는 그의 육체에 거부감을 느꼈으며 실제로 그가 손을 대기만 하면 움츠러들었다.

그는 애원과 요구를 섞어가며 한두 번 내게 접근했지만, 나는 그를 밀어냈고 찌푸린 얼굴을 감출 길이 없었다.

나는 마르셀과의 관계를 끝내지 못한 채 LA로 돌아왔다. 어디에서 답을 구해야 할지 알 수가 없었다. 내 자신에게 계속 이런 짓을 할 수는 없었다. 마르셀에게도 계속 이런 짓을 할 수는 없었다. 사랑에게 계속 이런 짓을 할 수는 없었다.

나는 라치몬트에 있는 요가 교실에 가서 물구나무서기를 했다. 이렇게 거꾸로 서 있으면 문제의 답이 우수수 떨어질 것 같았다. 그리고 정말로 그랬다. 나는 내 마음 깊은 곳에 여신이 자리하고 있음을 발견했다. 그녀는 붙박이장처럼 내 심장에 머물며 나와 조우하기만을 기다리고 있었다. 내 앞에 어떤 장애물이 놓이든지 내가 아닌 그녀의 힘을 이용해 그것을 들어올릴 수 있었다. 그녀는 기꺼이 내 원동력이 되어주겠다고 했고 오랫동안 빈 껍데기로 지내왔던 내게 그것은 커다란 위안이었다. 요가 수업이 끝나자 나는 그 마법이 풀려버릴까 두려웠다. 혹시 내가 집단 환각상태에 빠진 것인지도 몰랐다. 나는 그 경험이 진실한 것이기를 간절히 바랐다. 여신의 도움 없이는 도저히 마르셀과 헤어질 수 없었다. 그녀가 내게 힘을 실어주기 전에는 내 스스로 만든 지옥에서 빠져나올 수 없었다.

나는 하염없이 울었고, 슈퍼마켓에 들어가며 울음을 뚝 그치려고 안간힘을 썼다. 나는 델리샵이 있는 곳까지 들어가 번호표를 받았다. 줄은 이제 겨우 57번이었는데 내 번호는 99번이었다. 갑자기 힘이 쭉 빠지며 다시 눈물이 나왔다.

체크 무늬 코트에 새하얀 은발의 할머니가 내게 다가와 자기 번호표와 바꿔주겠다고 했다.

"난 70번이우. 이거라도 괜찮다면 바꿉시다."

"아뇨. 개개갠차아아나아아요오오. 저저저저는 아아아무무러러치도 아아나아아요오오…… 저어어엉마아아아알이이이에요."

나는 울먹이는 소리로 말했다.

"괜찮아요, 아가씨. 받으라니까. 이 늙은이가 급할 게 뭐 있나."

당황스러운 마음에 나는 몸을 돌렸다.

할머니는 그 자리에 계속 선 채로 자신의 하얀 번호표를 내밀고 있었다.

"아직 시간이 좀 남았는데 대체 무슨 일로 이러는지 물어봐도 되겠수?"

나는 말하고 싶지 않았다. 하지만 메이페어 슈퍼의 델리샵 진열장 앞에서 요가복을 입은 채로 미친 듯이 흐느끼는, 미친 여자처럼 보이는 내 행색을 설명해야 할 필요성을 느꼈다. 그래서 가능한 빠르고 간단하게 설명했다.

"남자친구와 헤어져야만 하는데 그 일에 너무나 죄책감을 느껴요."

할머니는 계속 거기 서서 번호표를 내밀고 있었다.

한동안의 침묵이 흐른 뒤("58!……59!……60!……) 할머니가 말했다.

"저런, 아가씨. 나도 마찬가지라우. 난 그 남자와 결혼까지 했는걸!"

"61!……62!……63!……64!……65!……66!……67!……68!……69!……"

나는 할머니의 번호표를 받았다. 여신의 도움을 어찌 거절한단 말인가?

차를 몰아 집에 돌아오니 마르셀이 시끄러운 목소리로 전화응답기에 긴 메시지를 남기고 있는 것이 들렸다. 나는 집 안으로 뛰어들어가 전화기를 집어들었다. 나는 그에게 헤어지자고 말했다. 그를 사랑하지 않으며 따라서 우리는 결혼할 수 없고, 더 이상 내게 전화하지 말라고 했다. 그는 전화를 끊어버렸다. 나는 방금 내가 한 일을 믿을 수 없어 전화기를 계속 붙들고 있었다. 믿을 수 없어, 믿을 수 없어, 그리고는 마침내 믿게 되었다. 전화기의 빨간 램프가 깜빡거리자 나는 램프를 내려다보며 삭제 버튼을 눌렀다.
　마르셀은 그렇게 쉽게 포기하지 않았다. 그는 그 후로도 여러 번 전화했지만 나는 그와 통화하지 않았다. 마침내 전화도 더 이상 오지 않았다. 주위 사람들 말에 의하면 그는 아주 잘 지낸다고 한다. 정말로 그가 잘 되기만을 바란다. 그에게 상처를 주기 위해 이 글을 쓰는 것이 아니다. 다만 내게 무슨 일이 생겼는지, 내가 어떤 감정이었는지 말해주고 싶다. 그의 가족들은 내게 무척 친절했으며 정말로 마르셀만이 세상에서 내 유일한 친구라고 생각했던 적도 있다.
　큰맘 먹고 지하실에 내려가 불을 켜보면 버리고 싶은 박스와 오래된 신발들 가운데에도 영원히 간직하고 싶은 보물들을 발견하게 된다. 나는 마르셀과의 사랑에서 가시는 몽땅 뽑아버리고 세월로 인해 말라버린 꽃송이와 추억만을 간직할 것이다. 그것들을 내 마음의 책갈피 속에 잘 꽂아두리라.

제19장 상승 일로

　마르셀과 헤어진 직후, 전 매니저 카렌에게서 전화가 왔다. 우리는 오랫동안 연락이 끊긴 상태였기에 나는 그녀의 전화를 받고 너무나 반가웠다. 그녀는 내 대본을 읽어보았으며 마음에 든다고 했다. 나는 로만과 있었던 일을 모두 말해주었고, 그녀는 믿을 수 없다고 했다. 하지만 물론 내 말을 믿었다.
　그녀는 내가 세상을 차지하겠다는 결심이 서기만 하면 자신이 곁에서 도와주겠다고 했다. 자기 자신을 사랑한다는 그 첫걸음을 내딛을 때, 우주는 당신의 영혼과 공모하여 그 아름다운 사랑이 계속 진행되도록 도와준다고 나는 믿는다. 나는 아기 걸음마와 같은 걸음으로 술을 끊고, 마르셀과 헤어졌으며 이제는 대도약을 할 준비가 되어 있었다.
　하지만 아직 그리어 문제로 해결해야 할 사항이 남아 있었다. 사실 그리어는 있지도 않았다. 그는 다른 회사로 옮겨갔는데 그만두기 전에 나를 자신이 아닌, 자신의 회사에 전속시키는 3년간의 계약을 체결하게 했다. 그의 비서인 체드가 내 일정을 관리했다. 그는 전에 내게 "사람들은 동양풍을 좋아해요."라고 말한 적이 있다. '동양풍'이라는 게 대체 뭔가? 내 경력을 다채롭게 하기 위해 이삼년마다 내 엉덩이에서 뽑아내야 할 마법의 개인기라도 된단 말인가? 스티븐 시걸 흉내를 내면서?

그 계약을 파기하기란 쉽지 않았다. 내가 두려워한 탓도 있었을 것이다. 앞으로 일이 잘못되기라도 하면? 대체 누굴 믿어야 한단 말인가? 그동안 경력을 쌓아오며 엄청난 마음 고생을 했기 때문에 더 이상 나빠질 것 같지는 않았다. 지금까지 살아오며 수도 없이 그랬던 것처럼 나는 의지할 곳이 없었다.

카렌은 여전히 내 능력에 대해 신념과 확신을 가지고 있었다. 그녀는 수많은 클럽과 대학에서의 공연들을 계약했으며 나는 전에 없이 내 일과 사랑에 빠졌다. 마이크를 잡고, 무대에 섰을 때 내 자리를 찾은 듯 편안하다는 사실을 깨달았다. 공연에 한창 물이 오를 때, 관객들이 제때 호응해줄 때, 밤은 아직 멀게만 느껴지고 하느님이 곁에 계시며, 나보다 더 잘할 사람은 없을 것 같다.

나는 끊임없이 각본을 쓰고 맹렬히 순회 공연을 다녔다. 카렌은 내 공연이라면 어디든 따라와 모니터를 해주고, 새로운 나를 구축하는 작업을 도와주었다. 시오반도 우리팀에 합세해 이제 순회 공연은 그 어느 때보다도 즐거워졌다.

나는 새 코미디 CD를 녹음했고 그 수익금을 휴스턴에 있는 몬트로즈 AIDS 클리닉에 기부하기로 했다. 나를 위해 하는 일이 동시에 다른 사람에게도 도움이 된다고 생각하니 기분이 좋았다. 내가 매우 쓸모있는 사람이 된 기분이 들었다. 내 기분은 날로날로 좋아졌다.

우리는 마치 미녀 삼총사처럼 이 도시에서 저 도시로 떠돌아다

제19장 상승일로 283

녔고, 한때 그토록 외롭게 느껴졌던 비행기와 기차, 자동차 여행이 이제는 마치 독립영화의 주인공들처럼 자아를 찾아 떠나는 여행인 듯 느껴졌다.

시오반과 나는 눈코뜰새 없는 스케줄에 쫓기면서도 공동으로 각본을 쓴 〈피플 트리〉라는 단편 코미디 쇼를 제작해 산타모니카의 하이웨이 클럽에서 공연했다. 나는 일 그리고 어른이 된 후 처음으로 느끼는 맑은 정신을 통해 다시 원기를 회복했다. 내 스탠드업 코미디도 나와 함께 변하기 시작했다. 나는 30분의 공연 시간 동안 단순한 농담 이상의 이야기를 하고 싶었다. 더 많은 이야기를 들려주고 싶었다.

나는 TV 드라마 촬영에 얽힌 내 경험을 이야기하기 시작했다. 그것은 내가 지금까지 말하기를 꺼려왔던 부분이었다. 나는 그 이야기를 다시 꺼내고 싶지 않았고, 실패로 징징 짜는 모습을 보이고 싶지 않았고, 관객들이 내가 그때와 같은 사람이라고 생각하는 것이 싫었다. 그 일이 수치스러웠기 때문에 아예 그런 일이 없었다는 듯이 행동하려고 애썼다. 그러나 오랫동안의 침묵은 내 속을 썩어가게 했고, 막상 말하기 시작하자 모든 고통과 절망은 녹아 없어졌다. 나는 내 경험이 끔찍한 동시에 엄청나게 우습다는 것을 알게 되었다. 이야기할 것이 너무도 많아 어디서부터 시작해야 할지 모를 지경이었다.

이것이 지금의 내 공연 〈내가 되고 싶은 사람은 바로 나(I'm the one that I want)〉가 탄생된 경위다. 당시 클럽에서 내가 하고 있던 공연이 그 원조격인데 그 공연에서 나는 오랜 침체기 동안 내가 겪었던 일들을 관객들과 나누었다. 나는 충분한 감정적 거리를 두어 TV 출연에 얽힌 내 경험을 처지지 않는 즐거운 이야기로 만들었다. 또한 이전의 어떤 공연보다도 몸무게 문제에 대해 세세히 밝혔다. 신체에 대한 내 태도도 변하기 시작했다.

술을 끊은 지 처음 몇 주간은 몸무게가 급속도로 줄었다. 아마도 칼로리의 양이 줄었기 때문일 것이다. 다이어트 약은 여전히 복용하고 있었는데 머리칼이 빠진다는 사실을 알면서도 지난 5년간 계속 복용해오던 중이었다.

금주 생활에 몸이 익숙해지고 다이어트 약이 바닥날 때쯤, 내 다이어트 담당 '의사'가 묘하게 종적을 감췄다. 아무 단서도 남기지 않은 채 LA를 떠난 것이다. 나는 더 이상 '나 몰라라식 야반도주'하는 의사들을 상대하고 싶지 않았다. 그러자 몸무게가 늘어나기 시작했고 나는 겁이 덜컥 났다. 하지만 이번에는 또다른 미친 다이어트를 시작하는 대신 이렇게 생각했다. "될대로 되라지. 살이 찌면 뚱뚱해지는 거지, 뭐. 빌어먹을. 먹고 싶은 걸 실컷 먹어보고 어떻게 되는지 한번 보자구." 나는 내가 마를 필요가 없다는 사실을 깨달았다. 방송국 사람들에게 잘 보일 필요도 없었고, 일자리를 얻을 필요도 없었고, 혹은 나만큼이나 내 외모에 대해 요구사항이 많았던 마르셀을 기쁘게 해줄 필요도 없었다. 내가 해야 할 일은 그저 행복해지는 것뿐이었다.

그래서 처음 몇 주간은 손에 닿는 대로 아무 거나 먹었다. 매끼니마다 애피타이저와 디저트를 챙겨먹었고, 심지어 아침까지 먹었다. 그러자 음식에 대한 생각이 저절로 사라졌다. 몸무게는 한동안 불어나다가 서서히 빠지기 시작했다. 이번에는 살이 빠져도 전과 같은 부작용이 없었다.

전에는 살이 빠지면 갑자기 많은 남자들로부터 관심이 쏟아지곤 했다. 내가 정말로 예뻐져서가 아니라 스스로 그렇게 생각했기 때문이다. 그리고는 남자의 관심에 보답해야만 한다는 생각으로 원하지 않는 남자와 섹스를 하고 있는 내 자신을 발견하곤 했다. 내 육신이 폐물이 되도록 내버려둘 수 없었기 때문에 나는 어떤 남자든 거부하지 않았다. 나는 죽어라 운동하고, 내 자신을 굶기며 다시 뚱뚱해질 때를 대비해 일종의 '섹스 은행'에 섹스를 저장해두어야 할 것만 같은 기분을 느꼈다. 내가 내 영혼에게 보내는 메시지는 소름끼치도록 분명했다.

"사랑받기 위해 너는 말라야만 해. 하지만 넌 사랑을 받을 자격이 없어, 그러니 이런 자기 학대의 고통을 받아야만 해. 또다른 자기 학대의 여지를 남겨두기 위해서 말이야."

무의식적으로 나는 마르는 것을 두려워했다. 그리하여 과식을 함으로써 다이어트 계획을 방해하고, 운동으로 내 자신을 벌주고, 쫄쫄 굶겨서 음식에 대한 통제력을 잃게 만드는 행위를 한 것이다. 그래서 어느 날, 나는 그냥 그만두었다. 빌어먹을. 게임 끝이야.

요즘의 나는 그 어느 때보다도 예뻐 보인다.

몸무게가 중요하지 않다는 생각으로 스스로를 속이지 마라. 몸무게는 결코 사소한 문제가 아니다. 비만은 여전히 페미니스트들의 토론 대상이다. 몸무게는 단순히 우리 신체에 대한 문제가 아니라 자신에 대해 어떻게 느끼는가와 관련이 있다. 그것은 우리가 내리는 모든 결정에 영향을 미친다. 이 사회는 당신이 그것을 사소하고 중요하지 않은 문제로 여기기를 바라며 몸무게에 신경쓰는 것이 어리석은 여성의 집착이자 허점이라는 식으로 놀려댈 것이다. 그것이 사회가 가진 가장 강력한 무기 중의 하나이다. 거기에 희생되어서는 안 된다. 전쟁은 거의 끝났고 우리는 이길 것이다.

그런 생각을 놓아버릴 때, 우리는 자유로워진 두 팔로 무엇이든 할 수 있게 된다.

처음에는 쉽지 않다. 당신의 사고 방식, 자신의 몸에 대한 시각을 완전히 뜯어고쳐야 한다. 삐져나온 살점을 붙잡고 아무 생각없이 "난 이게 너무 싫어." 또는 "이 부분을 잘라내고 싶어."라고 말하는 버릇을 고쳐야 한다. '예쁜 엉덩이 만들기' '콜라병 몸매 만들기' 같은 이름의 헬스 교실에 등록하지 말아야 한다. 표지에 '지금 당장 당신이 원하는 몸매 만들기!'라고 씌어 있는 잡지들을 사지 말아야 한다. 샐러드에 드레싱조차 쳐 먹지 못하는 생활은 그만 둬야 한다.

일단 시작했으면 다시는 돌아가지 않을 것이다. 글로리아 스타이넘이 말했듯이 "우리는 혁명에 필요한 것은 모두 가지고 있다." 그 대열에 합류하자. 미국이 여러분을 원하고 있다!

내 자신을 받아들이는 것은 새로운 친구를 사귀는 것과 마찬가지였다. '다이어트를 계속할 경우 두서너 달 뒤에 입을 수 있는' 옷을 사는 대신 지금 내게 꼭 맞는 옷을 사는 것은 정말 즐거운 일이었다. 나는 너무 작아 무릎 위로도 끌어올릴 수 없는 값비싼 바지들로 옷장을 채우는 대신 언제든 입을 수 있는 예쁘고 멋진 옷들을 샀다. 옛날에는 옷장이 옷으로 가득 차 있어도 내게 맞는 옷은 볼품없고, 평범하고, 오래 입어 반질반질하고, 색이 바랜 라이크라 레깅스와 헐렁한 스웨터뿐이었다. 나는 입을 수 없는 옷들은 가능한 많이 버렸지만 그 중에서도 몇 개만은 내 아이가 생기면 주겠다는 심산으로 끝내 버리지 않았다. 나는 새로운 생활을 시작할 채비를 했다.

묵직했던 내 감정의 가방을 새 옷으로 가득 찬 가뿐한 가방으로 바꿔버리고, 나는 뉴욕으로 이사를 가서 공연을 시작했다.

1999년, 6월 뉴욕 웨스트베스 연극 센터에서 〈내가 되고 싶은 사람은 바로 나〉의 막이 올랐다. 공연은 첫날부터 매일 만원이었고, 매주 수 차례의 공연에 익숙해질 무렵에 함께 시작된 각종 언론의 인터뷰가 만원 행진에 박차를 가했다.

한 아침 방송에서 나를 인터뷰하며 체중 문제에 대해 이야기한 적이 있다. 앵커우먼이 외쳤다.

"말도 안 돼요! 당신은 *그다지* 뚱뚱하지 않은 걸요."

나는 냉큼 대꾸했다.

"아뇨, 난 전혀 뚱뚱하지 않아요! 당신의 그런 태도가 문제라고요."

그녀는 내 말을 무시하고 인터뷰를 계속했다. 나중에 방송된 것을 보니 그 부분은 편집되어 있었다.

어리석은 사람들은 자신이 말하고 싶은 대로 지껄여댈 것이다. 몸무게뿐만이 아니라 모든 문제에 대해 그렇다. 우리의 도전 과제는 내가 나 자신에 대해 어떻게 느낄 것인지에 대한 결정권을 다른 사람에게 넘겨주지 않는 법을 배우는 것이다. 내면으로부터 나 자신을 사랑하고, 나를 구할 수 있는 사람은 이 세상에서 오직 나뿐이라는 사실을 알며, 내 의견을 가장 중요시하는 법을 배우는 것이다. 이것이 그동안 내가 배워야만 했던 교훈들이다. 이것이 현재 내 인생의 지침이 되는 생각들이며 내가 이 책을 쓴 이유이다.

나는 여름 내내 내 공연이 너무나 좋다는 말을 듣고 다녔다. 연예계에 몸담고 있는 많은 여성들이 자신도 나와 비슷한 경험을 겪었지만 그 일을 털어놓을 만한 용기가 없었다고 했다. 그들은 내 정직함과 용기에 감사를 표했다.

웨스트 빌리지의 게이 팬들은 너무도 친절했다. 한 남자는 내게 비달 사순 모발 보호 제품이 가득 든 바구니를 보내오기도 했다. 정말 예쁜 바구니였는데 안을 열어보니 모두 거칠고 손상된 모발 전용 제품이었다.

나는 게이 프라이드 퍼레이드에 참가해 이동하는 무대 위에서 춤을 췄고, 윗통을 벗은 남자들이 날 사방으로 옮겨주었다.

마침내, 오랜 세월을 지낸 후에야 나는 처음으로 기분이 좋았다. 행복했다. 그리고 지금도 행복하다.

내 상태가 좋아질수록 내 개도 좋아졌다.

키도 나만큼이나 커졌다!

우리는 어디든 함께 간다. 개를 데리고 다니면 사람들이 더 자주 말을 건다. 한번은 밤에 랄프와 산책하고 있는데 갑자기 한 노숙자가 뛰어들며 말했다.

"이 개는 당신 밥이 되겠구만!"

나 혼자였다면 아마 그런 일은 겪지 않았을 것이다.

제20장 인생의 의미

〈내가 되고 싶은 사람은 바로 나〉가 뉴욕에서 대성공을 거둔 덕택에 나는 40개 도시의 순회 공연을 시작할 수 있었다. 모든 공연이 매진되었으며, 나는 샌프란시스코 워필드에서 이 공연을 장편 영화로 만들었다.

그리고 호놀룰루에서 열리는 〈게이 & 레즈비언 필름 페스티벌〉에서 영화의 시사회를 가졌다. 관중들의 반응은 대단했으며 영화가 끝난 후에는 기립박수를 보내주었다. 온몸이 짜릿했지만 그래도 나는 여전히 부끄러웠다. 그 영화는 내가 정말로 좋아서 한 일이었고 내 공연 못지않게 자랑스러웠지만 커다란 스크린으로 나를 보는 것은 여전히 익숙하지 않은 일이었다.

시사회 후에 간단한 질문 시간이 있었는데 한 가지 질문만 빼고는 별로 힘들지 않았다. 한 남자가 내게 아직도 펠라치오를 잘 하느냐고 물었다. 나는 양보다 질이 중요하다는 것을 깨닫고 예전처럼 많이 하지는 않지만 그래도 솜씨는 여전히 좋다고 대답했다.

질문 후에 열린 리셉션에서 나는 몇 달 전, 호놀룰루 다이아몬드 헤드 극장에서 공연할 때 만났던 한 일본 남자를 다시 만나게 되었다. 그는 그의 남자친구 팀과 우리 셋이서 함께 찍은 사진을 가지고 왔다. 팀은 그후 에이즈로 죽었다고 한다. 나는 당시 내가 특별 출연했던 호놀룰루 최대의 게이 행사인 '훌라'에서 그들을 만났던 일을 기억했다. 팀은 무척 여위고 약해 보였기에 죽었다는 사실이 그다지 놀라운 일은 아니었다.

이 커플은 내게 매우 강한 인상을 남겼었다. 그들은 훌라에 참석하는 대부분의 떠들썩한 파티 참가자들하고는 사뭇 달랐다. 일본인 유카타는 내게 리본으로 만든 예쁜 화환을 선물했고, 팀은 웃으며 이걸 제때 전해주기 위해 자신은 오후 내내 정신없이 바느질만 했다고 설명했다. 나는 둘 모두를 껴안아주었고, 우리는 많은 사진을 함께 찍었으며 행사장을 나올 때도 함께 나왔다. 주차장까지 걸어가며 팀은 내 작품, 특히 〈파티의 주인공은 나야〉를 좋아한다고 했다. 그들은 장애인 전용 주차장에 주차되어 있던 자신들의 혼다 시빅에 올라탔고, 차를 타고 떠나는 내내 내게 손을 흔들었다. 그들을 바라보며 나는 오늘밤 나를 보기 위해 그들이 분명 어려운 걸음을 했으리라는 사실에 가슴이 뭉클했다. 나는 리본 화환을 집으로 가져가 내 제단 위에 잘 모셔두었다. 그곳은 사랑의 신에게 헌납된 성소로서 내가 사랑받고 있으며 사랑하는 존재라는 사실을 깨우쳐주는 물건들을 여러 가지 모아놓았다.

시사회가 있던 날 밤, 유카타는 내게 셋이 찍은 사진에 '팀과 유카타에게'라고 사인해 달라고 했다. 그리고는 내 손에 편지를 쥐어주고는 고개 숙여 인사하고 사라졌다.

나는 내 방으로 가서 편지를 읽었다. 유카타는 자신이 팀과 처음 만났을 당시, 에이즈를 매우 두려워했으며 에이즈에 대해 아는 것이라고는 그러한 두려움뿐이었다고 했다. 그럼에도 그는 팀을 너무 사랑했기에 그와 함께 지내기 위해 하와이로 건너왔다. 그들이 함께 한 5년간의 동거 생활은 악화되는 팀의 병세와 팀의 어머니 문제로 어려움의 연속이었다. 팀이 게이라는 사실만으로도 이미 화가 나 있던 팀의 어머니는 하필이면 그가 일본인 남자와 함께 지낸다는 사실에 더욱 불쾌해하셨다.

팀은 유카타에게 자신이 내 팬이며 내가 게이와 에이즈 환자들을 위해 많은 일을 한다고 이야기했다.

팀의 건강은 점점 악화되었고, 병원으로 실려 가는 동안 내 CD를 들으며 기운을 냈다고 한다. 그는 특히 6번 트랙에 있던 〈날 어처구니없게 만든 인종주의〉를 제일 좋아했다고 한다.

그것은 내게 너무나도 큰 영광이었다. 지금까지 내가 무슨 성공을 거뒀든 간에 이것이 내가 가장 자랑스러워하는 성공이다. 팀은 병원으로 가는 동안 내 CD를 들었으며 그로 인해 기분이 나아졌다. 그러한 사실을 생각하면 가슴이 벅차오른다. 보이지 않는 사랑의 끈이 우리 모두를 연결하고 있으며 우리에게는 우리가 깨닫지 못하는 사이에도 다른 사람을 돕는 능력이 있는 것이다. 나는 다른 사람을 도우며 살고 싶다. 그 일에 내 일생을 바치고 싶다.

유카타는 팀이 훌라에서 나를 만나고 뛸 듯이 좋아했다고 썼다. 비록 내 쇼를 보는 동안 기침을 많이 하기는 했지만 그 일은 팀 인생 최고의 추억 가운데 하나였다. 그는 죽기 전에 내 쇼를 볼 수 있어서 무척 기뻐했다고 한다.

유카타는 아직도 팀의 죽음을 받아들이기가 힘들다고 했다. 지금도 병원에 가면 팀을, 자신을 향해 미소짓는 연인의 얼굴을 볼 수 있을 것만 같다고 했다. 이 도시는 팀 그리고 둘이서 함께 했던 모든 추억으로 가득 차 있다고 했다.

　아직 영어를 배우는 중이기는 하지만 유카타는 팀과 자신의 이야기를 시나리오로 쓰고 싶다고 했다. 한 명의 관객이라도 그의 이야기를 수긍하고 이해한다면 '그걸로 우리의 인생은 충분한 성공을 거둔 셈'이라고 했다.

　그는 팀에게 바치는 시로 편지를 마무리지었다.

　　내게 필요한 것은 바다보다 많은 눈물.
　　내게 필요한 것은 바다보다 환한 미소.
　　내게 필요한 것은 바다보다 깊은 잠.
　　내게 필요한 것은 바다와 같은 목소리.

　나는 늘 유카타와 팀을 생각한다. 내 작품이 그들의 인생에 영향을 미쳤다는 사실은 '그것으로 내 인생은 충분한 성공을 거둔 셈'이라고 생각하게 한다. 가장 깊은 슬픔의 밑바닥에 흐르는 기쁨. 내게 인생이란 그런 것이다.

　내가 자살했더라면 이들을 만나지 못했을 것이다. 술을 끊지 않았다면 그 CD를 만들지 못했을 것이다. 내 자신을 사랑해야겠다고 마음먹지 않았다면 결코 사랑에 대해 알지 못했을 것이다. 우리 스스로를 사랑할 때만이 우리는 보다 큰 사랑으로의 문을 열게 된다. 많은 것이 밀려오고, 많은 것이 밀려나간다. 당신이 이 세상에 발휘할 수 있는 힘을 절대 과소평가하지 말라. 유카타와 팀 덕택에 난 그 힘을 믿게 되었다.

▫옮긴이의 글
마가렛 조의 솔직함과 용기, 유머가 가득한 책

반달처럼 둥그런 눈썹, 옆으로 길게 찢어진 눈, 보는 것만으로도 웃음이 나오는 우스꽝스런 표정, 여기저기 군살이 흘러내리는 몸매. 별로 특별할 것 없는 외모의 소유자인 이 여성이 세상을 향해 외친다.

"내가 되고 싶은 건 바로 나 자신이야. 그리고 나는 이런 나를 사랑해."

자신을 사랑한다고 당당하게 외칠 수 있는 사람이 몇이나 될까. 자기애(self-love)라는 목적지에 도달하기까지는 '못생겼다' '뚱뚱하다' '무능력하다' 등의 많은 장애물들이 딴지를 걸기 일쑤다. 그러다보니 우리와 비슷한 처지(?)에 있는 저 여인이 과연 어떻게 저런 경지에 도달할 수 있었는지 궁금하지 않을 수 없다. 그 비결은 대체 무엇이었을까?

그녀의 이름은 마가렛 조. 이름에서 짐작할 수 있듯이 한국계 미국인이며 1968년 샌프란시스코의 평범한 재미교포 가정에서 태어났다. 미국에서 그녀가 누리고 있는 명성을 고려해볼 때 그녀에 대한 국내의 인지도는 놀라울 정도로 낮다. 그녀는 여성이 드문 미국 코미디계에서 스탠드업 코미디언으로서 확실한 자리매김을 하고 있으며 연일 매진 행진이 계속 되는 그녀의 코미디 쇼는 이미 영화로도 제작되었다. 여성이자 동양인으로서 그녀가 안고 있는 이중의 핸디캡을 생각한다면 그녀의 현재 위치는 더욱 놀랍다.

이쯤 되면 성공한 사람의 자서전이 으레 그렇듯 이 책도 뭔가 남다르고 비범한 능력을 지닌 한 천재의 이야기쯤 되겠군 하고 짐작할 것이다. 그러나 천만의 말씀! 이 책은 독자와 저자간의 위화감을 조성하는 그런 모범적인 자서전과는 거리가 멀다. 그녀에게는 왕따, 뚱보, 문제아, 집안의 수치라는 꼬리표가 붙어다녔고 그녀의 가장 친한 친구는 술과 마약, 담배, 섹스였다. 이 책은 아침마다 병째로 보드카를 들이키고, 머리카락이 빠져도 오직 살을 빼기 위해 다이어트 약을 한 움큼씩 삼키고, 사랑하지도 않는 사람의 아기를 임신했다가 낙태시킨 경험 등 성공한 사람이라면 오히려 묻어두고 싶을 자신의 어두운 과거를 용감하게 드러내보인다. 그것은 저자가 자신이 이룬 성공보다는 진정한 자기 자신을 찾기까지의 여정에 초점을 맞추기 때문이다. 그녀가 성공했다면 그것은 코미디언으로서 얻은 명성 때문이 아니라 자신이 누구인지 깨닫고 그런 자신을 진정으로 사랑하게 되었기 때문이다.

그러나 자신이 겪은 인생의 비극을 풀어나가는 그녀의 방식은 결코 우울하거나 무겁지 않다. 무엇보다도 이 책은 재미있다. 코미디언으로서의 명성이 무색하지 않게 유머와 위트로 가득 차 있으며 어떤 부분에서는 실소(失笑)를, 어떤 부분에서는 박장대소하게 만든다. 다만 그녀의 유머가 철저히 미국인의 정서에 바탕을 두다 보니 우리에게 와닿지 않는 부분도 있다. 그러나 전반적으로 그녀가 선사하는 유머를 즐기기에는 무리가 없다. 드래그 퀸(여장 남자)이나 패그해그(게이와 어울리기 좋아하는 여자), SM 파티 등 아직까지 우리에게 낯선 세계를 엿볼 수 있는 것도 흥미롭고, 스크린 이면에 있는 할리우드의 실상을 보여주는 것도 이 책이 주는 또 다른 보너스다.

처음 이 책을 번역하게 되었을 때는 별다른 기대가 없었다. 그저 성공한 코미디언의 자서전이니 그냥 유쾌하고 재미있는 얘기려니 싶었다. 하지만 적나라할 정도로 자신의 어두운 면을 보여주는 그녀의 솔직함과 용기, 그녀가 지닌 내면적 깊이나 인생에 대한 통찰력에 점점 놀라지 않을 수 없었다. 또한 다이어트, 외모, 남자, 외로움 등에 관한 이야기는 같은 여자로서 공감하는 바가 컸다.

누군가 말하기를 인생이란 40세 전까지는 "나는 누구인가?"라는 문제로 고민하고, 40세 이후에는 "나는 진정으로 누구인가?"라는 문제로 고민하는 것이라 했다. 자기 자신을 찾는 것은 어쩌면 우리가 평생을 바쳐야 할 숙제인지 모른다. 그런 점에서 마치 친구가 들려주는 듯한 마가렛 조의 이야기는 우리에게 긴 여운을 남기며 다시 한번 그 물음을 떠올리게 한다.